Coca-Cola
SCHUTZMARKE
koffeinhaltig

Das große
Fußball Weltmeisterschaftsbuch
Frankreich 1998

Original Ausgabe
ISBN 3-00-002332-1

Gestaltung: CMF Advertising GmbH, Mörfelden Walldorf

Redaktion: Jörn Hartwich, Thomas Klein, Rolf Salgert, Eric Stahl

Fotos: BONGARTS Sportfotografie, Hamburg; dpa Sportreport, Berlin; Französisches Fremdenverkehrsamt, Frankfurt am Main; Pandis Presseagentur, München; SPORTIMAGE, Hamburg; die Stadtverwaltungen der Städte: Bordeaux, Lens, Lyon, Marseille, Montpellier, Nantes, Paris, Saint-Denis, Saint-Etienne, Toulouse; TempSport, Paris

Lithographie: CMF Advertising GmbH, Mörfelden Walldorf

Druck: Kunze & Partner, Mainz

Printed in Germany

Inhalt

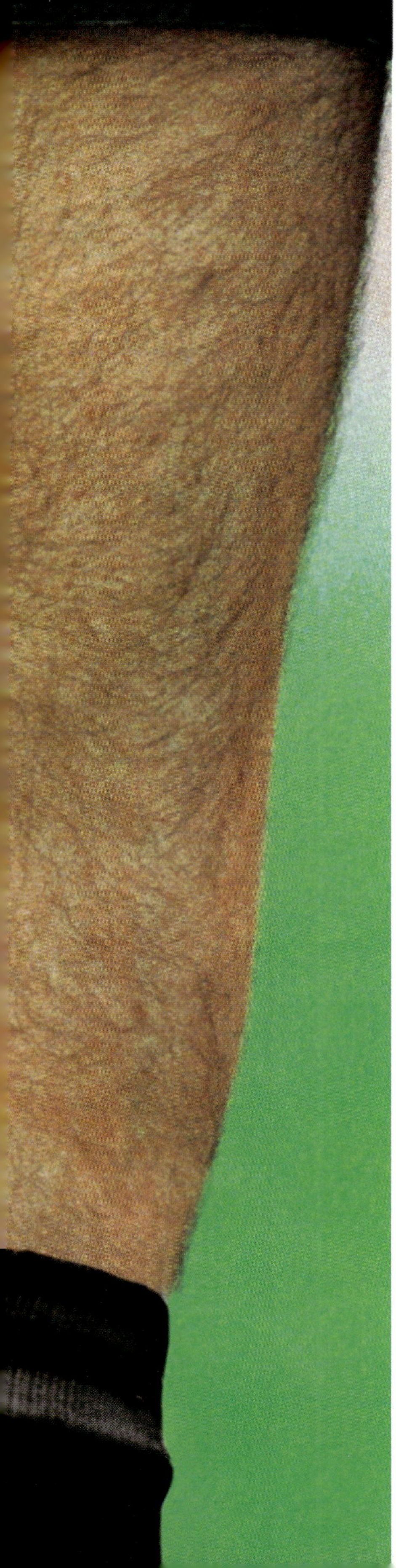

Die Austragungsorte

Die Mannschaften

UMBRO
Only Football
UMBRO
BRASIL

Frankreich im Fußball-Fieber

Große Ereignisse werfen ihre Schatten voraus. Frankreich fiebert dem Beginn der 16. Fußball-Weltmeisterschaft entgegen. Die ganze Welt schaut auf den Gastgeber. Es war eine gute Idee, die WM nach Frankreich zu vergeben. Frankreich ist ein fußballverrücktes und begeisterungsfähiges Land. Mein Freund Michel Platini und sein Organisationsteam versprechen eine perfekte Weltmeisterschaft. Zum ersten Mal nehmen 32 Nationen teil, zum ersten Mal findet eine Weltmeisterschaft ohne Zäune in den Stadien statt. Ein riesiger Vertrauensvorschuß für die Fans. Frankreich wird zum internationalen Treffpunkt für die Menschen aus aller Welt. Der Fußball verbindet weltweit und ist vergleichbar mit einer Universalsprache, einem »Sport-Esperanto«; dabei ist der Torschrei nur eine von vielen Vokabeln.

Die großen und die kleinen Fußballnationen aus allen Kontinenten haben vier Wochen Gelegenheit, für den Fußball zu werben und Milliarden von Fußballinteressierten zu begeistern. Dabei wird es wie immer bei WM-Turnieren große Überraschungen und bittere Enttäuschungen geben. Auch wenn mit Frankreich, Brasilien, Deutschland, Spanien und Argentinien einige Favoriten auf den Titel schon feststehen, haben die sogenannten Kleinen mehr als nur eine Außenseiterchance. Die afrikanischen Länder haben weiter aufgeholt, selbst Südafrika, zum ersten Mal bei einer WM dabei, hat im Vorfeld bewiesen, daß sein Team mit den etablierten Fußballnationen mithalten kann.

Aus eigener Erfahrung weiß ich, daß es für einen Fußballer nichts Größeres gibt, als während seiner Karriere einmal an einer WM teilzunehmen. Ich persönlich freue mich seit Wochen auf dieses Ereignis und auf die Atmosphäre in den Stadien. Dabei wird sich der offensive und der technisch gute Fußball hoffentlich wieder einmal durchsetzen. Unabhängig davon, wird die 16. Fußball-Weltmeisterschaft ein Fest werden, ein Fest des Gastgeberlandes Frankreich, ein Fest der verschiedenen angereisten Völker und Nationen – und natürlich ein Fest des Fußball-Sports.

Die Spielorte im Überblick

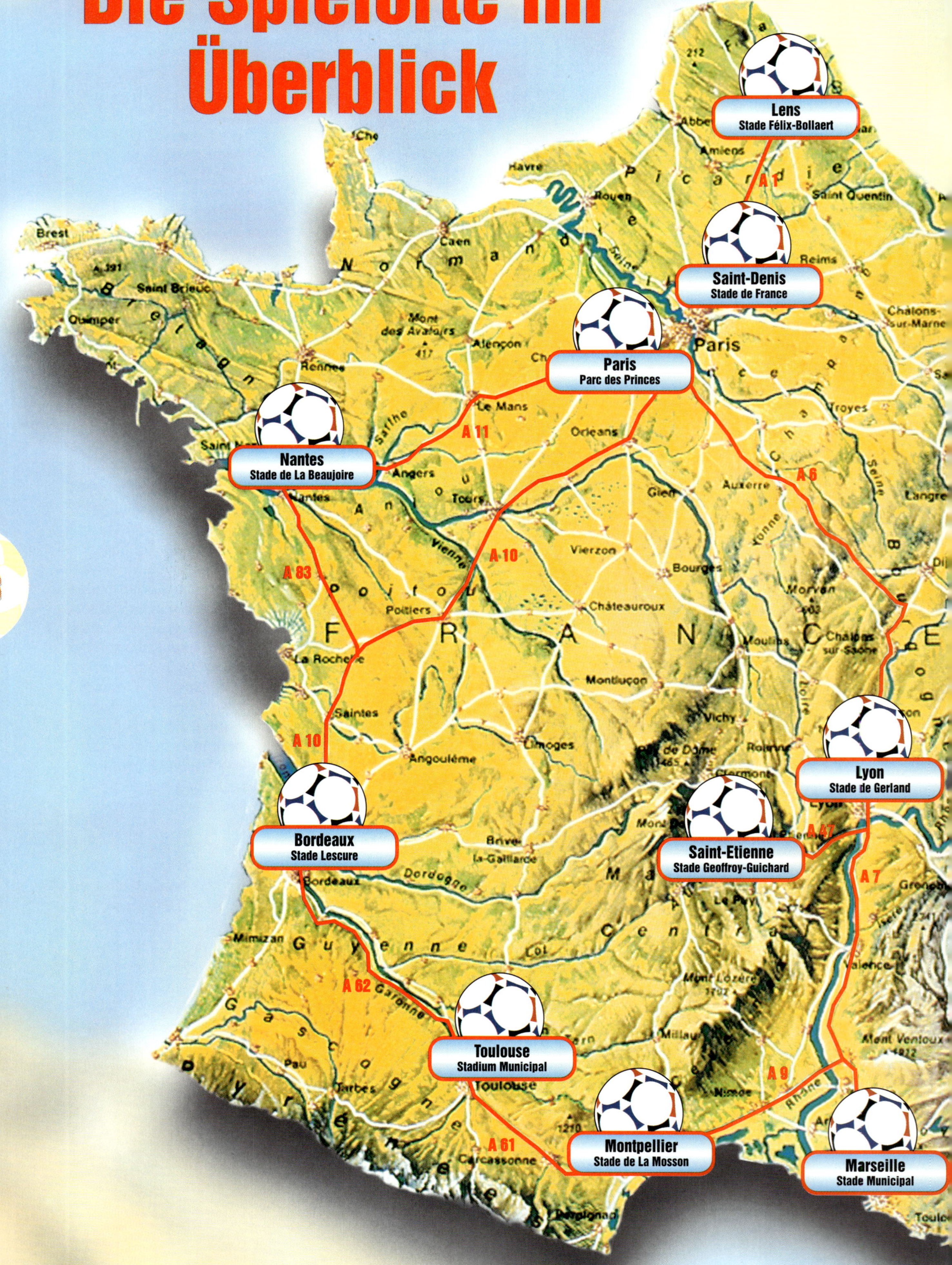

Allgemeine Reiseinformationen

Notrufnummern:	Polizeinotruf und Unfallrettung: 17 Notruf: 12 Feuerwehr: 19
Notrufpannenhilfe:	»AIT-Assistance«: 08 00 08 92 22 24 h, auch deutschsprachig
Telefonieren:	Von Frankreich nach Deutschland: 00 49 + deutsche Ortsvorwahl ohne »0« Von Deutschland nach Frankreich: 00 33 + Telefonzonenvorwahl ohne »0«
Höchstgeschwindigkeit:	50 km/h in Orten 90 km/h auf Landstraßen 130 km/h auf Autobahnen
Kraftstoff:	Benzin: Essence Super verbleit: Super Super bleifrei: Sans plomb (Oktanzahl 95) Super plus bleifrei: Sans plomb (Oktanzahl 98) Diesel: Diesel, Gasoil
Reservierungsservice:	Loisirs Accueil (Ferienwohnungen) 01 40 59 44 12 Accueil de France (Ferienwohnungen) 01 47 23 61 72 Jugendherbergen 01 45 48 69 84 Über 11.000 Campingplätze in ganz Frankreich Adressen über die lokalen Touristenbüros
Nationalfeiertag:	14. Juli

Autobahnverbindungen der Stadien

Wie weit ist es zum nächsten Stadion?

Entfernungen in Kilometern

	Bordeaux	Lens	Lyon	Marseille	Montpellier	Nantes	Paris/Saint-Denis	Saint-Etienne	Toulouse
Bordeaux		760	538	648	486	323	579	507	245
Lens	760		644	954	941	566	199	702	880
Lyon	538	644		313	300	613	462	60	537
Marseille	648	954	313		166	972	773	330	404
Montpellier	486	941	300	166		809	760	317	241
Nantes	323	566	613	972	809		384	608	567
Paris/Saint-Denis	579	199	462	773	760	384		520	439
Saint-Etienne	507	702	60	330	317	608	520		439
Toulouse	245	880	537	404	241	567	698	439	

»La Grande Nation«

Zürich, 12. Juli 1992. Konzept und Präsentation der »Féderation de Football Française« überzeugen die Juroren der FIFA, der Konkurrent aus Marokko muß sich geschlagen geben: Frankreich gewinnt das Ringen um die 16. Fußballweltmeisterschaft. Bereits zum zweiten Mal nach 1938 ist das Land damit Ausrichter dieses sportlichen Großereignisses. Ab sofort ist die »grande nation« gefordert.

»Pas de Problème«: Das größte Land im Westen Europas gilt schon seit vielen Jahren als exzellenter Gastgeber. Die ständig steigenden Touristenzahlen sind ein Indiz dafür. Frankreich ist das beliebteste Reiseland weltweit. 60 Millionen Besucher lernen das Land alljährlich in seiner Vielfalt kennen. Seine vielen unterschiedlichen Landschaften und seine ebenso zahlreichen Gesichter: ob im Westen und Nordwesten die lange Atlantikküste und den Ärmelkanal, im Südwesten die Pyrenäen, im Süden der Mittelmeerraum mit seinen mediterranen Regionen oder die schneebedeckten Alpen im Südosten. Ob Provence, Burgund oder Massif Central. Ein Terrain für Entdeckungen bietet sich auch im Inneren des »Hexagon«, des von den Franzosen wegen seiner Umrisse liebevoll »Sechseck« genannten Landes. Vor allem liegt hier, im Herzen Frankreichs, die Weltstadt Paris mit seinen 20 Arrondissements. Eine strahlende Metropole, Stadt der Liebe und der Lichter, Stadt der Intellektuellen, der Mode, der Avenues, der eleganten Boulevards und der Straßencafés. In der Region parisienne leben mehr als 10 Millionen Franzosen, fast ein Fünftel der Gesamtbevölkerung. Und dennoch gehört die alte Meinung: »Paris c'est la France« längst der Vergangenheit an. Das Land hat längst mehr zu bieten als seine alles überstrahlende Metropole.

Das moderne Frankreich präsentiert sich als Mischung aus Industrielandschaften und Ballungsräumen wie in der Pariser Region und einem Land mit provinziellem Charakter und beschaulichem Landleben, »La douce France«. Frankreich, einst weltweit bekannt für Luxusgüter wie Parfüm, die »Haute Couture« und Champagner, ist heute ein moderner Industriestaat im Wandel. Eine Kulturnation mitten im Prozeß der Modernisierung, im Spannungsfeld von Tradition und Moderne. Hier urige Dörfer in fast unberührter Idylle, dort High-Tech und zukunftsweisende Entwicklungen in den Wirtschaftszweigen Telekommunikation, Verkehrs- und Energietechnik. Ein Land wie es kontrastreicher nicht sein könnte. Provinzielle Behäbigkeit und städtische Betriebsamkeit im gesunden Wechsel.

Gerade einmal 107 Franzosen leben durchschnittlich auf einem Quadratkilometer ihres Lande, insgesamt 58 Millionen Menschen auf einer Fläche knapp 550.000 Quadratkilometern. Deren ruhige Regionen sind vor allem am Wochenende beliebt, viele Franzosen fliehen dann

aufs Land und verbringen ihr »Weekend dans la Campagne«. Sie lieben geradezu das »savoir vivre«, einen Lebensstil rund um erlesene Weine und regionale Küche, gepaart mit einer Portion Nonchalance und einer gewissen Leichtigkeit. Die Devise lautet immer noch: »Leben wie Gott in Frankreich«. Speisekarten und Landkarten sind fast identisch. Die Region bestimmt das Essen und den Wein. Und so suchen sich viele Touristen ihre Ziele auch nach gastronomischen Gesichtspunkten aus: Es locken Austern in Arcachon, »Fruits de Mers« in der Bretagne, eine Bouillabaisse in Marseille oder Sauerkraut mit Wurstspezialitäten und Rippchen im Elsaß, dazu ein Glas Wein aus der Region. Genauso vielfältig und unterschiedlich wie die regionale Küche präsentieren sich die Einwohner Frankreichs: als Vielvölkergemisch. Identitätsfaktor Nummer eins für die »grande nation« ist die französische Sprache. Nicht von ungefähr versammelt die »Académie française« einige der gelehrtesten Köpfe des Landes, um das Französische vor fremden Einflüssen wie den Worten »Computer« oder »Handy« zu schützen. Eigenständige Regionalsprachen wie Baskisch, Katalanisch, Bretonisch oder Flämisch sind mit der Zeit mehr und mehr verschwunden.

Das moderne Gesicht Frankreichs: Das Tor zu La Défense in Paris.

»Footix«, das Maskottchen der Fußball-Weltmeisterschaft 1998, vor dem Pariser Eiffelturm.

Der Mont-Saint-Michel an der französischen Atlantikküste bei Saint-Malo

Im Alltag liebt der Franzose seine Freiheit, das Individuelle. Er hat ein eher gestörtes Verhältnis zur Obrigkeit. Auch wenn die Franzosen die strenge Bürokratie in ihrem Land akzeptieren, treiben sie soziale Ungerechtigkeiten immer wieder auf die Straße. Mit ihrer Zivilcourage stehen die Franzosen noch heute in bester Tradition von Revolution, Aufklärung und Erklärung der Menschenrechte. Seit der neuen Verfassung aus dem Jahre 1958 ist Frankreich in seiner mittlerweile Fünften Republik. Mit einer Mehrparteiendemokratie, einem Zwei-Kammer-System, gebildet aus Senat und Nationalversammlung und mit einem Präsidenten, Jacques Chirac, als Staatsoberhaupt, von den Wählern ernannt für eine Amtszeit von sieben Jahren. Für die Regierungsgeschäfte sind der Premierminister, Lionel Jospin, und seine Minister zuständig. Zudem verwalten 22 regionale Regierungen 96 Départements im »Hexagon« sowie vier weitere in Übersee.

Ein ganzes Land weiß um die große Herausforderung. Die Weltmeisterschaft 1998 ist für Frankreich eine nationale Aufgabe. Über 90.000 Franzosen haben sich als freiwillige Helfer beworben. 12.000 von ihnen bleiben nach einem »Concours«, einem Auswahlverfahren, übrig. Und geradezu »mega-genial« war die Wahl des einstigen Fußballweltstars Michel Platini als Organisationschef für die WM. Einen besseren Botschafter hätte die Nation nicht finden können. Als Beleg dafür mag gelten,

Frankreich – das Gastgeberland

daß bei einer Werbetour für die Weltmeisterschaft durch Brasilien viele Journalisten fragten: »Wer ist eigentlich der Mann neben Platini?« Die Antwort: Es war nur der amtierende Staatspräsident Jacques Chirac.
Mit viel Ehrgeiz und Engagement basteln Platini und sein Organisationsstab an einer Fußball-WM der Superlative. Die Titelkämpfe bedeuten Arbeit rund um die Uhr für den 72fachen Nationalspieler, den man getrost in einem Atemzug mit den ganz großen des Weltfußballs wie Puskas, di Stefano, Pelé, Cruyff, Beckenbauer und Maradona nennen kann. Nur eines läßt sich der Europameister von 1984 nicht nehmen: das sonntägliche Fußball-Match mit seinen alten Mannschaftskameraden. Die 16. Fußball-Weltmeisterschaft vom 10. Juni bis zum 12. Juli 1998 wird auch so ein gigantisches Spektakel.
Zum ersten Mal überhaupt nehmen daran 32 Nationen teil, und zum ersten Mal spielen die Teams in der Vorrunde an drei verschiedenen Orten. Somit verteilt sich das Turnier auf zehn verschiedene Städte. Der neue Weltmeister wird am 12. Juli in Saint-Denis, vor den Toren von Paris, im neuen »Stade de France« gekürt.
Frankreichs Premierminister Lionel Jospin machte auf einer Pressekonferenz in Paris die WM-Rechnung auf. Das Turnier kostet drei Milliarden Mark, knapp die Hälfte trägt der Staat. Die restlichen 53 Prozent kommen von Sponsoren, vom Organisationskomitee und aus dem Kartenverkauf. Die Eintrittspreise liegen bei den Gruppenspielen zwischen 55 und 90 Mark, beim Finale um die 100 Mark – dreimal billiger als bei der WM vor vier Jahren in den USA. 3,7 Milliarden Zuschauer werden die WM voraussichtlich daheim an den Fernsehschirmen verfolgen. 10.000 Journalisten, 100 Fernsehsender und 150 Radioanstalten sind vor Ort. Zudem erwartet Frankreich allein über eine Million Fußballtouristen aus Übersee, aus Südamerika und aus Asien. Das Land ist darauf bestens vorbereitet und verspricht eine perfekte Weltmeisterschaft.
»La grande nation« ruft, aber nicht nur zur »Mondial«, und die Sportler, Touristen und fußballverrückten Fans aus aller Welt haben diesen Ruf längst vernommen.

Fußball-Ferienschule Rügen

Unser Motto: »Wer klein anfängt, kommt groß raus«

Im Jahr der Weltmeisterschaft begeistert König Fußball groß und klein.

Kids von 6-16 Jahren erleben den ganz besonderen Urlaub auf Rügen.

Der Ball ist Dein Begleiter, Fußball total – und das 20 Stunden in der Woche.

Ran an den ⚽: Dribbeln und „Fintieren", Passen und Torschuß, Doppelpaß und Flugkopfball, Kleinfeldturnier und Abschlußspiel, Tips und Tricks.

Rund um den ⚽: Fußballfilme, Lehrvideos, Regel- und Fußball-Quiz.

Die Fußball-Ferienschule auf Rügen ist eine tolle Möglichkeit, das Fußballspielen technisch und taktisch zu erlernen und zu verbessern. Deine Trainer sind ausgebildete Sportstudenten und Sportlehrer; Leitung: Rolf Salgert, Dipl. Sportlehrer und DFB-A-Lizenz-Trainer. Am Ende erhältst Du ein Abschlußpräsent, ein Teilnahmezertifikat und nach dem Technik-Test das Fußballabzeichen.

Preis pro Teilnehmer 265,- DM

STEIGENBERGER MAXX RESORT RÜGEN

Freut Euch auf einen Aufenthalt, zusammen mit Euren Eltern, in einer der schönsten Fußball-Ferienanlagen in Deutschland auf der Insel Rügen.

In der Nähe der berühmten Kreidefelsen, unmittelbar angrenzend an den Nationalpark Jasmund gelegen, gibt es auf einem 85 ha großen Naturareal Spiel, Sport, Spaß & Erlebnis für die ganze Familie.

145 Hotelzimmer und Suiten sowie 140 Ferienwohnungen sind modern und komfortabel eingerichtet. 4 Restaurants mit Angeboten der regionalen und internationalen Küche sowie 2 Bars sorgen für das leibliche Wohl und erlebnisreiche Unterhaltung.

Jasmund Therme
920 m² Badelandschaft mit 3 Becken, Riesenrutsche, Fitnessbereich, Saunen, Whirlpools, Dampfbad, Solarien, La Mer SPA Center mit Kosmetik, Massagen und Bäderabteilung, Billard, Bowling, Tischtennis, Bistro & Poolbar.

Sportareal
4 Tennisplätze (Sand), Tennishalle mit 2 Plätzen, Driving Range, Boccia, 18-Bahnen-Minigolf, Volley- und Streetball, TSS-Tennisschule, OXYGEN Inline-Skate-Bahn, Reiten, Wassersport und vieles mehr.

Arrangement UMBRO-Fußball-Ferienschule

Termine	**Übernachtung p. P. im Doppelzimmer** Kinder bis 5 Jahre gratis, 6-12 Jahre Logis gratis, Frühstück & Halbpension 50 % Ermäßigung		**Übernachtung in der Ferienwohnung BOBBIN für 2 bis 4 Personen**
	1 Woche mit Frühstück	**1 Woche mit Halbpension**	**1 Woche Aufenthalt**
			(zzgl. Teilnehmer-Preis pro Person)
25.03. - 25.04.1998	–	–	**795,- DM**
22.06. - 15.09.1998	**770,- DM**	**910,- DM**	**1.144,- DM**
05.10. - 05.11.1998	**455,- DM**	**595,- DM**	**795,- DM**

Buchungen unter: Steigenberger MAXX Resort Rügen, Neddesitz, D-18551 SAGARD, Tel.: 03 83 02-95, Fax: 03 83 02-9 08 87

Paris und Saint-Denis

Gegensätze an der Seine

Nur spärlich fallen die warmen Sonnenstrahlen in die malerischen Gassen südlich der Seine. Hier, wo schon Satre, Voltaire und Camus über Kunst und Dichtung philosophierten, verbreiten kleine Cafés und Bistros auch heute noch einen Hauch jenes legendären Pariser Charmes. Seit jeher gilt das Quartier Latin als magischer Anziehungspunkt für Schriftsteller, Buchhändler und radikale Denker. Inzwischen tummeln sich neben Studenten jedoch vor allem Touristen und findige Geschäftsleute in den verwinkelten Vierteln rund um die ehrwürdige Universität Sorbonne. Nicht nur im Quartier Latin haben sich mittlerweile ganze Berufssparten darauf spezialisiert, den Mythos Paris zu verkaufen und Klischees zu bestätigen. Schließlich zieht keine andere Metropole Europas mehr Besucher in ihren Bann.

20 Millionen kommen Jahr für Jahr in die strahlende Weltstadt an der Seine. Sie ist der unbestrittene Mittelpunkt Frankreichs, der durch eisernen Zentralismus seit Jahrhunderten die begabtesten Talente der Provinzen anzieht. Längst hat sich die 10-Millionen-Stadt zum größten Industrie- und Dienstleistungszentrum des Landes entwickelt. Tief unter der Banque de France lagern nicht nur die gesamten Goldreserven der Republik, der Großraum Paris erwirtschaftet auch ein Viertel des französischen Bruttosozialprodukts.

Schon 1740 schrieb der französische Schriftsteller Montes-

Département:	**Paris**
Region:	**Ile de France**
Einwohnerzahl:	**Stadtgebiet: 2.200.000** **Großraum: 10.000.000**
Flughäfen:	**Aéroport Roissy Charles de Gaulle** **23 Kilometer nordöstlich von Paris** **Tel.: 00 33/1/48 62 22 80** **Aéroport Orly** **15 Kilometer südlich von Paris** **Tel.: 00 33/1/49 75 52 52** **Verbindungen mit Bordeaux, Lyon, Marseille, Montpellier, Nantes, Saint-Etienne, Toulouse**
Bahnhöfe:	**Gare du Nord, rue de Dunkerque** **Tel.: 00 33/1/42 80 03 03** **Schnellzug- (TGV-) Verbindungen mit Lille** **Gare de Montparnasse, avenue du Maine** **Tel.: 00 33/1/45 38 52 29** **Schnellzug- (TGV-) Verbindungen mit Bordeaux, Nantes und Toulouse** **Gare de Lyon, boulevard Diderot** **Tel.: 00 33/1/43 45 92 22** **Schnellzug- (TGV-) Verbindungen mit Lyon, Marseille, Montpellier und Saint-Etienne* – (*: mit Umsteigen)**
Autobahnanbindung:	**Aus Norden:** **über die A 1 aus Richtung Lille** **Aus Südosten:** **über die A 6 aus Richtung Lyon** **Aus Westen:** **über die A 11 aus Richtung Nantes** **Aus Südwesten:** **über die A 10 aus Richtung Bordeaux**
Touristeninformation:	**Office du Tourisme** **127, avenue des Champs-Elysées** **75008 Paris** **Tel.: 00 33/1/49 52 53 54** **Fax: 00 33/1/49 52 53 00**
Hotelreservierung:	**Hôtel Unis de Paris** **Tel.: 00 33/1/42 00 33 88 und** **Fax: 00 33/1/42 00 33 99 oder** **Parisotel – Tel.: 00 33/1/53 93 74 20** **und Fax: 00 33/1/53 93 74 21**

Legendär und weltbekannt: Tänzerinnen aus den Pariser Nachtklubs.

quieu: »In Frankreich gibt es nur Paris und die weit abgelegenen Provinzen, die sich einzuverleiben Paris noch keine Zeit gehabt hat.« Wer sich hier niederläßt, muß lernen, sich zu behaupten, sich an Hektik und Anonymität, an chaotischen Straßenverkehr und das Gedränge in der Métro zu gewöhnen.
Und dennoch hat sich Paris einen Teil seines legendären Charmes bewahrt. Wer vom Quartier Latin entlang der Seine in Richtung Pont Neuf, der ältesten Brücke der Stadt, spaziert, geht an dem wohl längsten altertümlichen Buchmarkt Europas vorbei. An den gemütlichen Quais, an denen – welch Seltenheit – kein einziges Auto parken darf, bieten Straßenhändler alte Schmöker, historische Postkarten und betagte Fotografien an.
Von hier ist auch der Weg in das eigentliche Herz der Stadt nicht mehr weit. Auf der Ile de la Cité ließen sich im 3. Jahrhundert vor Christus die ersten keltischen Stämme nieder. Sie hatten schnell erkannt, daß die ovale Insel nicht nur ein strategisch günstiger Brückenkopf zwischen Nord- und Südgallien war, sondern sich darüber hinaus auch noch hervorragend verteidigen ließ. Es waren die Parisii, denen die Stadt letztendlich ihren Namen verdankt.
Später bauten Römer, Franken- und Karpetingerkönige die Siedlung aus, mußten sich mit den jeweiligen Herrschern jedoch immer wieder heftige Schlachten liefern. Verbittert notierte Julius Cäsar 52 vor Christus: »Die Einwohner von Paris würden ihre Stadt eher abfackeln, als sie den Römern zu überlassen.«
Doch auch Krieg und Zerstörung konnten Wachstum und Aufstieg nicht bremsen. Bereits im 12. Jahrhundert wurde der Auftrag für das erste monumentale Bauwerk der Insel erteilt. Kurz darauf begannen für zahlreiche gotische Baumeister und Steinmetze zwei beschwerliche Jahrhunderte. Inzwischen gehört die Kathedrale Notre-Dame zu den berühmtesten Bauwerken der Welt. In ihr ließen sich Henry VI. (1422) und Napoleon I. (1804) krönen, hier hauste Quasimodo, der bucklige Glöckner aus Victor Hugos Roman. Von ihrem 69 Meter hohen Turm bietet sich ein prächtiger Blick über die Dächer von Paris und auf die gemächlich daherfließende Seine, ein angenehmer Kontrast zur stets hektischen Umgebung. Und auch wenn heute nur noch träge Lastkähne und kleine Ausflugsboote den Fluß hinauffahren, hat die Seine ihre zentrale Bedeutung über die Jahrhunderte nicht verloren. Sie teilt die Stadt in Nord- und Südufer und bestimmt die Reihenfolge von Hausnummern.
Daran konnte auch die ständige Veränderung der Stadt nicht rütteln. Immerhin drängten sich schon 1850 über 600.000 Einwohner in den armseligen Behausungen der verwinkelten Gassen. Vor allem Napoleon III. wurde dieses mittelalterliche Flair jedoch mehr und mehr zuwider. Er

Die »Gläserne Pyramide« vor dem Louvre.

witterte Gefahr, sah in den überfüllten Vierteln nichts weiter als eine unkontrollierbare Brutstätte aufrührerischer Gedanken. Er wollte Paris in die »Königin der Welt« verwandeln und eröffnete dem Stadtpräfekten Baron Haussmann einen verwegenen Plan: Das hoffnungslos übervölkerte Labyrinth sollte prächtigen Boulevards und schmucken Häuserreihen weichen. Der stolze Baron ließ sich nicht zweimal bitten. Die bisherigen Besitzer wurden kurzerhand enteignet, die Bewohner vertrieben. »Dem alten Paris mit seinen aufrührerischen Vierteln wurde der Bauch aufgeschlitzt«, rühmte sich Haussmann später in seinen Memoiren. Die mächtige Bourgoisie rückte ins Stadtzentrum, die Trennung in reichen Westen und armen Osten war perfekt.
Fast hundert Jahre später versuchte vor allem Präsident François Mitterrand, den Ostteil der Stadt kulturell wieder zu bereichern, doch letztendlich trieb auch er nur den Verdrängungsprozeß voran. Mit dem Bau der gigantischen Volksoper in der Nähe der Bastille bescherte er seinem Volk zwar ein schmuckes Bauwerk, verwandelte jedoch dabei das gesamte Viertel unweigerlich in ein schickes Insider-Quartier mit explodierenden Mietpreisen.
Ähnlich erging es dem tatendurstigen Präsidenten im Stadtpark La Villette: Im Nordosten der Stadt entstand das weltweit größte Museum für Wissenschaft, Technik und Industrie. Schon von weitem sind die roten, futuristischen Würfelbauten zu sehen, die schematisch über den angrenzenden Park des 21. Jahrhunderts verteilt sind. In ihnen haben sich Cafés, Fastfood-Restaurants und Informationsbüros niedergelassen. Mit dem gewachsenen Charakter des Viertels war es jedoch endgültig vorbei.
Doch vielleicht sind es gerade die Gegensätze, die den besonderen Reiz von Paris ausmachen. Kaum eine andere Metropole vereint Altertum und Moderne wie die Stadt an der Seine. Wer sich von der Bastille aus westwärts wendet, dem offenbaren sich die vielen Gesichter der Stadt auf einer einzigen Achse: Vorbei am Kunstmuseum Louvre führt der Weg durch die Tuillerien, über die prachtvollen Champs-Elysées bis hin zu La Défense, dem größten Bürohauskomplex Europas – ein futuristisches Hochhausviertel mit einem imposanten Grande Arche. Dieser gigantische Bogen beherbergt nicht nur eine Ausstellungshalle und ein Konferenzzentrum, in ihm würde auch die Kathedrale von Notre-Dame leicht und locker Platz finden. Doch selbst derartige High Tech-Bauten

Der »Parc des Princes« ist das traditionelle Hauptstadt-Stadion. Er ist die Heimat des Paris-Saint-Germain Football Club, des zweimaligen französischen Meisters, viermaligen Pokalsiegers und Gewinners des Europapokals der Pokalsieger aus dem Jahre 1996. Der Prinzenpark hat ein Fassungsvermögen von 49.000 Zuschauern. Das Stadion befindet sich im 16. Arrondissement und ist von den Métrostationen Porte de Saint-Cloud und Porte d'Auteuil gut zu Fuß zu erreichen.

können die Probleme der Weltstadt genauso wenig verdecken wie der Eiffelturm und der spektakuläre Kulturpalast »Centre Pompidou«. In den trostlosen Trabantenstädten des Nordens breiten sich Arbeitslosigkeit und Gewalt aus, Hehler- und Drogenmärkte blühen in unmittelbarer Nähe der strahlenden Basilika Sacré-Coeur und dem legendären Moulin Rouge. Das berüchtigte Viertel Barbès-Rochechouart, in das sich kaum ein »normaler« Pariser verirrt, gilt als das Afrika Europas. Über 30 Nationen leben hier zusammen, der Ausländeranteil beträgt fast 70 Prozent. In vollgestopften Läden werden säckeweise afrikanische Speisen wie Couscous angeboten, an den Marktständen gibt es exotische Gewürze und lebendiges Geflügel. Erst Mitte der 80er Jahre begann die Stadtverwaltung mit der Sanierung des heruntergekommenen Viertels, nach und nach entstanden soziale Einrichtungen, Alphabetisierungskurse wurden gefördert.

Sehenswürdigkeiten

Eiffelturm
Der 320 Meter hohe Turm ist das Wahrzeichen der Stadt
Champs-de-Mars, Métro Bir-Hakeim

Notre-Dame
Gotische Kathedrale aus dem 12. Jahrhundert
Ile de la Cité, Métro Cité

Louvre
Bedeutendstes Kunstmuseum der Stadt mit futuristischer Glaspyramide
rue de Rivoli, Métro Palais Royal Musée du Louvre

Centre Georges Pompidou
Gigantischer Kulturpalast mit nach außen verlegten Versorgungsleitungen und mehr Besuchern als der Eiffelturm
rue Rambuteau, Métro Châtelet les Halles

Sacré Coeur
Basilika aus der Zeit der Jahrhundertwende im Künstler- und Vergnügungsviertel Montmartre
35, rue du Chevalier-de-la-Barre, Métro Anvers

Basilika Saint-Denis
Kirche und Pilgerstätte aus dem 7. Jahrhundert; Grabstätte fast aller französischen Könige, gelegen in Saint-Denis
1, rue de la Légion-d'Honneur

La Villette
Größtes Technik- und Wissenschafts-Museum der Welt mit botanischem Garten und Planetarium
30, avenue Corentin Cariou,
Métro Porte de la Villette

La Défense
Größter Bürohauskomplex Europas im Westen der Stadt. Faszinierender Blick vom modernen Grande Arche bis zum Arc de Triomphe
Regionalbahn RER, Station Grande Arche de la Défense

Musée d'Orsay
Galerie mit Gemälden aus dem 19. Jahrhundert in ehemaligem Bahnhofsgebäude
1, rue de Bellechasse, Métro Solférino

L'Arc de Triomphe
Monumentaler Triumphbogen am Ende der Prachtstraße Champs-Elysées
Place du Général-de-Gaulle, Métro Étoile

Quartier Latin
Künstler- und Studentenviertel mit Bistros, Bücherständen und Straßenhändlern
Südlich der Ile de la Cité, Métro St. Michel oder Cluny La Sorbonne

Pont Neuf
Älteste Brücke der Stadt aus dem Jahre 1607
Métro Pont-Neuf

Musée Picasso
Werke des spanischen Meisters in altem Stadtschloß
5, rue de Thorigny, Métro Saint-Paul

Friedhof Père-Lachaise
Prachtvolle Ruhestätte von Oscar Wilde, Chopin und Jim Morrison
16, rue du Repos, Métro Père-Lachaise

Forum des Halles
Moderne, mehrgeschossige Ladenpassage mit einer Dachterrasse voller charmanter Karussells
1–7, rue Pierre Lescot, Métro Les Halles

Versailles
Prachtvolles Schloß mit Parkanlagen, ehemaliger Sitz der französischen Könige
RER, Versailles-Rive Gauche (Linie C)

Disneyland Paris
Walt-Disney-Attraktionen 32 Kilometer östlich der Stadt
Marne-la-Vallée, Regionalbahn RER, Station Marne-la-Vallée Chessy

Nur ein paar Métro-Stationen weiter im Norden bietet sich Besuchern dagegen ein ganz anderes Bild. In unmittelbarer Nähe der königlichen Ruhestätte hat sich in Saint-Denis seit dem Ende des 19. Jahrhunderts ein mächtiges Industriezentrum entwickelt. Die Nähe zu Seine und Kanal machte die Gegend vor den Toren von Paris schon damals zum idealen Standort für Großunternehmen. Chemie- und Textilindustrie ließen sich nieder, später kam die Metallverarbeitung hinzu. Bis in die 70er Jahre gehörte Saint-Denis zu den führenden Industrieregionen Europas, auch die Wirtschaftskrise machte ihr nur kurzfristig zu schaffen. Inzwischen arbeiten über 40.000 Menschen in rund 2800 Unternehmen. Hier befindet sich ein Großteil der französischen Filmindustrie, Werkstätten für den Hochgeschwindigkeitszug TGV, Textilunternehmen sowie das Forschungszentrum von Gaz de France.

Dabei war der Industrievorort einst eine mächtige Benediktinerabtei. Die Wallfahrtsstätte wurde zu Ehren des Heiligen Dionysios (frz. Denis) erbaut, der der Christenverfolgung im Jahre 250 zum Opfer fiel. Die Kirche übte seit jeher große Anziehungskraft auf die französische Monarchie aus. Alle französischen Königinnen wurden in der Basilique de Saint-Denis gekrönt, die meisten Könige beigesetzt.

Doch schon vor der Französischen Revolution brachen die Einwohner mit ihrer Königstreue, bis in die 20er Jahre galt der Vorort als Synonym für Aufruhr und Protest. Saint-Denis wählte sich einen kommunistischen Bürgermeister und bekam von der Presse gleich den Titel »Rote Stadt« verpaßt.

Inzwischen macht jedoch gerade der Kontrast aus Arbeiter- und Königsstadt das besondere Ambiente der Stadt aus. Moderne Industrie-Architektur und gotische Baukunst gehen unmittelbar ineinander über. Die Baumeister Gaudin und Oscar Niemeyer haben dem Zentrum von Saint-Denis ihren Stempel aufgedrückt. Das spätere napoleonische Mädcheninternat der Ehrenlegion, das »Maison d'éducation de la Légion d'Honneur«, gilt als herausragendes Beispiel für die Architektur des 13. Jahrhunderts. Seit Beginn der Industrialisierung hat es Saint-Denis immer wieder verstanden, sich den Anforderungen der Gegenwart zu stellen. Durch den Bau des neuen »Stade de France« rückt die Stadt jetzt auch sportlich in den Blickpunkt. Daß hier auf einer verwilderten Grünfläche bis vor wenigen Jahren noch ganze Wellblechdörfer von Obdachlosen standen, wird da gerne verdrängt.

Das Prunkstück unter den französischen WM-Stadien befindet sich in Saint-Denis, neun Kilometer nördlich des Stadtzentrums von Paris. Das »Stade de France« ist das größte Stadion der WM und deshalb auch Austragungsort des Eröffnungsspiels und des Finales.
Das Fassungsvermögen des vollkommen neu gebauten Stadions beträgt während der WM-Spiele 80.000 Zuschauer. Später sollen in der modernen Mehrzweckarena bei Shows und Konzerten bis zu 105.000 Menschen Platz finden. Allein ihre für diese Zwecke errichtete Dachkonstruktion wiegt genauso viel wie der Eiffelturm.

Veranstaltungen

Konzert der drei Tenöre: José Carreras, Luciano Pavarotti und Placido Domingo singen am 10. Juli 1998 mit dem Orchester de Paris vor dem Eiffelturm

Fest des Fußballs: Am 9. Juni veranstaltet die Stadt ein großes Showprogramm rund um Bastille, Opéra, Eiffelturm und Arche d´Or – mit einem großen Finale an der place de la Concorde

Festival de Sceaux: Festival mit klassischer Musik und Kammermusik in den Monaten Juli bis September

Village de Paris: Auf den bekanntesten Pariser Plätzen und in allen Sportstadien veranstaltet die Stadt während der WM, in den Monaten Juni und Juli, ein Kulturprogramm

French Open: Renommiertes Tennis-Grand-Slam-Turnier vom 28. Mai bis zum 7. Juni im Stade Roland Garros

Tour de France: Bedeutendstes Radrennen der Welt durch ganz Frankreich – mit Start am 11. Juli in Irland und Zielankunft am 5. August auf den Pariser Champs-Elysées

Musik-Festival de Saint-Denis: Klassische Konzerte in der Zeit vom 8. Juni bis zum 10. Juli, davon acht in der Basilika von Saint-Denis

Magic Mirrors: Illusionsshow mit dem magischen Spiegel von Philippe Découflé am 12. Juli in Saint-Denis

Konzert der Rolling Stones: Die legendäre Rockgruppe spielt am 25. und 26. Juni im »Stade de France«

Internationales Leichtathletik Meeting: Hochkarätige Stars weihen im Juni das neue »Stade de France« ein

Le Village du Monde: Die 32 teilnehmenden Länder präsentieren in einem kleinen Dorf ihre Kultur, ihre Musik und ihre Küche, vom 10. Juni bis zum 12. Juli

Restaurant-Tips

Preisgünstig

Polidor
Gemütliches Bistro mit bodenständiger Küche
41, rue Monsieur Le Prince

Le Bar à Huître
Austern und andere Meeresfrüchte in traditioneller Brasserie
33, boulevard Beaumarchais

Mittlere Preisklasse

Chez Benoît
Traditionelle Küche in Bistro aus dem Jahre 1912
20, rue Martin

Au Pied de Cochon
Herzhafte Küche im Herzen von »Les Halles«
6, rue Coquillière

La Coupole
Lebhaftes Lokal in historischem Gebäude mit vielseitiger Speisekarte, auch vegetarische Gerichte
102, boulevard Montparnasse

Gehobene Preisklasse

La Tour d'Argent
Luxusrestaurant im Quartier Latin mit berühmtem Weinkeller
15–17, quai de la Tournelle

Nantes

Alte Hafenstadt auf neuem Kurs

Mit versteinerten Mienen blicken die Seefahrerstatuen vom alten Börsengebäude in Nantes' Altstadt herab auf die place du Commerce. Dort, wo die Weinhändler einst ihren berühmten »Muscadet« einschifften, tummeln sich heute Touristen und Vergnügungssüchtige. Straßencafés, Kinos und breite Einkaufsstraßen haben die Seitenarme der Loire weitgehend aus dem alten Stadtzentrum verdrängt. Neue Straßenzüge haben die alten Ausläufer des Flusses unter sich begraben – und mit ihnen auch einen guten Teil von Nantes' großer Seehandelstradition. Nur der quai de la Fosse im Westen der Altstadt erinnert mit seinen prachtvollen Bürgerhäusern noch an die Blüte des 18. Jahrhunderts. Das geschäftige Treiben an den übrigen Hafenkais entlang der Loire kann nicht darüber hinwegtäuschen, daß hier nur noch kleine und vergleichsweise unbedeutende Schiffe anlegen. Längst ist die Fahrrinne versandet und der eigentliche Seehafen der 244.500-Einwohner-Metropole an den Atlantik umgezogen, gut 50 Kilometer weiter flußabwärts nach Saint-Nazaire. Riesige Containerschiffe und langgestreckte Werftanlagen prägen das Bild dieses westfranzösischen Küstenabschnitts, an dem noch vor 150 Jahren Fischer ihre Netze zum Trocknen aufspannten. Saint-Nazaire gilt heute als Zentrum der französischen Schiffbauindustrie. Der Aufstieg seines Vorhafens bedeutete für Nantes den Untergang von Seehandel und Bootsbau. Frank-

Département:	**Loire-Atlantique**
Region:	**Pays de la Loire**
Einwohnerzahl:	**Stadtgebiet: 244.500** **Großraum: 499.000**
Flughafen:	**Aéroport Nantes-Atlantique** **15 Kilometer südwestlich von Nantes** **Tel.: 00 33/2/40 84 80 00** **Verbindungen mit Lille, Lyon, Marseille, Montpellier, Toulouse, Paris**
Bahnhof:	**Gare de Nantes** **boulevard de Stalingrad** **Tel.: 00 33/2/36 35 35 35** **Schnellzug- (TGV-) Verbindungen mit Lens*, Lyon, Marseille*, Paris, Saint-Etienne*, Toulouse** **(*: mit Umsteigen)**
Autobahnanbindung:	**Aus Nordosten: über die A 11 aus Richtung Paris** **Aus Süden: über die A 83 und die A 10 aus Richtung Bordeaux**
Touristeninformation:	**Office du Tourisme** **7, rue de Valmy** **44041 Nantes** **Tel.: 00 33/2/40 20 60 00** **Fax: 00 33/2/40 89 11 99**
Hotelreservierung:	**über das Office du Tourisme**

reichs siebtgrößte Stadt vollzog im 20. Jahrhundert einen grundlegenden wirtschaftlichen Wandel. Elektronik-, Chemie-, Textil- und Baustoffunternehmen haben sich gemeinsam mit Konservenproduzenten in großen Industriezonen rund um Nantes angesiedelt und zahlreiche unansehnliche Arbeiterstädte hervorgebracht. Und dennoch hat sich Frankreichs viertgrößte Industrieregion den Charakter einer Hafenstadt erhalten. Als Indiz dafür mag gelten, daß das Meisterwerk von Nantes' angesehener Konditorzunft, der Butterkeks, aus dem Biskuit entstanden sein soll, von dem sich die Seefahrer im Mittelalter vorwiegend ernährten.

In Nantes mischt sich die geschäftige Atmosphäre eines Wirtschaftszentrums mit der jugendlichen Beschwingtheit seiner über 40.000 Studenten. Nicht zu vergessen der Einfluß der eher bodenständigen Region »Bretagne«, die nur auf dem Papier einem anderen Landstrich angehört als Nantes, das heute Hauptstadt der Verwaltungsregion »Pays de la Loire« ist. Das Leben pulsiert hier, ganz im Westen des Landes, ein wenig langsamer als im übrigen Frankreich. Bestes Beispiel dafür ist vielleicht die Passage Pommeraye, eine ruhige, gemütliche Ladenpassage, die im Herzen von Nantes' Altstadt mit ihren Säulen und Statuen aus dem 19. Jahrhundert einen Hauch altmodischen Charmes verbreitet.

Vom damaligen Wohlstand der Stadt zeugen prächtige Bürgerhäuser in der nahegelegenen Einkaufsstraße rue Crébillon sowie rund um die place Royale, die place Graslin und die place du Commerce, an der sich heute die Touristeninformation befindet. Mit dem 18. Jahrhundert begann für Nantes eine Zeit der wirtschaftlichen Blüte. Der florierende Überseehandel bescherte der Stadt und ihren Kaufleuten großen Reichtum. Viele Händler verließen die verwinkelten Häuser und schmalen Gassen des Viertels St. Croix, wo sich die wohlhabenden Bürger im 15. und 16. Jahrhundert nach dem ersten großen Aufschwung des Hafens niedergelassen hatten. Neue Prachtviertel entstanden westlich rund um das Börsengebäude und das Grand Théâtre sowie südlich auf der Ile Feydeau, einer Insel in der Loire, die seit knapp 70 Jahren durch das Zuschütten eines Flußarmes mit der Altstadt verbunden ist.

Noch heute erinnern auf der früheren Loire-Insel alte Speicherbauten und schmiedeeiserne Balkongitter mit stilisierten Pyramiden rund um die rue Kervégan an die Wurzeln des damaligen Reichtums: den Dreieckshandel mit den französischen Kolonien. Skrupellose Kaufleute verschifften wertlosen Glasschmuck und billige Stoffe nach Afrika und tauschten sie dort gegen Sklaven für Westindien. Zuckerrohr, Tabak und Kaffee waren der Lohn der Sklavenhändler, deren alte Büros und volle Lagerhallen auf der Ile Feydeau bald prunkvollen Herrenhäusern weichen mußten. Ganz im venezianischen Stil auf Baumstämmen erbaut, standen die neuen Reedereigebäude und mit ihnen der geschäftliche Erfolg jedoch auf hölzernen Füßen: Die Wohlstandsepoche fand bereits wenige Jahre später, eingangs des 19. Jahrhunderts, ein jähes Ende. Das Verbot des Sklavenhandels, der Verlust wichtiger Kolonien und die Handelsblockade gegenüber Großbritannien, die Kontinentalsperre, ließen den zuvor als »Tor zum Atlantik« gerühmten Hafen nahezu in die Bedeutungslosigkeit versinken.

Die Geschichte des Seehandels in Nantes veranschaulicht das Marinemuseum Musée des Salorges, gelegen in der ehemaligen Sattlerei des

Château des Ducs de Bretagne. Dieses festungsartige Schloß mit seiner Zugbrücke aus dem 13. Jahrhundert und seinen sechs Verteidigungstürmen steht wie kein anderes Bauwerk für den jahrhundertelangen Kampf der Stadt um ihre Unabhängigkeit, gegen Römer, Normannen, Engländer und die französische Krone. Hier hatte im Mittelalter der Herzog der Bretagne seinen Sitz, und hier unterzeichnete der französische König im Jahre 1598 das Edikt von Nantes, mit dem die protestantischen Hugenotten nach jahrelangen Glaubenskriegen eine begrenzte Religionsfreiheit erhalten sollten.

Für das romantische Nantes steht die große Blumenausstellung im Park Beaujoire, die der Hauptstadt des Départment Loire-Atlantique den Beinamen »Ville Fleurie« eingebracht hat. Alle fünf Jahre treffen sich Pflanzenfreunde aus aller Welt hier, im Norden der »Blumenstadt«, am Ufer des Flusses Erdre. Weiter stromaufwärts, fernab der Mündung in die Loire, säumen die Erdre die Anbaugebiete des Muscadet, eines beliebten, trockenen Weißweins, und eine Reihe sehenswerter Schlösser, die mit Ausflugsbooten ab dem quai de Versailles zu erreichen sind.
Die berühmten Schlösser der Loire liegen allerdings ein ganzes Stück weiter östlich von Nantes, an den Flußufern zwischen Saumur und Beaugency. Hier ließ der beständig umherziehende französische Königshof im Mittelalter prunkvolle Residenzen entstehen, die der Loire den Beinamen »Strom der Könige« einbrachte. Wesentlich bodenständiger präsentiert sich die sanfte Hügellandschaft südlich von Nantes. Die Vendée lebt vor allem vom Getreideanbau, der Viehzucht, dem berühmten Vendée-Schinken und dem Naturtourismus. Seit einigen Jahren bevölkern diesen Landstrich aber auch immer mehr Surfsportfans, die an den unberührten Küsten entlang der Côte de Lumière ideale Bedingungen vorfinden. Und es ist kein Zufall, daß die nordwestlich von Nantes gelegene Bretagne die kulinarischen Spezialitäten der Region ausgerechnet um ein

Das »Stade da La Beaujoire – Louis Fonteneau« ist die Heimat des Football Club de Nantes – Atlantique, eines Vereins mit großer Vergangenheit. Der Klub gewann siebenmal die französische Meisterschaft und einmal den Pokal. Das Stadion wurde eigens für die Weltmeisterschaft umgebaut und bietet während der WM-Spiele Platz für 40.000 Menschen. Das »Stade de La Beaujoire« liegt sieben Kilometer vom Stadtzentrum entfernt und es ist mit öffentlichen Verkehrsmitteln leicht zu erreichen.

alkoholisches Getränk bereichert, den Apfelwein Cidre. Immer noch hat das frühere Armenhaus Frankreichs den höchsten Pro-Kopf-Alkohol-Verbrauch des Landes. Die Luxusgeschäfte, Kasinos und Hotelpaläste im schicken Badeort »La Baule«, nur wenige Kilometer nordwestlich von Nantes' Hafen Saint-Nazaire, zeugen allerdings vom wirtschaftlichen Aufschwung, der auch in dieser Region in den vergangenen Jahren eingesetzt hat.

Wesentlich ruhiger ist es da in den kleinen Badeorten auf der nahegelegenen Halbinsel Croisic und in der mittelalterlichen Festungsstadt Guérande. Zur Hochzeit des Seehandels gingen hier noch Kaufleute aus ganz Europa vor Anker, um den nahegelegenen Salzsümpfen ihr Gutes abzugewinnen. Inzwischen haben die Touristen aber auch hier, nordwestlich von Nantes, die große regionale Seehandelstradition ins Abseits gedrängt.

Sehenswürdigkeiten

Château des Ducs de Bretagne
Festungsartiges Schloß der bretonischen Herzöge mit drei Museen im Innern
place de la Duchesse Anne

Musée des Beaux-Arts
Viel beachtetes Museum mit Gemälden von Tintoretto, Rubens und Kandinsky
10, rue Georges Clémenceau

Passage Pommeraye
Dreistöckige Ladenpassage aus dem 19. Jh. mit Statuen, Säulen und Glasdach

Cathédrale St.-Pierre-et-St.-Paul
Kirche in einheitlich gotischem Stil, erbaut zwischen 1434 und 1893
Place St.-Pierre

Ile Feydeau
Ehemalige Loire-Insel mit stattlichen, auf Pfählen erbauten Bürgerhäusern aus dem 18. Jh.

Musée Jules Verne
Dokumente des Science-Fiction-Autors aus Nantes und ein herrlicher Blick über den Hafen
3, rue de l'Hermitage

Cité Radieuse
Komplex mit 300 Wohnungen, erbaut von Le Corbusier
5 km südlich der Stadt im Vorort Rezé

Veranstaltungen

Festival d'Eté:
Das alljährliche Musikfestival von Nantes mit Sängern und Tänzern findet während der WM im Château des Ducs de Bretagne statt

Le plus grand cabaret du Mondial:
In den alten Fabrikhallen der Firma LU finden während der WM zwischen 19 und 5 Uhr zwischen Restaurants und Bars täglich Theateraufführungen und Ausstellungen statt

La plage de Copacabana:
An der place Maréchal Foch zeigen Beach-Fußballer während der WM ihr Können

Festival Pyrotechnique:
Für die Zeit der WM ist ein aufwendiges Feuerwerk geplant, gestaltet von Jacques Couturier, einem Preisträger des Internationalen Feuerwerkfestivals in Monaco

Le Géant Royal de Luxe:
Im Juni wird eine riesige Marionette begleitet von Musikern und Tänzern auf den Straßen der Stadt eine Festivalstimmung verbreiten

Restaurant-Tips

Preisgünstig

Brasserie La Cigale
Spezialitäten aus Nantes in berühmtem Ambiente aus der Zeit der Jahrhundertwende
4, place Graslin

La Mangeoire
Bodenständige Küche, viele Fischgerichte
106, rue des Petites Ecuries

Mittlere Preisklasse

Beausejour
Spezialitäten der Loire
12, promenade de Bellevue

Au Cordon Bleu
Breitgefächerte Speisekarte
102, rue de la Mairie

Gehobene Preisklasse

Torigaï
Französische und orientalische Küche in angenehmem Ambiente
Ile de Versaille

Bordeaux

Eine Stadt im Zeichen des Rotweins

Mit seinen blauen Spiegelglasscheiben wirkt die »Cité Mondiale des Vins« wie ein Fremdkörper in Bordeaux' altem Hafenviertel »Les Chartrons«. Das futuristische Kongreß- und Ausstellungszentrum für Weinexperten aus aller Welt stört den zurückhaltenden Charme des Viertels, das zu Bordeaux' Blütezeit im 18. Jahrhundert die sogenannte »Aristokratie des Korkens« beheimatete. Weinfürsten aus England, Skandinavien und Deutschland, deren Häuser mit ihren ausladenden Toren und Balkonen von dem bescheidenen Wohlstand zeugen, zu dem die zugereisten Händler mit dem Verschiffen der berühmten Bordeaux-Weine gelangt waren. Heute rosten hier, am Quai des Chartrons, die Verladekräne. Die Hafenanlagen haben Frankreichs fünftgrößte Stadt im Südwesten des Landes längst verlassen, sind vom Ufer des Flusses Garonne im Stadtzentrum Bordeaux' umgezogen an den knapp 100 Kilometer entfernten Atlantik, nach Ambès, nach Bassens und nach Verdon-sur-Mer.

Nur zögerlich kehrte in den vergangenen Jahren das Leben in das vom Niedergang bedrohte Hafenviertel »Les Chartrons« zurück. Bestes Beispiel dafür ist das CAPC, das »Centre d'Arts Plastiques Contemporains«. Das Museum für Moderne Kunst bezog vor wenigen Jahren ein lange Zeit leer-

Département:	**Gironde**
Region:	**Aquitaine**
Einwohnerzahl:	**Stadtgebiet: 213.000** **Großraum: 696.000**
Flughafen:	**Aéroport Bordeaux-Mérignac** **10 Kilometer westlich von Bordeaux** **Tel.: 00 33/5/56 34 84 84** **Verbindungen mit Lille, Lyon, Marseille, Montpellier, Nantes, Paris, Saint-Etienne**
Bahnhof:	**Gare Saint-Jean** **rue Charles Domercq** **Tel.: 00 33/5/56 92 50 50** **Schnellzug- (TGV-) Verbindungen mit Lens*, Lyon*, Paris, Toulouse** **(*: mit Umsteigen)**
Autobahnanbindung:	**Aus Nordosten:** **über die A 10 aus Richtung Paris** **Aus Norden:** **über die A 10 und A 83 aus Richtung Nantes** **Aus Südosten:** **über die A 62 aus Richtung Toulouse, Montpellier und Marseille**
Touristeninformation:	**Office du Tourisme** **12, cours du XXX juillet** **33080 Bordeaux** **Tel.: 00 33/5/56 00 66 00** **Fax: 00 33/5/56 00 66 01**
Hotelreservierung:	**über das Office du Tourisme**

Malerisch inmitten von Weinbergen gelegen – das Château Pichon Longueville in der Nähe von Bordeaux.

stehendes Lagerhaus aus dem Jahre 1824 und bewahrte es so vor dem Abriß. Mit seinen neun öffentlichen Museen und bedeutenden Festivals wie dem »L' Eté Girondin«, dem alljährlichen Jazz-Festival im Juli und August, steht Bordeaux' lebendige Kulturszene heute gleichberechtigt neben den zentralen Wirtschaftszweigen: Handel, Ausbildung und Industrie.

Die Produkte der bedeutenden Luft- und Raumfahrttechnik, die sich im Süden der 213.000-Einwohner-Metropole angesiedelt hat, sind der Mirage-Düsenjäger, Weltraumfahrzeuge und Antriebssysteme für Raketen. Mit etwa 60.000 Studenten besitzt die Hauptstadt des Départements Gironde zudem eine der größten und ältesten Universitäten des Landes. Im Norden Bordeaux' hat sich schließlich der Handel in den vergangenen Jahren ein neues Zentrum geschaffen. Rund um einen künstlichen See, der im Sommer zum Bootfahren, Surfen und Baden einlädt, liegen im Viertel »Le Lac« moderne Messehallen und Kongreßzentren. Die Seele der Stadt befindet sich aber nach wie vor rund um das alte Hafenviertel »Les Chartrons«, wo das neue Ausstellungszentrum »Cité Mondiale des Vins« an die Tradition des weltweiten Weinhandels anknüpft und einen deutlichen Beleg dafür liefert, daß sich Ansehen und Bedeutung der südwestfranzösischen Stadt noch immer vor allem aus dem Überseehandel und den weltberühmten Rotweinen speisen. Bereits vor knapp 2000 Jahren brachten die Römer die ersten Weinstöcke in die Gegend des damaligen Burdigala, und in den folgenden Jahrhunderten machten die Gallier den Wein zu einer der wichtigsten Handelswaren Aquitaniens. Heute produziert diese Weinregion rund um Bordeaux jährlich über 500 Millionen Flaschen des weltbekannten Exportartikels. Bordeaux-Weine stammen mittlerweile aus 36 verschiedenen Anbaugebieten entlang der beiden Flüsse Garonne und Dordogne; am begehrtesten sind die Flaschen mit Etiketten aus dem Médoc, aus St. Emilion, aus Graves und aus Pomerol. Weitere Qualitätsmerkmale sind für den Weinfreund die Bezeichnungen »Appelation d'origine contrôlée (AOC)« oder »VDQS« (Vin délimité de qualité superieur), die für die Hochwertigkeit des Weines stehen. Aber auch unter den wesentlich billigeren Massenprodukten wie dem »vin de pays« läßt sich mit etwas Glück der eine oder andere gute Tropfen ausfindig machen.

Die Wertschätzung für ihre Weine war es auch, die der Stadt Bordeaux zur ersten großen Blüte ab der Mitte des 12. Jahrhunderts verhalf. Damals war der gesamte Südwesten Frankreichs an die britische Krone gefallen, nachdem die Tochter des Herzogs von Aquitanien die Region um Bordeaux als Mitgift in die Ehe mit dem späteren englischen König eingebracht hatte. Die Folge für die Stadt war eine drei Jahrhunderte dauernde Fremdherrschaft, die die Stadt geprägt hat. Auch heute noch wird den Bewohnern der Stadt an der Garonne eine britische Mentalität nachgesagt: Sie gelten als ein wenig verschlossen, unterkühlt und arrogant. Der englischen Fremdherrschaft und Wertschätzung für den Wein hat es Bordeaux aber auch zu verdanken, daß sich die Stadt im

Das »Stade Lescure« ist die Heimat des viermaligen französischen Meisters und dreimaligen französischen Pokalsiegers, Girondins de Bordeaux. Nach seinem Umbau zu einem reinen Sitzplatzstadion soll das »Stade Lescure« zur Weltmeisterschaft insgesamt 35.200 Zuschauer fassen. Die Arena liegt verkehrsgünstig zwei Kilometer vom Zentrum Bordeaux' entfernt und ist mit dem städtischen Bus- und U-Bahnsystem gut zu erreichen. Auch bis zum Bahnhof sind es nur vier Kilometer.

Mittelalter verstärkt dem Seehandel zuwandte. Damit war der Grundstein gelegt für den Dreieckshandel des 18. Jahrhunderts, der Frankreichs damals bedeutendster Hafenstadt zu enormen Wohlstand verhalf: Findige Händler verschifften von Bordeaux aus Weine, Waffen und wertlose Glasperlen nach Westafrika und tauschten sie dort gegen schwarze Sklaven, die sie in die Karibik schafften. Ihr Lohn waren wertvolle Waren wie Vanille, Indigo, Zimt, Kaffee, Kakao, Zucker, Tabak und Baumwolle, mit denen sich in der Heimat hohe Preise erzielen ließen. Die aufblühende Stadt verließ das beengende Korsett der mittelalterlichen Stadtmauern. Königliche Provinzbeamte beseitigten die gewachsenen Strukturen und verliehen Bordeaux ein majestätisches Gesicht mit breiten Boulevards und Promenaden, mit prunkvollen Gebäuden und Plätzen, die das Stadtbild bis heute prägen. Eindrucksvollste Zeugnisse dieser Zeit sind das Grand Théâtre mit seiner berühmten Akustik, die place de la Bourse und die esplanade des Quinconces, einer der größten Plätze Europas, auf dem zwischen Brunnen, Statuen und baumgesäumten Alleen regelmäßig Jahrmärkte stattfinden. Ein herrlicher Blick auf die Prunkbauten des 18. Jahrhunderts bietet sich von der 175 Jahre alten und 500 Meter langen Steinbrücke Pont de Pierre, die bis 1965 die einzige Verbindung der beiden Garonne-Ufer darstellte. Am linken Flußufer erstreckt sich von dort entlang des Quai Louis XIII, wo Hafen- und Garonne-Rundfahrten starten, das alte Stadtzentrum mit seinen Fußgängerzonen, Boutiquen, Cafés und der Haupteinkaufsstraße rue Sainte Cathérine. Im Herzen der Altstadt finden sich auch die Touristeninformation und die Maison du Vin, wo Bordeaux ganz im Zeichen der Weinfreunde steht. Das nahegelegene Musée d'Aquitaine schließlich dokumentiert die Geschichte von Region und Stadt. Ein fester Bestandteil dieser Geschichte ist die Grosse Cloche, eine zwischen zwei Rundtürmen eines ehemaligen Stadttores hängende Glocke, mit der früher wichtige Ereignisse eingeläutet wurden wie die alljährliche Weinernte im Herbst. Im Sommer dagegen lockt der keine 100 Kilometer entfernte Atlantik. Zwischen der Mündung der Gironde und

der spanischen Grenze erstreckt sich im Westen Bordeauxs die 240 Kilometer lange Côte d'Argent mit ihren rauhen Sandstränden, zahlreichen Campingplätzen und kleinen Feriendörfern. Unterbrochen wird die Silberküste nur vom geschützten Becken von Arcachon, das an einen Binnensee erinnert und für Feinschmecker mit zahlreichen Austernbänken aufwartet.

Der Weg an den Atlantik führt von Bordeaux aus durch eines der größten Waldstücke Europas: »Les Landes« waren bis zum Beginn des 19. Jahrhunderts noch eine reine Sumpf- und Heidelandschaft, die lediglich zur Schafzucht nutzbar war, wobei sich die Schäfer allerdings nur auf Stelzen fortbewegen konnten.

Vor gut 120 Jahren aber ließ Napoleon III. das Gebiet mit Kiefern und Pinien aufforsten, um es wirtschaftlich nutzbar zu machen – mit der Folge, daß die Holzwirtschaft auch heute noch einen der wichtigsten Wirtschaftszweige der Region darstellt. Haupteinnahmequelle Aquitaniens ist aber nach wie vor der Handel mit den berühmten Weinen.
Besonders augenfällig wird dies auf der nördlich von Bordeaux gelegenen Médoc-Halbinsel. Dort befindet sich bei Pontillac unter anderem das Weinmuseum von Baron Phillipe de Rothschild; und zwar nicht wie in der Département-Hauptstadt selbst in einem modernen Repräsentationsbau, sondern noch ganz traditionsbewußt auf dem Schloß Mouton-Rothschild.

Sehenswürdigkeiten

Grand Théâtre
Klassizistisches Prunktheater aus dem 18. Jh.
Place de la Comédie

Esplanade de Quinconces
Einer der größten Plätze Europas

Musée d'Aquitaine
Museum der Geschichte Aquitanniens
20, cours Pasteur

Musée des Beaux-Arts
Museum der Schönen Künste, Werke von Renaissance bis Neuzeit
20, cours d'Albret

Place de la Bourse
Repräsentativer Platz aus dem 18. Jh.

Cathédrale Saint-André
Hochgotischer Dom, erbaut zwischen dem 11. und 15. Jh.
place Pey-Berland

CAPC – Musée d'Art Contemporain
Museum für zeitgenössische Kunst
7, rue Ferrère

Veranstaltungen

Bordeaux Fête de Vin:
Erstes Weinfest von Bordeaux vom 26. bis zum 28. Juni

Le Bassin d'Arcachon à Bordeaux:
Die Austernstadt präsentiert während der Weltmeisterschaft im Stadtzentrum ihre Spezialitäten in einem nachgebauten Austerndorf

L'Eté Girondin:
Berühmtes Jazzfestival im Juli und August

Aufführungen von Bandas-Gruppen:
Die Nachkommen der Girondistischen Freiheitskämpfer erinnern während der WM mit Musik- und Theateraufführungen an alte Traditionen

Restaurant-Tips

Preisgünstig

Brasserie La Concorde
Einfache und reichhaltige Gerichte
50, rue du Maréchal-Joffre

Bistro du Sommelier
Regionale Küche
163, rue Georges-Bonnac

La Forge
Regionale Küche
8, rue du Chai-des-Farines

Mittlere Preisklasse

La Tupiña
Regionale Spezialitäten
6-8, rue Porte-de-la-Monnaie

Chez Philippe
Französische Küche, vor allem Fischgerichte
1, place du Parlement

Le Vieux Bordeaux
Französische und regionale Spezialitäten
27, rue Buhan

Gehobene Preisklasse

Le Chapon Fin
Taube, Austern und andere einheimische Spezialitäten
5, rue de Montesquieu

Toulouse

Stadt der Farben und des Fliegens

Tiefrot schimmert die Toulouser Altstadt in der Abendsonne. Kirchtürme aus rotem Backstein werfen das späte Tageslicht zurück in Richtung Garonne. Dorthin, wo die altehrwürdige Pont Neuf über den Fluß geradewegs ins mittelalterliche Stadtzentrum führt – direkt zu den pompösen Backsteinpalästen aus der Blütezeit der Stadt, von denen es hier heißt, die Sonne ließe sie morgens rosa, mittags rot und abends violett erscheinen. Nicht grundlos trägt die 365.000-Einwohner-Metropole im Südwesten Frankreichs auch den Namen »La Ville Rose«, die rosafarbene Stadt. Ihre rotwandigen Bürgerhäuser gelten als Wahrzeichen der Altstadt, durch die sich zahlreiche mittelalterliche Gassen schlängeln. Deren Ausgangspunkt ist meist die place du Capitole, ein arkadengesäumter Prachtplatz mit imposantem Rathaus, in dem früher der Graf von Toulouse und die Mächtigen der autonomen Grafschaft Languedoc über das Schicksal der Region bestimmten. Heute gelten die Herren der Lüfte als die heimlichen Fürsten der Region. Toulouse steht ganz im Zeichen seiner weitverzweigten Luft- und Raumfahrtindustrie, und das bereits seit dem Jahre 1917. Damals hatte ein Flugzeugbauer aus dem nordfranzösischen Lille hier, nahe der spanischen Grenze, Zuflucht vor dem Ersten Weltkrieg gesucht, und in der Folgezeit ent-

Département:	**Haute-Garonne**
Region:	**Midi-Pyrénées**
Einwohnerzahl:	**Stadtgebiet: 365.000 Großraum: 600.000**
Flughafen:	**Aéroport de Toulouse-Blagnac 6 Kilometer westlich von Toulouse Tel.: 00 33/5/61 42 44 65 Verbindungen mit Lille, Lyon, Nantes, Marseille, Paris**
Bahnhof:	**Gare de Toulouse-Matabiau boulevard Pierre Sémard Tel.: 00 33 / 5 / 61 62 50 50 Schnellzug- (TGV-) Verbindungen mit Bordeaux, Lens*, Lyon*, Nantes*, Paris, Saint-Etienne* (*: mit Umsteigen)**
Autobahnanbindung:	**Aus Norden und Nordwesten: über die A 62 aus Richtung Bordeaux und Paris Aus Südosten: über die A 61 und die A 9 aus Richtung Montpellier**
Touristeninformation:	**Office du Tourisme Donjon du Capitole, BP 0801 31000 Toulouse Tel.: 00 33/5/61 11 02 22 Fax: 00 33/5/61 22 03 63**
Hotelreservierung:	**Service Réservations Conseil Midi-Pyrénées 54, bd. de l'Embouchure - B.P. 2166 31022 Toulouse Cedex Tel.: 00 33/5/61 13 55 50 Fax: 00 33/5/61 13 55 52**

wickelte sich die Hauptstadt des Département Haute-Garonne schnell zu einem europäischen Zentrum der Luftfahrtindustrie. Aus Toulouse stammen unter anderem das Überschallflugzeug Concorde, die Ariane-Rakete und das Großraumflugzeug Airbus. Die Aérospatiale, deren Montagehallen auch Besuchern offenstehen, ist der mit Abstand größte Arbeitgeber der Region. Konkurrenz erwächst der bedeutenden Luftfahrtindustrie seit einigen Jahren allerdings durch die vielen Unternehmen für Mikro-Elektronik, die sich rund um die drei Universitäten der »Ville Rose« angesiedelt haben und Frankreichs viertgrößter Stadt ein enormes Bevölkerungswachstum bescherten.

Toulouse lebt – nicht zuletzt dank seiner 100.000 Studenten. Kaum ein anderer Ort in der französischen Provinz besitzt ein derart ausgeprägtes Nachtleben wie die nach Paris bedeutendste Universitätsstadt des Landes. Und kaum eine andere französische Großstadt wartet mit derart moderaten Preisen auf wie sie hier in den Geschäften, Straßencafés und Nachtbars der Toulouser Altstadt rund um die rue Saint-Rome, die rue d'Alsace-Lorraine und die place St. George zu finden sind. Beliebtestes Wohnviertel vieler Studenten ist denn auch das Quartier Arnaud Bernard - das Toulouser Szene-Viertel, wo die zahlreichen Tapas-Bars auf die vielen Spanier hinweisen, die sich in den 30er und 40er Jahren während der Franco-Zeit hier niedergelassen haben, und wo die Stadt bis in die späte Nacht hinein nicht zur Ruhe kommt.

Zucht und Ordnung hatte der französische König eigentlich im Sinn gehabt, als er die Universität im 13. Jahrhundert in einem Kloster ins Leben rief. Damals unterstützte der Graf von Toulouse die im wenige Kilometer entfernten Albi ansässige Sekte der Katharer, und der streng katholische König nutzte diesen religiösen Anlaß, um die unabhängige Provinz Languedoc rund um Toulouse seinem Reich einzuverleiben, nach über 400 Jahren der Selbständigkeit und der wirtschaftlichen und kulturellen Blüte. In der Folge dieses Kreuzzuges zu ihren direkten Nachbarn bemühte sich die französische Krone mit aller Macht um die umfassende Verbreitung des katholischen Glaubens. Noch heute prägen zahlreiche Kirchen und Klöster das Gesicht der Toulouser Altstadt. An die Religionsoffensive des 13. Jahrhunderts erinnert vor allem das Dominikanerkloster »Les Jacobins«, als erster Sitz der Toulouser Universität. Die romanische Basilika Saint-Sernin wenige Meter weiter nördlich stammt dagegen bereits aus dem 11. und 12. Jahrhundert. Mit ihrer rekordverdächtigen Länge von 115 Metern bot sie früher Platz für die Pilgermassen, die hier auf dem Wege nach Santiago de Compostela regelmäßig Zwischenstation machten.

Mit den Kirchtürmen wetteifern im alten Stadtzentrum die reich verzierten Türme der Prunkbauten aus dem 15. und 16. Jahrhundert. Zu dieser Zeit hatte in Toulouse der blau-grüne Pastellton das Rot der Backsteine als wichtigste Farbe abgelöst. Händler kamen mit dem blauen Farbstoff der in unmittelbarer Nähe wachsenden Pastellpflanze zu großem Reichtum. Die Stadt erlebte eine neue Wohlstandsepoche, die 1560 ein jähes Ende fand, als die Einfuhr des billigeren Indigo aus dem Orient den Preis für Pastell an der Antwerpener Börse ins Bodenlose fallen ließ. Eindruckvollste Zeugnisse des damali-

Das Stadion »Muncipal de Toulouse« ist vor allem die Heimat von Frankreichs bester Rugby-Mannschaft, dem Team des »Stade Toulousain«. Im »Oval« trägt aber auch der traditionsreiche FC Toulouse seine Heimspiele aus. Der Gewinner des französischen Fußballpokals aus dem Jahre 1957 ist im vergangenen Jahr wieder in die »Premiere Divison« aufgestiegen, trainiert von Ex-Nationalspieler Alain Giresse, dem alten Weggefährten des französischen Fußball-Idols Michel Platini.
Das »Stadium Municipal« liegt idyllisch auf einer kleinen Insel zwischen zwei Flußarmen der Garonne und ist vom Zentrum aus in wenigen Gehminuten zu erreichen.
Es faßt 37.000 Zuschauer und ist ein reines Sitzplatz-Stadion.

gen Wettstreits um die prachtvollste Pastellhändler-Residenz sind das Hôtel de Bernuy in der rue Gambetta und das in der rue de Metz gelegene Hôtel d'Assézat, in dem die im Mittelalter gegründete »Académie des Jeux Floraux« (Akademie der Blumenspiele) das regionale Erbe des Minnesangs und der Troubadourdichtung pflegt. Die 2.600 Jahre alte Stadt gilt auch heute noch als Hochburg des Belcanto. Und was könnte diese Sangestradition besser verdeutlichen als die Tatsache, daß das nahe der Touristeninformation gelegene Rathaus neben den Stadtvätern auch das Théâtre du Capitole, das örtliche Opernhaus, beherbergt. Hinter der reich verzierten Fassade aus dem 18. Jahrhundert erinnert die Stadt hier alljährlich auf ungewöhnliche Weise an seine große kulturelle Vergangenheit: Beim »Concours international de chant« treten Sängerinnen und Sänger aus aller Welt in Ausscheidungskonkurrenzen gegeneinander an, und der begeisternde Applaus und die gellenden Pfiffe des Publikums während dieser Viertel- oder Halbfinale läßt die ganze Veranstaltung eher wie ein Sportereignis denn als Kulturveranstaltung erscheinen.
Die Hauptstadt der Region »Midi-Pyrénées« beschreitet bereits seit einigen Jahren neue Wege, um sich vom Geruch der Provinzialität zu befreien. So ist in einer ehemaligen Pumpstation über der Garonne eine Spielstätte für ein Avantgardetheater entstanden, und ein alter Wasserturm im Viertel Saint-Cyprien, das sich zu einem Zentrum des kulturellen Geschehens gemausert hat, beherbergt heute eine sehenswerte Foto-Galerie. Und dennoch: Toulouse gilt vielen Franzosen nach wie vor als Provinzstadt. Als Beleg mag da gelten, daß es sich bei der Spezialität der regionalen Küche, dem Cassoulet, lediglich um einen einfachen Bohneneintopf handelt, dessen Herkunft zu allem Überfluß nicht einmal unumstritten ist. Gastronomie-Historiker sehen den Ursprung des Eintopfs, der durch landschaftstypische Wurstwaren wie Schweinespeck und Entenfleisch seinen unverwechselbaren Geschmack erhält, eher in Carcassone oder Castelnaudary südöstlich von Toulouse.

Im Südosten der Stadt hat auch der Canal du Midi seinen Ausgangspunkt, der mit seinen von Platanen gesäumten Ufern und den hölzernen Hausbooten als eine der schönsten und romantischsten Wasserstraßen Europas gilt. Durch 61 Schleusen führt der Kanal vom Mittelmeer nach Toulouse und von dort weiter über einen Seitenkanal der Garonne bis nach Bordeaux zum Atlantik. Vollendet im Jahre 1681, sollte das beliebte Ausflugsflugsziel ursprünglich vor allem den seefahrenden Kaufleuten den beschwerlichen Weg um die iberische Halbinsel ersparen. Handelsstraßen ganz anderer Art finden sich im Südwesten von Toulouse, in den Pyrenäen. Die wilde und größtenteils unberührte Gebirgslandschaft mit ihren bis zu 3000 Meter hohen, schroffen Bergen ist gespickt mit alten Schmugglerpfaden, auf denen früher aus Richtung Andorra vor allem Alkohol und Zigaretten nach Frankreich geschafft wurden. Wesentlich ruhiger und beschaulicher präsentiert sich die Landschaft westlich von Toulouse: Die Gascogne gilt als landwirtschaftliches Zentrum des Landes, geprägt von idyllischer Natur und verschlafenen Dörfern. Mit seinem in Eichenfässern gereiften Weinbrand »Armagnac«, mit seinen 500 Schlössern und Burgen sowie dem Grün der Hügel und dem Blau der über 400 Seen kann dieser Landstrich der »Ville Rose« aber auch farblich in jeder Beziehung das Wasser reichen.

Sehenswürdigkeiten

Basilika Saint-Sernin
Größte romanische Kirche Frankreichs mit berühmter Reliquiensammlung
place Saint-Sernin

Aérospatiale und die Cité de l'espace (Raumfahrtzentrum)
Werksbesichtigung beim Airbus-Hersteller, Anmeldung vier Tage zuvor erforderlich!
Mit Planetarium, astronomischem Garten und Raumfahrtsimulator
Métro – Station Mermoz

Place du Capitole
Von Arkaden gesäumter Prachtplatz im Herzen der Altstadt

Musée des Augustins
Museum mit einmaliger Sammlung romanischer Skulpturen aus dem 12. Jh.
rue de Metz

Galérie municipale du Château d'Eau
Foto-Galerie in einem Wasserturm an der Garonne
place Laganne

Veranstaltungen

Spectacles pyrotechniques et jeux d'eau: Am Abend vor jedem WM-Spiel und am Spieltag selbst finden am Fluß Garonne ein musikalisches Feuerwerk und Wasserspiele statt

La Garona: Festival der Wasserfahrzeuge auf der Garonne. Im Juni wird auf dem Fluß das phantasievollste und ungewöhnlichste Fortbewegungsmittel gekürt

Joutes sétoises: Traditionelle Ritterspiele auf dem Fluß Garonne. Während der WM treten Lanzenkämpfer auf Booten gegeneinander an und versuchen, einander ins Wasser zu stoßen

Grand Fénétra: Folkloristische Gesänge und Tänze zu Ehren der Stadtheiligen während zehn Tagen im Juni

Film Just Fontaine: Die Stadt zeigt zu Ehren der französischen Sturmlegende während der WM auf Riesenleinwänden Just Fontaines schönste Tore und größte Erfolge

Festival Déodat de Séverac: Komödianten, Musiker und Gaukler zeigen während der WM im Stadtzentrum ihr Können

Restaurant-Tips

Preisgünstig

Le Père Bacchus
Lebendige Kneipe mit reichhaltiger Speisekarte
20, place Saint-Georges

Les Caves de la Maréchale
Traditionsreiches Kellerrestaurant
3, rue Jules Chalande

Mittlere Preisklasse

Restaurant le Chateaubriand
Cassoulet und andere regionale Spezialitäten
42, rue Pargaminières

Brasserie des Beaux-Arts
Austern in Rieslingsauce und andere Spezialitäten der regionalen Küche
1, quai de la Daurade

Gehobene Preisklasse

Les Jardins de l'Opéra de Toulouse
Regionale Küche in höchster Perfektion
1, place du Capitole

Montpellier

Junge Stadt zwischen Tradition und Moderne

Mit seinen Ziersäulen, Rundbögen und Gesimsen gaukelt das Antigone-Viertel im Südosten von Montpellier einen jahrhundertealten Glanz vor. Die Architektur des Katalanen Ricardo Bofill harmoniert scheinbar vortrefflich mit den klassizistischen Bürgerpalästen der nahegelegenen Altstadt, die von Montpelliers Blüte im 17. und 18. Jahrhundert zeugen. Genauer betrachtet, zählt das Antigone-Viertel allerdings nicht einmal 20 Jahre. Und ein Blick hinter die neoklassizistischen Fassaden des umstrittenen Gebäudekomplexes offenbart, daß mit der Moderne auch weitläufige Bürofluchten und Sozialwohnungen in den vergangenen Jahren Einzug gehalten haben – hier, im Stadtzentrum der südfranzösischen Metropole.

Montpellier ist eine junge Stadt, in jeder Beziehung. Nicht nur, daß sie anders als die anderen Großstädte der Region keinen römischen Ursprung besitzt. Auch ihre Bevölkerung ist deutlich jünger: Jeder vierte Einwohner der 1000 Jahre jungen Stadt ist unter 25 Jahre alt. Über 60.000 Studenten sind dem guten Ruf der medizinischen und der juristischen Fakultät gefolgt und bevölkern allabendlich die vielen kleinen Straßencafés und Kneipen in der Altstadt und rund um die place de la Comédie. Dieser marmorgepflasterte Platz, dem seine elliptische Form den Spitznamen »l'oeuf« – das Ei – eingebracht hat, gilt als das Herz der Stadt. Eine prunkvolle Oper aus dem 19. und der viel beachtete »Brunnen der drei Grazien« aus dem 18. Jahrhundert erinnern hier, am Rande der Altstadt, an eine ruhmreiche Vergangenheit. Für eine lebendige Gegenwart ste-

Département:	Hérault
Region:	Languedoc-Roussillon
Einwohnerzahl:	Stadtgebiet: 210.000 Großraum: 350.000
Flughafen:	Aéroport International Montpellier Mediterranée 8 km südöstlich der Stadt Tel.: 00 33/4/67 20 85 00 Verbindungen mit Bordeaux, Lens, Lyon und Nantes
Bahnhof:	La Gare SNCF de Montpellier place Auguste-Gibert Tel.: 00 33/8/36 35 35 35 Schnellzug- (TGV-) Verbindungen mit Bordeaux*, Lens*, Lyon, Marseille, Paris, Saint-Etienne* (*: mit Umsteigen)
Autobahnanbindung:	Aus Norden: über die A 9 und A 7 aus Richtung Lyon Aus Osten: über die A 9, A 54, Schnellstraße 568 und A 55 aus Richtung Marseille Aus Westen: über die A 9 und A 61 aus Richtung Toulouse
Touristeninformation:	Touristeninformation: Office du Tourisme place de la Comédie 34000 Montpellier Tel.: 00 33/4/67 60 60 60 Fax: 00 33/4/67 60 60 61
Hotelreservierung:	über das Office du Tourisme

hen Kinos, Cafés, Geschäfte und die nahegelegene Touristeninformation. Die Atmosphäre in den verwinkelten Gassen der Altstadt schwankt zwischen jugendlicher Unbeschwertheit und hektischer Betriebsamkeit. Längst hat sich die verschlafene Universitätsstadt der 50er Jahre zu einer High-Tech-Metropole gewandelt. Mit ihren 210.000 Einwohnern hat sich die Hauptstadt des Département Hérault in den vergangenen 20 Jahren von Rang 20 in der Bevölkerungsstatistik zu Frankreichs achtgrößter Stadt aufgeschwungen, alleine in den 60er Jahren wuchs die Einwohnerzahl durch die Ansiedlung von Heimkehrern aus ehemaligen afrikanischen Kolonien um über 40.000. Die expandierende Computerindustrie hat die angesehene Universität längst als führenden Wirtschaftszweig verdrängt, unterstützt von den vielen Unternehmen aus der Medizin- und Kommunikationstechnik, die sich in der Hauptstadt der Region Languedoc-Roussillon angesiedelt haben. Als geradezu visionär mag es da heute erscheinen, daß im prachtvollen Hôtel St.-Côme, nahe der Geschäftsstraße Grand Rue Jean Moulin, bereits seit 1920 die städtische Industrie- und Handelskammer residiert. In dem Gebäude also, wo sich einst die Chirurgen der medizinischen Fakultät versammelten.
Das Tor zu Montpelliers Geschichte bleibt allerdings vielen verborgen. Auf der Ostseite der place Jean Jaurès führt eine kleine Tür hinab zu den Überresten der Krypta von Notre-Dame des Tables, der ursprünglichen Pilgerkirche, um die sich im 10. Jahrhundert die heutige Stadt bildete. Ihr Wachstum verdankt die junge Ansiedlung vor allem dem begehrten purpurroten Farbstoff, den findige Geschäftsleute damals aus zerquetschten Läusen gewannen, und den Gewürzhändlern aus dem Vorderen Orient, die hier, wenige Kilometer vom Mittelmeer entfernt, ihre Waren vertrieben. Das Interesse für die Heilkräfte der exotischen Gewürze und Kräuter führte in Montpellier 1137 zur Gründung der ersten medizinischen Hochschule Europas, die knapp hundert Jahre später den Status einer Universität erhielt.
Heute beherbergt ein ehemaliges Benediktinerkolleg aus dem 14. Jahrhundert die traditionsreiche medizinische Fakultät. Unmittelbar gegenüber liegt am nordwestlichen Rande der Altstadt der Jardin des Plantes, der erste botanische Garten Frankreichs, gegründet Ende des 16. Jahrhunderts, um den Medizinstudenten das Experimentieren mit Kräutern zu ermöglichen. Nur wenige solcher mittelalterlicher Anlagen sind Montpellier geblieben. Ihre traditionelle Toleranz wird der Stadt eingangs des 17. Jahrhunderts zum Verhängnis: Während der Religionskriege legen königliche Truppen die Hochburg der protestantischen Hugenotten beinahe vollständig in Schutt und Asche. Mit der Ernennung zum regionalen Verwaltungssitz beginnt wenige Jahre später eine neue Wohlstandsepoche und die Zeit des Wiederaufbaus, der der Stadt zahlreiche

Imposant: der Eingang zum Antigone-Viertel.

klassizistische Stadtpaläste beschert und bis heute das Bild Montpelliers prägt.
Nachhaltigstes Zeugnis dieser Zeit ist vielleicht die rue Foch, eine von mondänen Läden und Büropalästen des 18. und 19. Jahrhunderts gesäumte Prachtstraße, die treffender »rue de Hommage à Louis XIV.« hieße. Huldigungen für König Ludwig XIV., dem Montpellier seinen Aufstieg zur Verwaltungsstadt verdankt, finden sich entlang der rue Foch jedenfalls allenthalben. Dazu zählen nicht nur sein Reiterstandbild und der ihm gewidmete »Arc de Triomphe«, sondern auch die promenade du Peyrou am Ende des prunkvollen Boulevards.

Statt des ursprünglich geplanten Paradeplatzes zu Ehren des Königs entstand hier, auf dem höchsten Punkt Montpelliers, für die dürstende Stadt eine beliebte Parkanlage mit einem großen Aquädukt-gespeisten Wasserreservoir. Auch den Bau des tempelartigen Wasserschlosses am westlichen Rand der terrassenförmig angelegten Promenade verdankt Montpellier der Wasserknappheit des 18. Jahrhunderts. Heute haben Spaziergänger und Liebespaare von hier aus an klaren Tagen einen herrlichen Blick auf die Gebirgszüge der Cevennen im Norden und der Pyrenäen im Südwesten, auf die Stadt und auf das nahegelegene Mittelmeer.

Montpelliers Hausstrand liegt im traditionsreichen Badeort Palavas-les-Flots, nur wenige Kilometer südöstlich der Stadt. Unter architektonischen Gesichtspunkten hätte die Wahl allerdings auf das weiter östlich gelegene Sportfischer-Paradies »La Grande Motte« fallen müssen. Eine bunte Silhouette aus futuristischen Hotelpyramiden und muschelförmigen Bauten verweist auf die junge Geschichte der Reißbrett-Stadt, die erst vor gut 20 Jahren am »Golfe du Lion« aufgetaucht ist. An einem Küstenstreifen, wo die frühere Sumpflandschaft längst 200 Kilometer langen Sandstränden gewichen ist. Weitläufige Weinberge und die wilde

Gebirgslandschaft der Cevennen beherrschen den Norden Montpelliers.

Die Region Languedoc-Roussillon liefert nahezu die Hälfte aller französischen Weine, das sind zehn Prozent der Weltproduktion. Nach Überproduktionskrisen um die Jahrhundertwende waren die Languedoc-Weine allerdings lange Zeit als billige Massenware verschrien. Erst seit einigen Jahren erreichen einige von ihnen wieder das Qualitätssiegel »Appelation d'origine Côntrolée« (AOC), darunter vor allem Rotweine wie der »Coteaux du Languedoc«. Das Markenzeichen der alten Römerstadt Nîmes im Nordosten Montpelliers ist der Stierkampf. Die sonst eher beschauliche Stadt veranstaltet jedes Jahr zur Pfingstzeit die größte Corrida jenseits der iberischen Halbinsel, begleitet von einem einwöchigen Volksfest. Die vorübergehende spanische Fremdherrschaft im Mittelalter hat in dieser Region zwischen Pyrenäen und Rhône-Mündung überall ihre Spuren hinterlassen. Und so paßt es ins Bild, daß in ihrer Hauptstadt Montpellier ausgerechnet ein Katalane das neue umstrittene Vorzeigeviertel »Antigone« entworfen hat. Das Tor zur Geschichte ist in Montpellier somit trotz aller Zukunftsorientierung längst nicht endgültig zugeschlagen.

Das Stadion »La Mosson« liegt im Nordwesten Montpelliers im schönen Viertel La Paillade, vier Kilometer vom Stadtzentrum entfernt. Es ist mit öffentlichen Verkehrsmitteln gut zu erreichen. Die Fußball-Arena ist Heimat des französischen Pokalsiegers von 1990, des Montpellier-Hérault Sports Club. Das Fassungsvermögen des »Stade de La Mosson« ist für die Weltmeisterschaft auf 35.000 Zuschauer erweitert worden. Die Fußball-Arena ist wie die anderen WM-Stadien ein reines Sitzplatzstadion.

Sehenswürdigkeiten

Musée Fabre
Eine der bedeutendsten Gemäldesammlungen Frankreichs mit Werken von Delacroix, Ingres und Courbet
13, rue Montpellieret

Place de la Comédie
Marmorgepflasterter Mittelpunkt der Stadt mit einer prunkvollen Oper und der sehenswerten »Fontaine des Trois Grâces«

Antigone-Viertel
Neues, neoklassizistisches Stadtviertel im Südosten der Altstadt mit dem protzigen Sitz der Regionalverwaltung, dem »Hôtel de Region«

Promenade du Peyrou
Terrassenförmige Parkanlage mit reizvollem Wasserschloß

Cathédrale Saint-Pierre
Festungsartige gotische Kirche aus dem 14. Jahrhundert
rue du Cardinal de Cabrière

Musée d'Anatomie
Anatomiemuseum in der alten medizinischen Fakultät, nichts für zarte Gemüter
rue de l'Ecole de Médécine

Veranstaltungen

Traditionelle Heimatfeste: **Während der WM sind in Montpellier unter anderem Stierkämpfe, Hahnenkämpfe und Reitnummern mit Pferden der Camargue zu sehen**

Tambourin-Wettkämpfe:
Traditioneller Sport aus dem Baskenland, bei dem Bälle aus Netzen gegen eine Wand geschleudert und wieder aufgefangen werden – während der WM in der Variante der Region demonstriert

Frühling der Komödianten:
Festival mit Theater- und Musikaufführungen während des gesamten Junis

Internationales Tanzfestival:
300 Tanzgruppen aus aller Welt demonstrieren die Tanzstile der verschiedenen Kulturen; Anfang Juni bis Ende Juli

Internationales Musikfestival von Radio France:
Der Radiosender präsentiert von Mitte Juli bis Anfang August neue und alte Stars der französischen Musikszene, von Jazz bis Klassik

Restaurant-Tips

Preiswert

Bistro Marin
Fischspezialitäten und Meeresfrüchte
6, rue Ecoles Lauques

Coco Tingo
Mediterrane Spezialitäten
3, place St. Côme

Mittlere Preisklasse

Menestrel
Altes, ehrwürdiges Gasthaus aus dem 13. Jahrhundert
2, impasse Perier

Le Vieux Four
Grillspezialitäten aus dem Holzofen
59, rue Aiguillerie

Gehobene Preisklasse

La Reserve Rimbaud
Exquisite Küche
820, avenue de St.-Maur

Exotische Hafenstadt mit verblaßtem Glanz

Trügerisch flattern in Marseilles Altem Hafen die Segel der Fischerboote im Wind. Wellen klatschen rhythmisch gegen die Rümpfe der ankernden Yachten und mischen sich hier, im Herzen der Stadt, tagtäglich mit dem ruhelosen Murmeln aus den vielen kleinen Straßencafés und Fischrestaurants und den gewaltigen Stimmen der Fischweiber, die vom quai des Belges ihre Waren anpreisen. Am Südrand des Vieux Port machen zahlreiche Klubs und das im Art-Déco-Stil erbaute Opernhaus das Hafenviertel Carré Thiars zu einem beliebten Ziel für Nachtschwärmer. Und über dieser Szenerie thront Marseilles Wahrzeichen, die auf einem Berg gelegene, 162 Meter hohe Notre-Dame-de-la-Garde. Von der Kirche aus bietet sich eines der eindrucksvollsten Panoramen Frankreichs mit Blick auf die geschäftige Stadt sowie das offene Mittelmeer und das Château d'If, das festungsartige frühere Gefängnis auf einer winzigen Insel vor der Einfahrt zum Vieux Port.

Département:	**Bouches-du-Rhône**
Region:	**Provence-Alpes-Côte d'Azur**
Einwohnerzahl:	**Stadt: 807.000, Großraum: 1.000.000**
Flughafen:	**Aéroport Marseille-Provence im 25 Kilometer nordwestlich gelegenen Marignane Tel.: 00 33/4/42 78 21 00 Verbindungen mit Lille (nahe Lens), Lyon, Nantes und Paris**
Bahnhof:	**Gare Saint-Charles boulevard Voltaire Tel.: 00 33/4/91 08 50 50 Schnellzug- (TGV-) Verbindungen mit Bordeaux*, Lens*, Lyon, Montpellier*, Nantes*, Paris und Saint-Etienne* (*: mit Umsteigen)**
tobahnanbindung:	**Aus Norden: über die A 7 aus Richtung Lyon Aus Westen: über die A 55, die Schnellstraße 568, die A 54 und die A 9 aus Richtung Montpellier**
risteninformation:	**Office du Tourisme 4, La Canebière 13001 Marseille Tel.: 00 33/4/91 13 89 00 Fax: 00 33/4/91 13 89 20**
otelreservierung:	**Hôtel sélection Marseille 5, place du 4 septembre 13007 Marseille Tel.: 00 33/4/91 52 30 77 Fax: 00 33/4/91 59 43 65**

Das Château d'If, ein festungsartiges Gefängnis auf einer Insel vor der Hafeneinfahrt von Marseille.

Die idyllische Hafenatmosphäre täuscht. Längst stecken der Hafen und damit die ganze Stadt in einer Krise. Die goldenen Zeiten des Handels mit Frankreichs Kolonien in Afrika liegen bereits Jahrzehnte zurück, und der Aufbau eines neuen Industriehafens mit Ölraffinerien und riesigen Hochöfen im 37 Kilometer entfernten Fos-sur-Mer konnte keinen gleichwertigen Ersatz schaffen. An den einst so blühenden Seehandel erinnert im Vieux Port nur noch ein Museum, das sich treffenderweise in der 1860 erbauten Börse befindet, dem vielleicht bombastischsten Prunkbau aus der Ära des wirtschaftlichen Aufschwungs im 19. Jahrhundert.

Heute kämpft Frankreichs zweitgrößte Stadt mit einer Arbeitslosenquote, die in einigen Vierteln an die 50 Prozent heranreicht. Viele Frustrierte haben der 807.000-Einwohner-Metropole im Süden des Landes in den vergangenen Jahren den Rücken gekehrt, allein in den 80er Jahren verließen knapp 100.000 Menschen die Hauptstadt der Region Provence-Alpes-Côte d'Azur. Mit den schicken Küstenstädten weiter östlich am Mittelmeer, wie Cannes oder Nizza, hat Marseille kaum etwas gemeinsam.

Die Stadt gilt als hektisch, verbaut und ein wenig exotisch. In ihr mischen sich die verschiedensten Rassen und Kulturen, die Zahl der echten Franzosen dürfte in Frankreichs nach wie vor bedeutendster Hafenstadt in der Minderheit sein. Nach der Aufgabe der französischen Kolonien landeten Tausende Nordafrikaner, Araber und ehemals ausgewanderte Händler im Verlauf der 50er und 60er Jahre in Marseille. So verdankt die Mittelmeerstadt ihrer Rolle als »Tor zum Orient und nach Nordafrika« nicht nur ihren enormen Aufschwung im 19. Jahrhundert, sondern auch ihre heutige Bevölkerungsstruktur, die ein wenig an die Spezialität der regionalen Küche erinnert: die Bouillabaisse.

Der Yachthafen von Marseille.

Ursprünglich war diese Fischsuppe nichts anderes als ein wildes Durcheinander der verschiedensten Fischsorten, die die Fischer auf dem Markt nicht an den Kunden gebracht hatten. Und auch heute noch läßt sich der Inhalt der Bouillabaisse kaum eindeutig definieren. Einigkeit besteht zwischen den verschiedenen Bouillabaisse-Schulen lediglich darin, daß in der Suppe mindestens sieben Fischsorten enthalten sein müssen und daß Meeraal, Petersfisch und Drachenkopffisch in jedem Fall dazugehören.

Während aber in der Bouillabaisse sämtliche Zutaten gründlich vermischt werden, lassen sich die einzelnen Bevölkerungsgruppen in Marseille recht gut voneinander trennen. Im Norden der Stadt leben die Araber und Afrikaner: im Panier-Viertel mit seinem wüsten Gewirr aus Gassen und schmalen Treppen und dem Belsunce-Viertel, wo die Bewohner auf dem »cours Belsunce« permanent Basar zu halten scheinen. Die exklusiveren Geschäfte und die noblen Häuser und Villen haben sich dagegen im Süden angesiedelt. Hier liegt auch die bekannte Küstenstraße »La Corniche«, die auf der Stadt zugewandten Seite von zahlreichen Palais aus dem 19. Jahrhundert und auf der Meerseite von Denkmälern und vielen kleinen Badebuchten gesäumt wird.

Trennlinie zwischen Nord und Süd ist die »Canebière«, Marseilles bekannteste Geschäftsstraße, die am Alten Hafen unweit der Touristeninformation ihren Ausgangspunkt besitzt. Die einstige Prachtstraße des 19. Jahrhunderts voller wuchtiger Fassaden von Grandhotels, Banken und Kaufhäusern hat ihren Glanz aber längst verloren, auch hier bestimmen mittlerweile fliegende Händler und ein geschäftiges Treiben das Bild. Ein unangenehmer Beigeschmack mag da sein, daß sich der Name »Canebière« ausgerechnet vom Wort »canabis« herleitet, mit dem die ersten griechischen Siedler um 600 vor Christus den hier angebauten Hanf bezeichneten; gilt doch Frankreichs älteste Großstadt bereits seit Jahren als eines der europäischen Zentren von Drogenhandel, Korruption und Kriminalität. Eine Tatsache, die im Stadtbild deutliche Spuren hinterlassen hat. Als während des Zweiten Weltkrieges nämlich zahlreiche Widerstandskämpfer in den Gassen nördlich des Hafens Zuflucht in der Unterweltszene fanden, sprengten die Deutschen Besatzer den gesamten Altstadtbezirk in die Luft. Noch heute erinnern daran die einfallslosen Neubauten aus den 50er Jahren.

Weiter östlich befinden sich im Palais Longchamp zwei der insgesamt 21 Museen Marseilles, die neben dem renommierten Ballett die kulturellen Höhepunkte darstellen. Das Musée des Beaux-Arts bietet hier anhand von historischen Stadtansichten einen Einblick in die bewegte Geschichte der Hauptstadt des Département Bouches-du-Rhône – von der ersten Besiedlung durch griechische Seefahrer im 7. Jahrhundert vor Christus, über die Eroberung der Stadt durch Julius Caesar im Jahre 49 vor Christus und die jahrzehntelange Bedrohung durch Sarazenen im frühen Mittelalter bis hin zur ersten großen Blüte der Stadt als Ausgangspunkt vieler Kreuzzüge ab dem 10. Jahrhundert.

Nicht weniger bewegt verlief die Geschichte von Aix-en-Provence, Marseilles langjährigem Rivalen um den Vorrang in der Region 30 Kilometer weiter im Norden. Anders als die hektische Hafenstadt gilt Aix heute als Universitäts- und Kulturstadt mit einer eher entspannten Atmosphäre rund um das sehenswerte alte Zentrum. Das weiter nördlich gelegene Hinterland hat wegen seiner wilden Schluchten, einsamen Dörfer und beeindruckenden Hochplateaus den Ruf eines Paradieses für Wanderer und Naturfreunde.

Im »Stade Velodrome« ist der traditionsreiche Verein von Olympique Marseille zu Hause. Das Team des deutschen Nationaltorwarts Andreas Köpke gewann 1993 die Champions-League sowie zehnmal den französischen Pokal und achtmal die Meisterschaft. Das »Stade Velodrome« ist mit einem Fassungsvermögen von 60.000 Sitzplätzen das zweitgrößte Stadion Frankreichs – nach dem neuen »Stade de France« in Paris. Es liegt unmittelbar im Stadtzentrum und ist mit Bussen und zahlreichen U-Bahnlinien sehr gut zu erreichen.

Eine ähnliche Anziehungskraft besitzt auch die Camargue, knapp 50 Kilometer westlich von Marseille. Das Bild der 140.000 Hektar großen Sumpf-, Wiesen- und Dünenlandschaft zwischen den beiden Hauptmündungsarmen der Rhône prägen die weißen halbwilden Araberpferde und die bis zu acht Meter hohen Salzberge.

Weiße Felsen beherrschen auch den Küstenabschnitt östlich der Hafenmetropole. Zwischen Marseille und der verträumten Hafenstadt Cassis liegen die Calanques, fjordartige Einbuchtungen der Küste, die teilweise von bis zu 400 Meter hohen Kalkfelsen umgeben sind. Als besonders sehenswert gelten die Calanque von Sormion und von En-Vau, wo sich im Sommer die Badegäste an goldenen Stränden und im türkisfarbenen Wasser tummeln – und anders als im Vieux Port von Marseille, der ebenfalls aus einer Calanque entstanden ist, trügt hier die Postkartenidylle nicht.

Sehenswürdigkeiten

Notre-Dame-de-la-Garde
Wallfahrtskirche aus dem 19. Jh. mit herrlichem Panoramablick

Vieille Charité
Museum für antike Kunst aus dem Mittelmerraum in Armenhospiz aus dem 17. Jh.
2, rue de la Charité

Château d'If
Festungsartiges Gefängnis auf einer Insel vor der Hafeneinfahrt
Ausflugsboote ab dem quai des Belges

La Canebière
Frühere Prachtstraße mit wuchtigen Bauten

Palais Longchamp
Pompöser Bau aus dem 19. Jh. mit dem Musée des Beaux-Arts im linken Flügel
142, boulevard Longchamp

Abbayé St.-Victor
Wehrkirche aus dem 13. und 14. Jahrhundert
rue Sainte

Musée des Docks Romains
Ausgrabungsfunde der frühen römischen Siedlung
place Vivaux

Veranstaltungen

Festival de Marseille:
Alljährliches Festival mit zeitgenössischem Tanz, Musik, Theater und Ausstellungen. Im Juli in der »Vieille Charité« und den »Plages du Prado«

Festival international de Folklore de Château Gombert:
Internationales Folklorefestival vom 4. bis zum 12. Juli im »Roudelet Felibren«
25, boulevard Barra

Concert »Coupe du Monde de Football«:
Spezielles Konzert zur WM am 26. Juni im Théâtre Sylvain
271, corniche Kennedy

Le Vieux Port:
In Marseilles Altem Hafen zeigen während der WM zahlreiche Artisten ihr Können, an den Spieltagen gibt es Themenabende – abhängig von den antretenden Mannschaften

Restaurant-Tips

Preisgünstig

L'Hermitage »Chez Fernand«
Günstige Menüs
6, rue Rouget de l'Isle sowie
3, rue Pavillon

La Capitainerie des Galere
Fischspezialitäten direkt am Hafen
46, rue Sainte

Mittlere Preisklasse

Le Bistro Gambas
Austern, Gambas und Muscheln
26, place aux huîles

Calamar en folie
Calamaris in allen Variationen
79, cours Julien

Gehobene Preisklasse

Marseille vieux port
Exquisite Meeresfrüchteteller und ausgesuchte Menüs
36, boulevard Charles Livon

Saint-Etienne

Industriestadt mit dunkler Vergangenheit

Nur ein klappriger Förderkorb macht sich auf dem Gelände der stillgelegten Zeche »Puits Couriot« noch täglich auf den gewohnten Weg unter Tage, tief hinein in Saint-Etiennes Vergangenheit. Die unterirdische Welt der Bergarbeiter, voller Förderbänder und Loren, existiert längst nur noch in einem einzigen Stollen, der statt Steigern und Hauern mittlerweile eine 350 Meter lange Besuchergalerie beherbergt. Hier, im Westen der Stadt, wo einst 1500 Bergarbeiter den ergiebigen Flözen täglich 3000 Tonnen Kohle abgewannen, erinnert heute nur noch das Bergbaumuseum »Musée de la Mine« an die in Kohlenstaub gehüllten Glanzzeiten der Zechen, an cas Saint-Etienne des 19. und 20. Jahrhunderts.

Die Wurzeln der heutigen Industrie-Metropole liegen tief unter der Erde. Die Hauptstadt des Département Loire verdankt ihren Aufstieg unter die zehn größten

Département:	**Loire**
Region:	**Rhône-Alpes**
Einwohnerzahl:	**Stadt: 200.000 Großraum: 450.000**
Flughafen:	**Aéroport Saint-Etienne – Boutheon 15 Kilometer nordwestlich von Saint-Etienne Tel.: 00 33/4/77 36 56 10 Verbindungen mit Paris**
Bahnhof:	**Gare de Châteaucreux square Stalingrad Tel.: 00 33/4/77 38 08 39 Schnellzug- (TGV-) Verbindungen mit Lens*, Lyon, Marseille*, Montpellier*, Nantes*, Paris und Toulouse* (*: mit Umsteigen)**
Autobahnanbindung:	**Aus Nordosten: über die A 47 und A 7 aus Richtung Lyon Aus Südwesten: über die A 47, A 7 und A 9 aus Richtung Montpellier Aus Südosten: über die A 47 und A 7 aus Richtung Marseille**
Touristeninformation:	**Office du Tourisme 3, place Roannelle 42029 Saint-Etienne Tel.: 00 33/4/77 25 12 14 Fax: 00 33/4/77 32 71 28**
Hotelreservierung:	**über das Office du Tourisme**

Der »Lac de Grangent« – der Loire-Stausee – ist ein beliebtes Naherholungsgebiet direkt vor den Toren von Saint-Etienne.

Städte des Landes vor allem den umfangreichen Kohlevorkommen des Loire-Beckens und dem technischen Fortschritt ihrer frühen Industrie. Zechen und Fabriken suchten im 19. Jahrhundert billige Arbeiter und fanden sie in den ländlichen Regionen um Saint-Etienne. Von 23.000 Einwohnern wuchs die Bevölkerung hier, im Herzen Frankreichs, im vergangenen Jahrhundert auf über 100.000.
Die heutige 200.000-Einwohner-Metropole lebt immer noch vor allem von ihren traditionellen, industriell geprägten Wirtschaftszweigen: der Produktion von Waffen und anderen Rüstungsgütern, der Metallverarbeitung, dem Fahrradbau und der Textilherstellung. Nur die alten Bergwerke liegen inzwischen größtenteils brach. Auf der Zeche »Puits Couriot« sind die Bergarbeiter bereits vor einem Vierteljahrhundert zum letzten Mal eingefahren. In den 70er Jahren stürzte Frankreichs bedeutendste Industriestadt in eine schwere Wirtschaftskrise, ein gesellschaftlicher und wirtschaftlicher Wandel begann.
Saint-Etienne selbst bezeichnet sich heute gerne als Messe- und Universitätsstadt mit kulturellem Flair. Als Beleg dafür gilt der Stadt unter anderem das neue Kongreßzentrum mit seinen modischen Spiegelglasfassaden, dem vor einigen Jahren die »Manufrance« weichen mußte – Frankreichs erstes Versandhandelshaus und zugleich eines der wenigen historisch bedeutsamen Bauwerke von Saint-Etienne.
Moderne Gebäude und kulturelle Einrichtungen sollen die Stadt am Fuße des Zentralmassivs von dem Vorwurf reinwaschen, noch immer nur ein schmutziges, in sich erstarrtes Zentrum der Rüstungsindustrie zu sein. Die landesweit beachtete »Comédie de Saint-Etienne« versinnbildlicht vielleicht am besten den Stimmungswandel rund um das nahegelegene Rathaus aus dem 19. Jahrhundert. Vor allem sind es aber die mittlerweile 20.000 Studenten der erst vor 30 Jahren gegründeten Universität, die den Cafés und Bars rund um die place du Peuple und die place Boivin seit einigen Jahren eine jugendlich beschwingte Atmosphäre einhauchen.

Entspannte Atmosphäre vor Saint-Etiennes Rathaus.

Saint-Etienne ist eine junge Stadt mit einer dunklen Vergangenheit – nicht nur wegen der dominierenden Rolle der Kohle und wegen ihrer unklaren Entstehungsgeschichte. Heute besagt lediglich noch eine Legende, daß die Römer diese rauhe Bergbauregion einst ausgerechnet wegen der schlechten Beschaffenheit ihrer Böden verschmähten. Die Gründung der Stadt soll erst im 11. oder 12. Jahrhundert erfolgt sein – rund um die südlich gelegene Klosterkirche »Valbenoîte«, die auf den Heiligen Stephan zurückgeht, dem die Bürger Saint-Etiennes bis heute ihren Spitznamen »les stéphanois« verdanken. Ihre erste Blüte schuldet die Stadt einem weiteren dunklen Kapitel ihrer Geschichte: dem Aufschwung der Waffenproduktion nach den Kriegen gegen Italien im 15. und 16. Jahrhundert. Saint-Etienne entwickelte sich zu einem Zentrum der frühen französischen Rüstungsindustrie, 1764 entstand im Quartier Saint-Jacques die »Manufacture Royale d'Arme«, die königliche Waffenmanufaktur. Ausgerechnet in jenem Viertel also, das nach den Scharen von Wallfahrern benannt ist, die hier im Mittelalter auf dem Wege nach Santiago de Compostella durchzogen. Rund um die rue de Martyr de Vingré und die place Neuve zeugen noch heute die ersten herrschaftlichen Bürgerhäuser Saint-Etiennes vom Wohlstand der Waffenfabrikanten im 18. und 19. Jahrhundert. Im Volksmund heißen die alten Viertel der Rüstungsindustriellen immer noch »Armevilles«, Städte der Waffen.
Der Fortschritt regiert in der Folgezeit die Stadt, Fabrikanten errichten ihre Herrensitze unmittelbar gegenüber dem Rathaus. Industrielle Revolution und Kohlebergbau machen Saint-Etienne um die Jahrhundertwende zur bedeutendsten Industriemetropole Frankreichs. Die Stadt steht eingangs des 20. Jahrhunderts ganz im Zeichen der Moderne: Im Osten entsteht das im Art-déco-Stil gehaltene

Hotel Hatier, im Süden die modernistischen »Maisons sans escalier« und das 30er-Jahre-Viertel um die rue Michelet. Und so erscheint es nur folgerichtig, daß sich Saint-Etienne seit gut zehn Jahren eines der landesweit wichtigsten Museen für moderne Kunst rühmen darf: des »Musée d'Art Moderne«, das mit seiner bunkerartigen Flachbauweise und seiner Fassade aus tiefschwarzen Kacheln wie ein Denkmal für Rüstungsindustrie und Bergbau wirkt, die traditionell wichtigsten Einnahmequellen der Stadt.

Die Geschichte von Waffenfabrikation und Kohle-Abbau dokumentiert das »Musée du vieux Saint-Etienne«, gelegen im »Armeville« des Viertels Saint-Jacques. Alte Fotografien und Schriftstücke erinnern hier an die legendäre Gründung der Stadt und an Frankreichs erste Bahnlinie aus dem Jahre 1827, die von Saint-Etienne aus Kohle zu den Frachtschiffen an der gut zehn Kilometer entfernten Loire transportierte. Kaum ein Hinweis deutet in dem städtischen Museum dagegen auf das neue, das gewandelte Saint-Etienne, das sich selbst wegen seiner Parkanlagen und des innerstädtischen Golfplatzes inzwischen auch gerne als grüne Oase für Freizeitsportler präsentiert.

Angler, Surfer und Wasserskifahrer zieht es allerdings eher an den gut zehn Kilometer westlich der Stadt gelegenen Lac de Grangent – einen Stausee der Loire mit einer malerischen Insel samt Schloßruine, der eingerahmt wird von den sanften Hügeln des Loire-Forez. Wanderer und Naturfreunde haben die Wahl zwischen den pflanzenreichen Wäldern und Almen des 65.000 Hektar großen Parc Régional du Pilat im Südosten und den tiefen Tälern und Schluchten des von der Loire gezeichneten Zen-

Das »Stade Geoffroy-Guichard« ist die Heimat des SAEM Association Sportive de Saint-Etienne Loire. Das traditionsreiche Team aus Saint-Etienne ist mit zehn Meistertiteln der national erfolgreichste Club der französischen Division. Vor zwei Jahren allerdings sind »Les Verts«, die Grünen, in die zweite Liga abgestiegen.
Das Stadion »Geoffroy-Guichard« bietet während der WM-Spiele Platz für 36.000 Zuschauer. Die Fußball-Arena befindet sich in unmittelbarer Nähe der Innenstadt und ist zu Fuß gut zu erreichen.

tralmassivs im Südwesten.
Wesentlich beschaulicher wirkt da die sanfte Hügellandschaft entlang der Rhône, etwa 70 Kilometer südöstlich von Saint-Etienne. Zwischen Weinbergen versteckt liegen hier viele malerische Dörfer, die als Herkunftsorte des »Côte du Rhône« weltweit einen guten Namen haben. Bestes Beispiel dafür ist die kleine Ortschaft Tain l'Hermitage, aus der die berühmten Rot- und Weißweine »Hermitage« stammen, die zu den besten und teuersten Weinen der »Côte du Rhône« zählen.
Ein anderes kleines Städtchen mit einem anderen weltberühmten Erzeugnis liegt 25 Kilometer nordöstlich von Saint-Etienne. Chazelles-sur-Lyon war Anfang des Jahrhunderts eines der Zentren der französischen Hutmacherkunst, 28 Fabriken produzierten Filzhüte am Fließband. Heute ist der 5000-Seelen-Gemeinde nur noch eine Hutfabrik geblieben, und lediglich das »Musée du Chapeau« erinnert hier noch an die bedeutende Geschichte des örtlichen Hutmacherhandwerks. Ein Schicksal, das die Hutmacher von Chazelle-sur-Lyon mit den Bergarbeitern aus dem nahegelegenen Saint-Etienne teilen.

Sehenswürdigkeiten

Musée de la Mine – Puits Couriot
Bergarbeiter-Museum in ehemaliger Zeche, teilweise in altem Stollen
3, boulevard Franchet d'Esperey

Maisons sans escalier
Modernistischer Wohnblock aus den 30er Jahren mit ungewöhnlicher Architektur, eines der Wahrzeichen der Stadt
rue des Docteurs Charcot

Musée d'Art Moderne
Bedeutendes Museum moderner Kunst mit Werken von Picasso, Mirò, Johns und Warhol
La Terrasse

Viertel Saint-Jacques
Ehemaliges Viertel der Waffenfabrikanten mit herrschaftlichen Häusern und der früheren königlichen Waffenmanufaktur

Planétarium
Reise zum Mond und zu den Sternen in einem Planetarium mit großem kuppelartigen Dach
28, rue Pierre et Dominique Ponchardier

Musée d'Art et d'Industrie
Dauerausstellungen stellen die wichtigsten Industriezweige der Stadt vor – wegen Renovierung voraussichtlich bis 1999 geschlossen
2, place Louis Comte

Veranstaltungen

Les Oreilles en Pointe
Musikfestival am Ufer der Loire in den Monaten Juni und Juli mit Konzerten von Klassik bis Rock

Festival l'Eté Musical en Loire-Forez
Klassische Konzerte vor den Schlössern an der Loire in den Monaten Juni und Juli

Licht- und Tonshow Val Grangent
Historisches Spektakel um die Schloßruine am Lac de Grangent in den Monaten Juni und Juli

Nestea-Cup
Das international besetzte Tennisturnier findet vom 12. Juni bis 28. Juni statt

Fest des Fußballs
Die Stadt feiert am Tag vor der WM-Eröffnung, am 9. Juni, in der rue de Paris

Restaurant-Tips

Preisgünstig

Carpe Diem
Regionale Spezialitäten und ausgezeichnete Crêpes-Gerichte
6, rue Léon Nautin

Le D'Artagnan
Cassoulet und Fischspezialitäten
34, rue Martyrs de Vingré

Mittlere Preisklasse

André Barcet
Fischgerichte in traditionellem Ambiente
19, cours Victor Hugo

Le Cercle
Spezialitäten der Loire
15, place de l'Hôtel de Ville

Gehobene Preisklasse

Pierre Gagnaire
Angesehenes Restaurant in malerischem Art-déco-Ambiente
7, rue de la Richelandière

Lyon

Nüchterne Geschäftsstadt mit abwechslungsreicher Fassade

Neumodische Wasserspiele hüllen Lyons barockes Rathaus an der place des Terreaux in einen Schleier aus Regen-Tröpfchen. In den anliegenden Geschäftsstraßen rund um die rue de la République und die rue du Président Herriot leuchten die klassizistischen Fassaden der eleganten Boutiquen in zartem Gelb, Mintgrün oder Lindrosa. Die Stadt wirkt sauber und adrett – hier, auf der Presqu'Ile, jener fünf Kilometer langen Halbinsel zwischen den beiden Flüssen Rhône und Saône. In ihren baumbestandenen Fußgängerzonen herrscht den ganzen Tag geschäftiges Treiben. Nur um die Mittagszeit, wenn traditionell vor allem Paul Bocuse und Lyons andere Starköche gute Geschäfte machen, kommt die Stadt ein wenig zur Ruhe. Auf der menschenleeren place Bellecour, die mit ihrer Touristeninformation mitten ins Zentrum des Kommerzes lockt, erinnern zu dieser Stunde vor allem die prunkvollen Bürgerhäuser aus dem 18. und 19. Jahrhundert an den traditionellen Geschäftssinn und Wohlstand der alten Handels- und Seidenstadt.
Lyon gilt als überaus geschäftsmäßige Stadt, als ein wenig verschlossen und geheimnisvoll. Ein Eindruck, der sich noch verstärkt durch den Nebel, der sich häufig über die 422.000-Einwohner-Metropole legt. Ein weiterer Grund für das geheimnisvolle

Département:	**Rhône**
Region:	**Rhône-Alpes**
Einwohnerzahl:	**Stadt: 422.000** **Großraum: 1.260.000**
Flughafen:	**Aéroport Lyon-Satolas** **25 Kilometer östlich der Stadt** **Tel.: 00 33/4/72 22 72 21** **Verbindungen mit Bordeaux, Lille (nahe Lens), Marseille, Nantes, Paris und Toulouse**
Bahnhof:	**Gare de la Part Dieu** **boulevard Marius Vivier-Merle** **Tel.: 00 33/8/36 35 35 35** **Schnellzug- (TGV-) Verbindungen mit Bordeaux*, Lens*, Marseille, Montpellier, Nantes, Paris, Saint-Etienne und Toulouse*** **(*: mit Umsteigen)**
Autobahnanbindung:	**Aus Westen: über die A 47 aus Richtung Saint-Etienne** **Aus Südwesten: über die A 7 und A 9 aus Richtung Montpellier** **Aus Südosten: über die A 7 aus Richtung Marseille** **Aus Nordwesten: über die A 6 aus Richtung Paris**
Touristeninformation:	**Office du Tourisme** **place Bellecour** **69002 Lyon** **Tel.: 00 33/4/72 77 69 69** **Fax: 00 33/4/78 42 04 32**
Hotelreservierung:	**über das Office du Tourisme**

Flair der Stadt könnte sein, daß sich hier die Einflüsse der hektischen »region parisienne« mit einem Hauch südfranzösischer Gelassenheit mischen. Lyon markiert die inoffizielle Grenze zwischen Nord- und Südfrankreich. Und dieser Lage verdankt es die Hauptstadt der Region Rhône-Alpes auch, daß sie heute nach Paris als bedeutendste Metropole des Landes gilt, und das nicht nur wegen ihrer Kopie des Eiffelturmes, der hier »Tour Métallique« heißt und vom Hügel Fourvière her über der Stadt aufragt.
Als Kreuzungspunkt wichtiger Handelsstraßen ist Lyon bereits seit dem Mittelalter ein bedeutender Waren-Umschlagplatz und ein beliebter Sitz für große Wirtschaftsunternehmen. Heute haben Chemie- und Metallindustrie traditionelle Erwerbsquellen wie Druckindustrie, Bankenwesen und Textilherstellung als führende Geschäftszweige abgelöst.

Die Bevölkerung des Großraumes Lyon ist in unserem Jahrhundert auf weit über eine Million angewachsen, mittlerweile umschließt ein Ring aus Fabriken und trostlosen Arbeitervorstädten die Stadt. Und im Süden der Hauptstadt des Département Rhône säumen einige der größten Ölraffinerien Frankreichs den Fluß.

Lyon selbst bezeichnet sich am liebsten als Hauptstadt der französischen Gastronomie. Nirgendwo sonst im Lande versammelt sich eine so hohe Anzahl von Sternen des angesehenen Gourmet-Führers »Guide Michelin« auf so engem Raum. Kein Wunder, wo ließen sich schließlich besser wichtige Geschäfte abwickeln als bei Geflügellebertorte oder »Quenelles de Brochet«, den beliebten Hechtklößchen. Deftiger, und zwar in jeder Beziehung, geht es bei den legendären »mères« zu, den oft liebevoll als »Mütter« bezeichneten alten Köchinnen: Der Umgangston in ihren heimeligen kleinen Restaurants ist gelegentlich ein wenig schroff, die Speisen meist einfach und kräftig. Das gilt auch für die »Bouchons«, Lyons traditionelle Gasthäuser in den Nebenstraßen der Presqu'lle, wo als Zwischenmahlzeit meist Lyoner Wurstspezialitäten wie »Rosette« oder »Jésus« gereicht werden. Straßencafés, »Bouchons« und neuangelegte Fußgängerzonen haben in Lyons Altstadt, westlich der Saône, ein weiteres beliebtes Geschäfts- und Ausgehviertel entstehen lassen. In der Nachbarschaft der noblen Kellerboutiquen und edlen Kunsthandlungen finden sich hier rund um die romanische Kirche St.-Jean herrschaftliche Rennaissancepaläste, die den Ruf des »Vieux Lyon« als bedeutendstes Rennaissanceviertel nach Venedig begründen. Eindrucksvolle Straßenzüge erinnern an die frühe Blüte der Stadt im 15. und 16. Jahrhundert. Damals bescherte der französische König Lyon eine bedeutende Handelsmesse und damit zugleich den Beginn einer Wohlstandsepoche.
In der heutigen Kongreß- und Messemetropole entwickelte sich ein derart reger Austausch von Waren und Zahlungsmitteln, daß die erste Bankengründung Frankreichs im 16. Jahrhundert heute beinahe zwangsläufig erscheint. Zusätzliche Dynamik erhielt diese Entwicklung durch die fast zeitgleiche Einführung des Druckwesens, das bis heute fest in Lyon verwurzelt ist. Die wohlhabende Geschäftswelt konnte es sich damals sogar leisten, die aufkommende Seidenindustrie nach Tours abwandern zu lassen. Darüber können im Rennaissance-Viertel »Vieux Lyon« auch die zahlreichen »Traboules« nicht hinwegtäuschen – jene überdachten Durchgänge, die die empfindlichen Seidenstoffe auf dem Weg von einer Gasse zur nächsten vor Regen schützen sollten. Lyons eigentliches Seidenviertel ist das »Quartier Croix-Rousse« mit weit über 100 der charakteristischen »Traboules«. Ein ganzes Heer aus Seidenarbeitern wob hier an dem Wohlstand, der sich ab dem 18. Jahrhundert unter den Textilfabrikanten auf der Presqu'lle ausbreitete. Für die Weber im nördlich gelegenen »Croix-Rousse« blieben die wertvollen Brokat-, Samt- und Damaststoffe dagegen ein äußerst vergänglicher Reichtum.

Bezeichnenderweise thront von der Anhöhe der place de la Croix-Rousse heute immer noch die Statue von Joseph-Marie Jacquard über das Viertel. Ein Denkmal jenes Mannes also, der mit der Erfindung des mechanischen Webstuhls eingangs des 19. Jahrhunderts viele Weber arbeitslos machte und so die beiden Aufstände der zudem unterbezahlten Seidenarbeiter in den Jahren 1831 und 1834 vorbereitete. So stehen die elenden Mietskasernen aus dem vergangenen Jahrhundert, die sich hier den Berg hinaufschieben, heute auch als Mahnmal für die Tradition des Widerstandes in Lyon: Eine Tradition, die die deutschen Besatzer im II. Weltkrieg sämtliche Brücken der aufsässigen Stadt am Zusammenfluß von Rhône und Saône sprengen ließ. Einen schönen Blick auf die heutigen 27 Brücken und die sehenswerten Kaianlagen entlang der beiden Flüsse bietet der Fourvière. Jener Hügel, auf dem die Römer im Jahre 42 vor Christus die erste Siedlung gründeten. An diese Zeit erinnern hier noch die alten Münzen und Schrifttafeln im unterirdischen gallo-römischen Museum, einem von insgesamt 27 Museen der Stadt, sowie zwei weitgehend erhaltene römische Amphitheater: das kleine Odeon und das ehemals 10.000 Zuschauer fassende »Große Theater«. Eigentliches Wahrzeichen des Fourvière ist aber die viertürmige Basilika aus dem vergangenen Jahrhundert, die in ihrer Fassade die verschiedensten Baustile und architektonischen Epochen ganz im Stile einer traditionellen Textilstadt patchworkartig miteinander verbindet. Vom Nordostturm der Notre-Dame-de-la-Fourvière läßt sich die ebenso vielschichtige Struktur der 2000 Jahre alten Stadt erkennen, vom alten Lyon westlich der Saône bis zum östlich der Rhône gelegenen jungen Viertel »Part-Dieu« mit seinem modernistischen Konsumtempel »La Part-Dieu« voller Kaufhäuser, Boutiquen, Hotels und Restaurants. Und in der Ferne locken bei guter Sicht die Weinregion des Beaujolais im Norden, die 60 Kilometer entfernte WM-Stadt Saint-Etienne im Südwesten sowie im Osten der gut 4800 Meter hohe Mont Blanc, der höchste Gipfel der Alpen. Die Weinberge nördlich von Lyon sind vor allem bekannt für den im Schnellverfahren hergestellten »Beaujolais Primeur«, der dank einer geschickten Vermarktungsstrategie alljährlich ab dem 15. November in der ganzen Welt reißenden Absatz findet.

Die wirklich guten Weine dieses Anbaugebietes gehen allerdings erst etwa einen Monat später in den Verkauf, einige von ihnen gar mit der Qualitätsbezeichnung »cru« wie beispielsweise der »Fleurie«, »Brouilly« oder »Moulin-à-vent«. Eine Tatsache, die beweist, daß sich der traditionelle Lyoner Geschäftssinn inzwischen über die Stadtgrenzen hinaus bis in die umliegenden Landstriche verbreitet hat.

Im »Stade Gerland«, einem französischen Nationaldenkmal, hat Olympique Lyonnais sein Zuhause. Der Traditionsverein gewann in der Vergangenheit insgesamt dreimal den französischen Pokal.
Mit 44.000 Plätzen ist das Stadion »Gerland« die viertgrößte Arena des WM-Turniers. Vier Métro-Linien und ein extra eingerichtetes Bussystem sorgen für eine gute Verbindung von der Innenstadt zum Stadion im siebten Arrondissement.

Sehenswürdigkeiten

Musée des Beaux-Arts
Eines der wichtigsten französischen Museen mit archäologischen Funden, Rodin-Skulpturen und einer umfangreichen Gemäldesammlung
20, place des Terreaux

Théâtres Romains
Zwei römische Amphitheater aus dem 1. und 2. Jh. auf dem Hügel Fourvière, das »Große Theater« faßte einst 10.000 Zuschauer

Musée Henri Malartre
Automobil-Museum in ehemaligem Schloß mit Oldtimern von 1890 bis 1956
10 Kilometer nördlich der Clemenceau-Brücke, in Château de Rochetaillée sur Saône

Basilika Notre-Dame-de-Fourvière
Mit der Seilbahn zu erreichende Basilika aus dem 19. Jh., die herrliche Panoramablicke ermöglicht

Musée International de la Marionette
Museum der bekannten Lyoner Marionetten im Hôtel Gadagne aus dem 15. Jh.
Place Saint-Jean

Musée des Tissus
Das Stoffmuseum voller Gobelins, französischer Brokate und orientalischer Teppiche veranschaulicht die Entwicklung der Webkunst
34, rue de la Charité

Veranstaltungen

Nuits de Fourvière '98:
Theaterstücke im »Grand Théâtre«, dem alten römischen Amphitheater, vom 23. Juni bis zum 5. Juli

Fête Nationale de la Musique
Die Stadt feiert am 21. Juni ihr alljährliches Musikfestival

Festival Estival du Vieux Lyon:
Der alte Stadtteil zwischen Saône und dem Hügel Fourvière feiert im Juni sein traditionelles Sommerfest

Festival de Musique Baroque de Dardilly:
Im Juni findet in der Kirche St. Claude-Dardilly das alljährliche Festival barocker Musik statt

Restaurant-Tips

Preisgünstig

La Meunière
Lyoner Spezialitäten und Beaujolais
11, rue Neuve

Grand Café des Négociants
Kleine Gerichte der regionalen Küche in altem Café
1, place Francisque Regaud

Mittlere Preisklasse

Le Bouchon aux Vins
Einheimische Küche und Wurstspezialitäten
62, rue Mercière

Le Gourmet de Sèze
Grill- und Gemüsespezialitäten
129, rue de Sèze

Gehobene Preisklasse

La Tour Rose
Fisch- und Gemüsespezialitäten in altem Rennaissance-Kloster
22, rue du Boeuf

Lens

Eine Kohlestadt im Wandel

Wer sich Lens in der Abendsonne nähert, wird schon von weitem von der Vergangenheit eingeholt. Gespenstisch fallen die Schatten der mächtigen Bergehalden auf die niedrigen Zechensiedlungen im Nordosten der Stadt. Hier, wo Bergleute an einem einzigen Tag einst bis zu 15.000 Tonnen »Schwarzes Gold« zutage förderten, erinnern heute nur noch stillgelegte Fördertürme und verlassene Waschkauen an die goldenen 50er Jahre. Längst haben Studenten und Geschäftsleute die einstige Kohlestadt im Norden Frankreichs in eine moderne Kleinstadt verwandelt. Geschäftiges Treiben bestimmt das Leben auf dem großen »Boulevard Emile Basly«, an dessen Ende die mächtige »Eglise St. Leger« über der Stadt thront. 1926 wurde der rotgelbe Ziegel- und Sandsteinbau aus den Trümmern des I. Weltkrieges wieder aufgebaut, nur noch eine große Tafel erinnert an die Schrecken der damaligen Zeit. Nach heftigen Gefechten hatten Soldaten des Deutschen Kaiserreichs Lens in Schutt und Asche gelegt, anschließend hielten sie die Kleinstadt vier Jahre lang besetzt.
Es war die Kohle, die der Stadt im Herzen der Region Nord-Pas-de-Calais schließlich wieder zu beschaulichem Reichtum verhalf. Die Anziehungskraft der Zechen reichte bis weit nach Nordafrika hinein. Zahlreiche Marokkaner kamen mit ihren Familien in den verwüsteten Norden, um in den Minen Arbeit zu suchen.
Die großen, spitzen Halden im Norden Frank-

Département:	**Pas-de-Calais**
Region:	**Nord-Pas-de-Calais**
Einwohnerzahl:	**Stadt: 35.000** **Großraum: 376.700**
Flughafen:	**Aéroport de Lille-Lesquin** **35 km nordöstlich der Stadt bei Lille** **Tel.: 00 33/3/20 49 68 68** **Verbindungen mit Bordeaux, Lyon, Marseille, Montpellier, Nantes, Toulouse**
Bahnhof:	**Gare S.N.C.F.** **place du Gal. De Gaulle** **Tel.: 00 33/3/21 79 61 27** **Schnellzug-(TGV-) Verbindungen mit Bordeaux*, Lyon*, Marseille*, Paris, Saint-Etienne*, Toulouse*** **(*: mit Umsteigen)**
Autobahnanbindung:	**Aus Süden: über die A 1 aus Richtung Paris**
Touristeninformation:	**Office de Tourisme Lens-Liévin** **26, rue de la Paix** **62300 Lens** **Tel.: 00 33/3/21 67 66 66** **Fax: 00 33/3/21 67 65 66**
Hotelreservierung:	**über das Office de Tourisme**

reichs zeugen noch heute von der schweren Arbeit in 800 Metern Tiefe. Bis in die 60er Jahre war das Leben bestimmt von kraftraubender Schichtarbeit, Taubenzucht und Hahnenkämpfen. Dann machten sich erste Zeichen der Wirtschaftskrise bemerkbar, Mitte der 80er Jahre war es auch in Lens mit der Kohleförderung vorbei. Inzwischen sind die mächtigen Halden mit exotischen Blumen und bunten Gräsern bewachsen, pitoresk wirken sie zwischen den weitläufigen Weizenfeldern und einzelnen Baumgruppen.

Es ist still geworden in der Gegend um Lens, das flache Land strahlt Ruhe und Frieden aus. Es fällt schwer, sich die Gegend als Mondlandschaft aus Bombentrichtern und Schützengräben vorzustellen, über die die Front des I. und II. Weltkriegs wie eine erbarmungslose Walze zog. Lächerliche Geländegewinne wurden immer wieder mit hohen Verlusten erkauft, überall weisen nüchterne Hinweisschilder auf Soldatenfriedhöfe hin. Engländer, Kanadier, Franzosen und Deutsche liegen hier begraben.

Vor allem im Sommer ist in Lens jedoch längst wieder das unbekümmert-französische »savoir vivre« zu spüren. In der einstigen Zentrale der Zechenverwaltung ist die »Université Jean Perrin« untergebracht, ein imposantes Villengebäude im Art-déco-Stil aus den 30er Jahren, eingebettet in einen säuberlich strukturierten französischen Garten. Das wissenschaftliche Zentrum für 3000 Studenten liegt nur einen kurzen Fußweg von der beschaulichen Innenstadt entfernt.

Früher Sitz der Zechenverwaltung – beherbergt das ehrwürdige Gebäude heute die »Université Jean Perrin«.

Über 100 neue Gewerbe haben sich in den vergangenen Jahren angesiedelt und machen die Stadt zu einem florierenden Geschäftszentrum. Die zentrale Lage zwischen Lille im Norden und Paris im Süden hat Lens vor allem für Großhändler und Bauunternehmer interessant werden lassen. Das Bild einer düsteren Arbeiterregion voll revolutionärer Gedanken, das Émile Zola mit seinem Roman »Germinal« über Jahrzehnte nachhaltig geprägt hat, gehört damit endgültig der Vergangenheit an.

Inzwischen bestimmen gemütliche Cafés und florierende Geschäfte das Stadtbild von Lens. Kleine verschachtelte Giebelhäuser säumen die großen Boulevards und engen Gassen, nur ein siebengeschossiger und völlig stilfremder Rathausturm aus den 60er Jahren verdirbt das Bild französischer Gemütlichkeit.

Dennoch ist der flämische Einfluß aus der 35.000-Einwohner-Stadt nicht ganz verschwunden. Die Nähe Belgiens ist bereits am Bahnhof deutlich zu spüren. Hier, wo der französische Hochgeschwindigkeitszug TGV hält, werden klassische »frites« angeboten, verfeinert mit typisch-belgischen Saucen wie Andalouse, Piquante, Americain und Mayonnaise. Zu den typischsten Gerichten der Region Nord-Pas-de-Calais gehört jedoch Potjevleesch. Helle Fleischsorten werden in Essigsud gar gekocht, mit Bier mariniert und dann kalt gegessen. Wie auch im nahen Belgien werden dazu die klassischen Beilagen »Pommes Frites« und Bier gereicht. Denn Bier – so untypisch es für Frankreich auch klingen mag – ist im Norden eindeutig das Lieblingsgetränk. Sein Genuß geht auf eine lange Tradition zurück: Schon zur Jahrhundertwende zählte

die Region sage und schreibe 1200 Brauereien – amüsante Überbleibsel einer einst flämischen Vergangenheit, die erst im Zuge des Pyrenäenfriedens unter Ludwig XIV. offiziell beendet wurde.

Die Kleinstadt Lens, in der Frankreichs Stürmerstar Didier Six einst seine glanzvolle Karriere begann, leidet jedoch vor allem unter der Anziehungskraft seiner großen Nachbarn. Ob Lille im Norden, das auf seinem eindrucksvollen Grand Place mediterranes Straßenleben mit flämischer Lebensfreude vereint, oder Arras im Süden, dessen geschichtsträchtigen Baudenkmälern man die Blütezeit vergangener Jahrhunderte immer noch ansieht: Lens wird touristisch seit Jahren ins Abseits gedrängt.

Dazu trägt auch die Nähe zu den gemütlichen Küstenorten bei. An der Opalküste, rund 120 Kilometer von Lens entfernt, sind Meer und Himmel immer in Bewegung, tauchen den Landstrich in ein faszinierendes Licht. Die Côte d'Opale gilt als das Königreich des Aeolus, des salzigen Windes, der die Dünen formt und die Segel der Boote aufblähen läßt. Hier ist die engste Stelle des Kanals, die weißen Kreidefelsen der englischen Küste strahlen bei guter Sicht majestätisch über das Meer.

Wer auf dem Weg dorthin die schaurigen Hafenanlagen von Calais hinter sich gelassen hat, landet ein Stück weiter südlich in dem kleinen Badeort Wissant, in dem noch keine großen Hotels Fuß fassen konnten. Noch immer ziehen die Fischer hier ihre

Im »Stade Félix-Bollaert« trägt der Racing Club de Lens seine Heimspiele aus. Der Klub gewann 1944 die französische Meisterschaft und kam zudem zu zwei Pokalsiegen.
Mit einem Fassungsvermögen von 41.275 Zuschauern übertrifft das Stadion »Félix-Bollaert« die Einwohnerzahl von Lens um etwa 6000 Personen.
Die Fußball-Arena liegt in unmittelbarer Nähe des Stadtzentrums und läßt sich zu Fuß in etwa zehn Minuten erreichen.

Boote frühmorgens an Land, um den Fang gleich auf dem engen Marktplatz zu verkaufen. Ein kurioses Verfahren, das auch in Audresselle und Ambleteuse noch praktiziert wird. Gestört wird das malerische Bild allein durch die Überreste deutschen Größenwahns. Wie überdimensionale Würfel durchsetzen zahlreiche Bunker die Dünen und Steilhänge der Opalküste. »Blockhaus« sagen die Franzosen zu den unansehlichen grauen Betonriesen. Ein gewaltiges Exemplar ist auf dem windigen Aussichtspunkt »Cap Gris Nez« zu sehen, von dem im II. Weltkrieg Granaten nach Dover geschossen wurden.

Südlich des großen Fischereihafens von Boulogne sur Mer beginnt schließlich eine ausgedehnte Dünenlandschaft. Ein Ort der Ruhe und des Verweilens, mit langen Sandstränden, Pinienhainen und mondänen Villen. In dieser Gegend wurden früher zahlreiche Wüstenfilme gedreht, ein weiteres Indiz für die vielen Gesichter und die Idylle des französischen Nordens.

Sehenswürdigkeiten

Université Jean Perrin de Lens
Einstige Verwaltung der Minengesellschaft mit französichen Parkanlagen
route de La Bassée

Eglise St. Leger
Kirche im Jesuitenstil, nach der Zerstörung im I. Weltkrieg 1926 wieder aufgebaut
place Jean-Jaurès

Le parc de la Glissoire
Erholungspark im Süden der Stadt, mit Angelteichen, Spazierwegen, Kanuverleih
rue Thomas Edison

Terrils et Casseau de Fosse du 11/19
Höchste Zwillingshalden Europas, Zeugen des Kohlezeitalters der Stadt
zwei Kilometer nördlich der Stadt

Musée de l'Ecole et de la Mine de Harnes
Bergbaumuseum mit authentisch nachgebauter Mine unter Tage
Harnes, N 17, drei Kilometer nordöstlich von Lens

Brasserie »Castelain«
Brauereibesichtigung mit Bierprobe
Bénifontaine: 13, rue Pasteur,
7,5 Kilometer nördlich von Lens

Monument Canadien
Strategischer Ort im I. Weltkrieg, heute kanadisches Staatsgebiet. Denkmal mit Inschriften gefallener kanadischer Soldaten, perfekt restaurierte Schützengräben und Tunnel
Vimy, fünf Kilometer südlich von Lens

Notre-Dame de Lorette
Weiße Basilika mit Leuchtturm, Soldatenfriedhof mit über 40.000 Gräbern
Souchez, 8 km südwestlich von Lens

Europäisches Friedenszentrum
Museum über das Leben und Sterben der Soldaten im I. Weltkrieg
Souchez, 8 km südwestlich von Lens

Freizeitpark
Kletterparadies für Freeclimber
Liévin, Vorort 4 km südwestlich von Lens

Piscine olympique
Olympisches Schwimmbad im nördlichen Stadtzentrum
rue Paul Eluard

Wassersportzentrum Wingles
12 ha große Wasserfläche für Segler und Surfer
Wingles, N 47, 8 km nördlich von Lens

Restaurant-Tips

Preisgünstig

La France
Traditionelle Küche mit Grillgerichten
2, place du Général De Gaulle

La Pause Gourmande
Traditionelle Gerichte
13, route de la Bassée

Mittlere Preisklasse

L'Arcadie
Gute regionale Küche
13, rue Decrombecque

Le Sabayon
Spezialitäten des Nordens
Annay; 141, route de Lille

Gehobene Preisklasse

L'Escarpolette
Spargelspezialitäten
Vendin le Vieil, Zonne Ciale Lens 2

Y&R

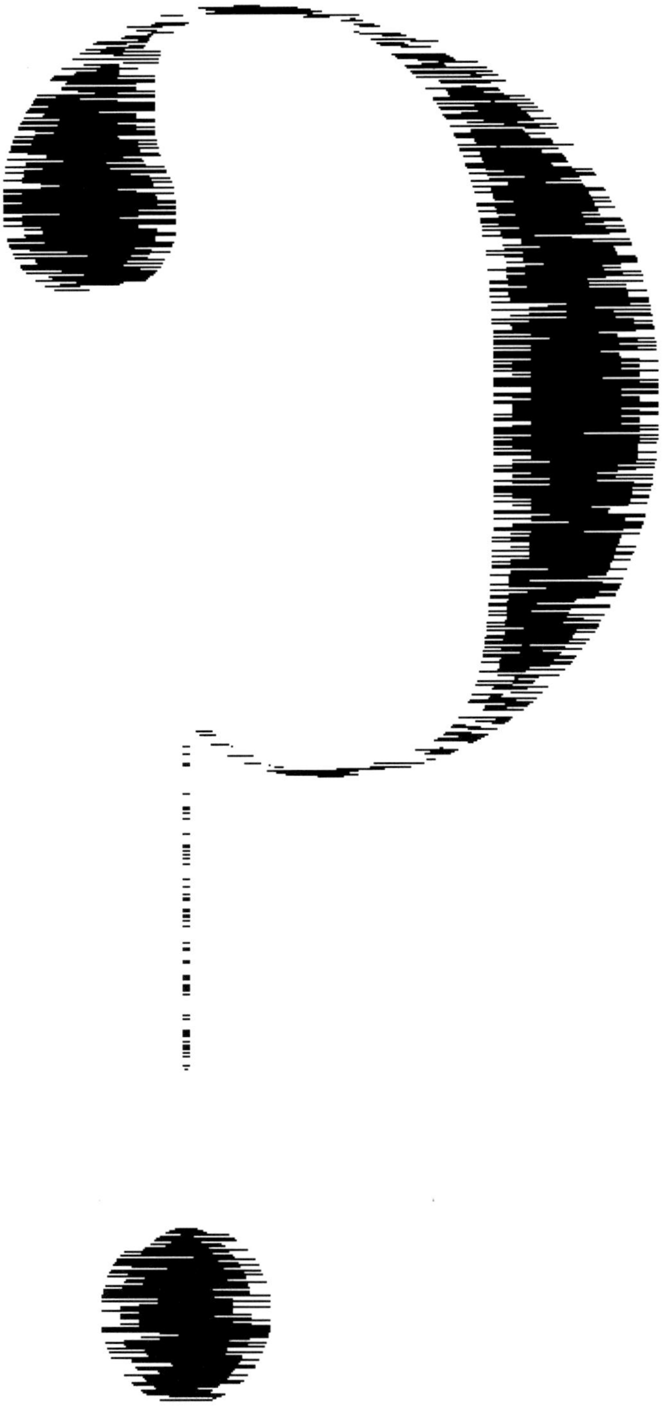

Bei vielen schnurlosen Telefonen bleibt manches Wort unverstanden.

www.ericssonew.com

Ericsson macht's klar.

Das neue Ericsson DT 120 mit dem
digitalen DECT-Standard und hörbar klarem Klang.
Im innovativen Design. 135 g leicht, bis zu
12 Stunden Sprechzeit oder bis zu 110 Stunden
Stand-by. Mehr Produktinformationen unter
0 18 03/24 22 21.

ERICSSON

Vorrunde

Gruppe A	Gruppe B	Gruppe C	Gruppe D
Brasilien	**Italien**	**Frankreich**	**Spanien**
Schottland	**Chile**	**Südafrika**	**Nigeria**
Marokko	**Kamerun**	**Saudi-Arabien**	**Paraguay**
Norwegen	**Österreich**	**Dänemark**	**Bulgarien**
Mittwoch, 10. 6. 98 **Brasilien – Schottland** __ : __ 17.30 Uhr, Saint-Denis	Donnerstag, 11. 6. 98 **Italien – Chile** __ : __ 17.30 Uhr, Bordeaux	Freitag, 12. 6. 98 **Saudi-Arab. – Dänemark** __ : __ 17.30 Uhr, Lens	Freitag, 12. 6. 98 **Paraguay – Bulgarien** __ : __ 14.30 Uhr, Montpellier
Mittwoch, 10. 6. 98 **Marokko – Norwegen** __ : __ 21.00 Uhr, Montpellier	Donnerstag, 11. 6. 98 **Kamerun – Österreich** __ : __ 21.00 Uhr, Toulouse	Freitag, 12. 6. 98 **Frankreich – Südafrika** __ : __ 21.00 Uhr, Marseille	Samstag, 13. 6. 98 **Spanien – Nigeria** __ : __ 14.30 Uhr, Nantes
Dienstag, 16. 6. 98 **Schottland – Norwegen** __ : __ 17.30 Uhr, Bordeaux	Mittwoch, 17. 6. 98 **Chile – Österreich** __ : __ 17.30 Uhr, St.-Etienne	Donnerstag, 18. 6. 98 **Südafrika – Dänemark** __ : __ 17.30 Uhr, Toulouse	Freitag, 19. 6. 98 **Nigeria – Bulgarien** __ : __ 17.30 Uhr, Paris
Dienstag, 16. 6. 98 **Brasilien – Marokko** __ : __ 21.00 Uhr, Nantes	Mittwoch, 17. 6. 98 **Italien – Kamerun** __ : __ 21.00 Uhr, Montpellier	Donnerstag, 18. 6. 98 **Frankreich – Saudi-Arab.** __ : __ 21.00 Uhr, Saint-Denis	Freitag, 19. 6. 98 **Spanien – Paraguay** __ : __ 21.00 Uhr, St.-Etienne
Dienstag, 23. 6. 98 **Schottland – Marokko** __ : __ 21.00 Uhr, St.-Etienne	Dienstag, 23. 6. 98 **Italien – Österreich** __ : __ 16.00 Uhr, Saint-Denis	Mittwoch, 24. 6. 98 **Frankreich – Dänemark** __ : __ 16.00 Uhr, Lyon	Mittwoch, 24. 6. 98 **Spanien – Bulgarien** __ : __ 21.00 Uhr, Lens
Dienstag, 23. 6. 98 **Brasilien – Norwegen** __ : __ 21.00 Uhr, Marseille	Dienstag, 23. 6. 98 **Chile – Kamerun** __ : __ 16.00 Uhr, Nantes	Mittwoch, 24. 6. 98 **Südafrika – Saudi-Arab.** __ : __ 16.00 Uhr, Bordeaux	Mittwoch, 24. 6. 98 **Nigeria – Paraguay** __ : __ 21.00 Uhr, Toulouse

Achtelfinale

Samstag, 27. 6. 98 **1. Gruppe A – 2. Gruppe B** – : 21.00 Uhr, Paris	Samstag, 27. 6. 98 **1. Gruppe B – 2. Gruppe A** – : 16.30 Uhr, Marseille	Sonntag, 28. 6. 98 **1. Gruppe C – 2. Gruppe D** – : 16.30 Uhr, Lens	Sonntag, 28. 6. 98 **1. Gruppe D – 2. Gruppe C** – : 21.00 Uhr, Saint-Denis

Viertelfinale

Freitag, 3. 7. 98 21.00 Uhr, Nantes
Sieger 1. Achtelfinale – Sieger 4. Achtelfinale
– :

Freitag, 3. 7. 98 16.30 Uhr, Saint-Denis
Sieger 2. Achtelfinale – Sieger 3. Achtelfinale
– :

Halbfinale

Dienstag, 7. 7. 98 21.00 Uhr, Marseille
Sieger 1. Viertelfinale – Sieger 3. Viertelfinale
– :

Spiel um den 3. Platz

Samstag, 11. 7. 98
Verlierer 1. Halbfin

Endspiel

Sonntag, 12. 7. 98
Sieger 1. Halbfin

Saint-Denis
Stade de France

Paris
Parc des Princes

Lens
Stade Félix-Bollaert

Lyon
Stade de Geriand

Saint-Etienne
Stade Geoffroy-Guichard

Gruppe E

Niederlande
Belgien
Südkorea
Mexiko

Samstag, 13. 6. 98
Südkorea – Mexiko :
17.30 Uhr, Lyon

Samstag, 13. 6. 98
Niederlande – Belgien :
21.00 Uhr, Saint-Denis

Samstag, 20. 6. 98
Belgien – Mexiko :
17.30 Uhr, Bordeaux

Samstag, 20. 6. 98
Niederlande – Südkorea :
21.00 Uhr, Marseille

Donnerstag, 25. 6. 98
Belgien – Südkorea :
16.00 Uhr, Paris

Donnerstag, 25. 6. 98
Niederlande – Mexiko :
16.00 Uhr, St.-Etienne

Gruppe F

Deutschland
USA
Jugoslawien
Iran

Sonntag, 14. 6. 98
Jugoslawien – Iran :
17.30 Uhr, St.-Etienne

Montag, 15. 6. 98
Deutschland – USA :
21.00 Uhr, Paris

Sonntag, 21. 6. 98
Deutschl. – Jugoslawien :
14.30 Uhr, Lens

Sonntag, 21. 6. 98
USA – Iran :
21.00 Uhr, Lyon

Donnerstag, 25. 6. 98
Deutschland – Iran :
21.00 Uhr, Montpellier

Donnerstag, 25. 6. 98
USA – Jugoslawien :
21.00 Uhr, Nantes

Gruppe G

Rumänien
Kolumbien
England
Tunesien

Montag, 15. 6. 98
England – Tunesien :
14.30 Uhr, Marseille

Montag, 15. 6. 98
Rumänien – Kolumbien :
17.30 Uhr, Lyon

Montag, 22. 6. 98
Kolumbien – Tunesien :
17.30 Uhr, Montpellier

Montag, 22. 6. 98
Rumänien – England :
21.00 Uhr, Toulouse

Freitag, 26. 6. 98
Rumänien – Tunesien :
21.00 Uhr, Saint-Denis

Freitag, 26. 6. 98
Kolumbien – England :
21.00 Uhr, Lens

Gruppe H

Argentinien
Japan
Jamaika
Kroatien

Sonntag, 14. 6. 98
Argentinien – Japan :
14.30 Uhr, Toulouse

Sonntag, 14. 6. 98
Jamaika – Kroatien :
21.00 Uhr, Lens

Samstag, 20. 6. 98
Japan – Kroatien :
14.30 Uhr, Nantes

Sonntag, 21. 6. 98
Argentinien – Jamaika :
17.30 Uhr, Paris

Freitag, 26. 6. 98
Japan – Jamaika :
16.00 Uhr, Lyon

Freitag, 26. 6. 98
Argentinien – Kroatien :
16.00 Uhr, Bordeaux

Montag, 29. 6. 98
1. Gruppe E – 2. Gruppe F
– :
21.00 Uhr, Toulouse

Montag, 29. 6. 98
1. Gruppe F – 2. Gruppe E
– :
16.30 Uhr, Montpellier

Dienstag, 30. 6. 98
1. Gruppe G – 2. Gruppe H
– :
16.30 Uhr, Bordeaux

Dienstag, 30. 6. 98
1. Gruppe H – 2. Gruppe G
– :
21.00 Uhr, St.-Etienne

Samstag, 4. 7. 98 — 16.30 Uhr, Marseille
Sieger 5. Achtelfinale – Sieger 8. Achtelfinale
– :

Samstag, 4. 7. 98 — 21.00 Uhr, Lyon
Sieger 6. Achtelfinale – Sieger 7. Achtelfinale
– :

Mittwoch, 8. 7. 98 — 21.00 Uhr, Saint-Denis
Sieger 2. Viertelfinale – Sieger 4. Viertelfinale
– :

21.00 Uhr, Paris
erer 2. Halbfinale
:

21.00 Uhr, Saint-Denis
er 2. Halbfinale
:

Marseille
Stade Municipal

Montpellier
Stade de La Mosson

Toulouse
Stadium Municipal

Bordeaux
Stade Lescure

Nantes
Stade de La Beaujoire

Top-Favorit auf dem Weg zum fünften Titel

Mit Ronaldo hat Brasilien nach Pelé einen neuen Wunderknaben. Der 21jährige begann mit dem Vereinsfußball in einem Vorort von Rio de Janeiro in einer Hallenfußball-Liga, wechselte mit 16 zu Cruzeiro und von dort für nur 3,5 Millionen Mark zum PSV Eindhoven. Heute gilt der Torjäger als einer der teu-

Der kleine Mann mit den schlohweißen Haaren und der großen Brille auf der Nase gleicht bei seinen öffentlichen Auftritten vor den Fernsehkameras eher einem introvertierten Philosophen denn einem erfolgreichen Fußballtrainer. Und dennoch glaubt Brasiliens Nationaltrainer Mario Lobo Zagallo fest an die Titelverteidigung, er ist überzeugt: »Wir haben endlich unseren Stil gefunden.« Der 66jährige Startrainer hat dem brasilianischen Fußball seine Identität zurückgegeben. Bei der Weltmeisterschaft in den USA war das Spiel noch geprägt von fehlerlosem Defensiv-Verhalten und Ballkontrolle, zwar erfolgreich, aber doch kein Sambafußball. Unter Zagallo sind nun die Stärken des brasilianischen Fußballs wie Spielfreude, perfekte Technik, Kurzpaßspiel, Kreativität und Angriffszauber im System des vierfachen Weltmeisters wieder deutlich erkennbar.

Zagallo regiert mit harter Hand

Mario Zagallo ist eine Lichtgestalt des internationalen Fußballs. Er ist ein Siegertyp, der als erster sowohl als Spieler wie als Trainer Weltmeister wurde: 1958 und 1962 auf dem Spielfeld und 1970 daneben. Zagallo gilt als prinzipientreu, zum Teil sogar als dickköpfig. Aus disziplinarischen Gründen verbannte er zwischenzeitlich sogar Stars wie Romario aus der Mannschaft. In der Öffentlichkeit ist die Meinung über Zagallo daher gespalten.

Mehr als 80 Spieler hat Zagallo seit der WM 1994 getestet und inzwischen eine geeignete Mischung für seinen Fußballstil gefunden. Nach der Weltmeisterschaft 1994 hat das Team nur ein Spiel verloren, mit 2:4 in Norwegen am 30. Mai 1997. Welch eine Bilanz! Brasilien ist überlegen die Nummer eins in der FIFA-Weltrangliste, gewann 1997 das Finale der Copa America mit einem 3:1 gegen Gastgeber Bolivien. Es war der fünfte Sieg der »Canarinha« beim ältesten Nationenturnier der Welt, der Südamerikameisterschaft.

Klubchefs im Feudalherrenstil

Nur eine olympische Goldmedaille fehlt noch im Trophäenschrank des brasilianischen Fußballverbandes. Ein Verband, der immer wieder auch für negative Schlagzeilen sorgt. Im brasilianischen Fußball herrscht oft ein Chaos. Das beginnt bei überfüllten Terminplänen, setzt sich fort bei einer Häufung von gleichzeitig laufenden, verschiedenen Wettbewerben und endet bei der Unklarheit über Auf- und Abstiegsfragen. Der Vereinsfußball wird von einer Handvoll Funktionäre diktiert, denen nachgesagt wird, bei Transfers gerne mal in die eigene Tasche zu wirtschaften. Das Gehaltsgefüge in den Klubs ist mehr als ungerecht. 70 Prozent aller Profis verdienen nur bis zu 350 Mark im Monat. Lediglich 0,3 Prozent der Spieler bekommen monatlich 17.000 Mark und mehr. Durch langfristige Bindungen besteht für die Spieler ein starkes Abhängigkeitsverhältnis von ihren Klubs.

Sportminister Pelé, der große Gegenspieler von FIFA-Präsident Joao Havelange, will mit einem neuen Gesetz europäische Zustände erreichen. Die Vereine sollen in Aktiengesellschaften umgewandelt werden, nur dann sind die Finanzen der

- **Fläche: 8,5 Mio. km²**
- **Einwohnerzahl: 164,4 Mio.**
- **Einwohner/km²: 19**
- **Hauptstadt: Brasilia**
- **Weitere wichtige Städte: Rio de Janeiro, Sao Paulo, Belo-Horizonte**
- **Staatsform: Präsidiale Bundesrepublik**
- **Regierungschef: Fernando Henrique Cardoso**
- **Staatsoberhaupt: Fernando Henrique Cardoso**

ersten Spieler der Welt. Ronaldo zog von Eindhoven weiter zum FC Barcelona. Dort schoß er in seiner einzigen Saison auf Anhieb 34 Tore und wurde Torschützenkönig in der spanischen Primera Division. Nachdem ein Transferstreit zwischen dem FC Barcelona und Inter Mailand seinen Vereinswechsel zunächst behindert hatte, begeistert der Ausnahmefußballer mit seinen Toren inzwischen in Italien die Fans. Ronaldo ist ein spielender Mittelstürmer, der mit seiner Dynamik und seiner Kreativität immer wieder Spiele alleine entscheidet.

Klubs besser kontrollierbar, wird private Bereicherung schwerer.

Fußball und Politik sind in Brasilien eng verbunden, die meisten Vereinschefs sind Bundes- oder Landesabgeordnete erreichen so eine hohe Lobby. Vereine dienen als Wahlkampfpodium. Die Wirtschaft unterstützt vorwiegend die Spitzenklubs, aber oft wenig zielgerichtet.

Die Einnahmen durch Fernsehrechte sind erst seit zwei Jahren deutlich angestiegen, zuvor wurden die Rechte zu Spottpreisen verkauft. Trotz vieler Skandale ist der Fußball des Brasilianers liebstes Kind, vor allem die Nationalmannschaft, die »Selecao«, gilt schon vor dem Anpfiff der 16. WM daheim als der neue Weltmeister.

Nationalcoach hat die freie Auswahl

Brasilien hat ein unglaubliches Potential an Klassespielern. Mario Zagallo könnte ohne Probleme fünf Teams nominieren, die internationalen Ansprüchen mehr als genügen. Selbst ein so gefragter Spieler wie Giovane Elber von Bayern München ist bei Zagallo durchs Sieb gefallen. Brasilien ist optimal besetzt, aber nicht viele Spieler sind bereits vor der WM gesetzt. Im seit vielen Jahren bevorzugten 4-4-2 System haben nur wenige Stars jetzt schon einen Stammplatz sicher.

Zagallo hat nach 18monatiger Pause einen alten Bekannten der Fußball-Bundesliga ins Nationalteam zurückgeholt. Carlos Dunga, einst beim VfB Stuttgart, später in der japanischen J-League, ist für den Nationalcoach »der Schlüssel des Systems«.

Dunga war in Brasilien lange unbeliebt. Erst als er 1994 nach dem WM-Triumph als Kapitän die Trophäe triumphierend in die Höhe streckte, konnte Dunga die Herzen der fußballverrückten Fans endlich erobern. Die Aufgabe des kleinen Mittelfeldspielers besteht darin, die Geschlossenheit und die Taktik auf dem Platz zu sichern.

Wenn Brasilien Schwächen hat, dann vor allem in der Abwehr. Die Mannschaft spielt selten zu null, ist in der Defensive äußerst anfällig. Die Torhüter, ob der WM-Schlußmann von 1994 Taffarel oder sein Vertreter Germano, sind beide nur Durchschnitt. Mit einigen altbewährten Kräften wie Romario und Bebeto, mit einer Mischung aus Routine und jugendlicher Unbekümmertheit will Brasilien seinen Titel verteidigen.

Ronaldos Konkurrent aus dem eigenen Team

Gesetzt ist natürlich Inter Mailands Superstar Ronaldo. Der Weltfußballer des Jahres 1996 wird in Frankreich im Rampenlicht stehen. Bereits als 17jähriger war Ronaldo 1994 im Kader der Südamerikaner, kam aber über die Zuschauerrolle nicht hinaus. Inzwischen kommt es immer dort, wo der Ausnahmefußballer auftritt, bei jugendlichen Fans zu einer wahren Ronaldo-Mania.

Mit Denilson hat Trainer Zagallo noch ein weiteres Juwel im Team. Der 20jährige wurde bereits vor der WM für über 200 Millionen Mark ins spanische Sevilla transferiert. Sicherheitshalber haben Betis Sevilla und der brasilianische Club FC Sao Paulo im Zusammenhang mit diesem Wechsel schnell eine Versicherung über 85 Millionen Mark abgeschlossen. Die große Zeit von Denilson kommt allerdings wohl erst nach der WM.

Brasilien wird in Frankreich ein Team präsentieren, bestehend aus Mannschaftsspielern und Individualisten wie Roberto Carlos. Keiner kann so effetvolle Freistöße und Bananenflanken schießen wie der kleine Quirl an der linken Außenbahn. Der Linksfuß von Real Madrid ist die Stimmungskanone der Brasilianer und ein weiterer Schlüsselspieler in der Elf des amtierenden Weltmeisters.

Nicht nur bei den Buchmachern ist Brasilien der große Favorit auf den Titel. Doch die Ballzauberer vom Zuckerhut sind oft zu sehr verliebt in ihr eigenes Spiel. Das ist vielleicht die größte Gefahr für die Mannschaft von Trainer Mario Lobo Zagallo.

UNSER TIP: Unter Mario Zagallo erreicht der Titelverteidiger in seiner Vorrundengruppe spielend die nächste Runde.

Mario Zagallo

Mit 66 Jahren ist die brasilianische Fußball-Legende der älteste WM-Trainer. Zusammen mit Pelé wurde Zagallo 1958 und 1962 als Spieler Weltmeister. 1970 gewann er den Titel als Trainer. Danach vergoldete er seine große Popularität als Nationalcoach in den Vereinigten Arabischen Emiraten. Seit 1994 hat er wieder die Verantwortung für die brasilianische Nationalelf, die »Selecao«. Zagallo geht oft eigenwillige Wege und ist im eigenen Land nicht unumstritten. Die Erfolge lassen seine Kritiker jedoch immer wieder verstummen.

DAS VORLÄUFIGE AUFGEBOT

	Name	Verein	Alter*	Länderspiele*
TOR	TAFFAREL	Atletico Mineiro	31	86
	CARLOS GERMANO	Vasco da Gama	27	8
	ANDRE	Internacional	25	0
ABWEHR	ZE MARIA	AC Parma	24	6
	ROBERTO CARLOS	Real Madrid	24	39
	ALDAIR	AS Rom	32	56
	ANDRE CRUZ	AC Mailand	29	29
	GONCALVES	Botafogo	31	15
	JUNIOR BAIANO	Flamengo	27	5
MITTELFELD	ZE ROBERTO	Real Madrid	23	15
	FLAVIO CONCEICAO	Deportiva La Coruña	23	12
	EMERSON	Bayer Leverkusen	21	3
	DUNGA	Jubilo Iwata	34	56
	JUNINHO	Atletico Madrid	24	20
	LEONARDO	AC Mailand	28	39
	CAFU	AS Rom	27	58
STURM	RONALDO	Inter Mailand	21	29
	ROMARIO	FC Valencia	31	51
	EDMUNDO	Vasco da Gama	26	27
	BEBETO	Vitoria Bahia	33	78
	DENILSON	Betis Sevilla	19	14
	RIVALDO	Deportiva La Coruña	25	9

*Stichtag 15. November 1997

Der Computer führt die Wikinger zur WM

Oft stundenlang sitzt Egil Olsen in seinem Videoraum vor dem Bildschirm und wertet geradezu akribisch Spiele aus – die seiner eigenen Mannschaft und die der Gegner. Der Fußballprofessor ist ein Tüftler und ein ganz penibler Analytiker. Das Vordringen Norwegens in die Spitze des europäischen Fußballs ist untrennbar mit seinem Namen verbunden. Mit seinen computergestützten Spielanalysen optimiert er die Leistung der Nationalmannschaft immer wieder aufs Neue. Olsens wissenschaftlichem Auge entgeht nichts. Jeden Ballkontakt, jede Defensiv- und Offensivaktion seiner Spieler hält der Norweger fest. Er ist ein interessanter und eher ungewöhnlicher Typ in der internationalen Fußballszene, der die Aufmerksamkeit der Beobachter auch gerne durch bunte Halstücher und ungekämmte Haare auf sich zieht. Sein besonderes Markenzeichen sind jedoch schwarze Gummistiefel, die er aus Gesundheitsgründen trägt, um sich vor Nässe und Kälte zu schützen. Die Stiefel bekommt er natürlich umsonst – inklusive Werbevertrag.

Die Qualifikation war ein Spaziergang

Schon als Spieler entsprach Egil Olsen mit seinen langen Haaren, heruntergerollten Stutzen und ständig aus der Hose hängendem Trikot so überhaupt nicht dem Klischee des vorbildlichen Fußballprofis. Kein Wunder also, daß sich dieser ungewöhnliche Nationalcoach auch nach seinem Wechsel an den Spielfeldrand jeder Anpassung widersetzte. Was für Olsen zählt, ist der Erfolg auf dem Platz. Und da bietet er seit seinem Amtsantritt im Jahr 1990 keinerlei Angriffsfläche. Der Macher des norwegischen Fußballs hat sein Team geradezu spielend durch die Qualifikation geführt. Zu keinem Zeitpunkt konnten Ungarn, die Schweiz, Aserbaidschan und der Nachbar Finnland seine Mannschaft gefährden. Das Osloer Ullevaal-Stadion entwickelte sich zur uneinnehmbaren Festung. Nach zwei klaren Siegen gegen Aserbaidschan und Ungarn konnte sich die norwegische Nationalelf selbst im Auswärtsspiel bei den mitfavorisierten Eidgenossen aus der Schweiz mit 1:0 durchsetzen. Spätestens im November 1996 wurde der Kampf um die WM-Fahrkarte endgültig zu einer einseitigen Angelegenheit. Die Wikinger hatten sich von einem Leistungstief mit zwei schwächeren Spielen erholt. Auf das 1:1 gegen Finnland und das 1:1 gegen Ungarn folgten drei überzeugende Spiele in Folge: zunächst ein 4:0 in Finnland und dann ein 1:0 in Aserbaidschan. Krönender Abschluß der glanzvollen Qualifikation war jedoch der grandiose 5:0-Heimsieg gegen die Schweiz. Ungeschlagen reisen die Nordeuropäer damit zur WM-Endrunde nach Frankreich. Sie erzielten insgesamt 21 Treffer bei nur zwei Gegentoren – eine starke Bilanz.
Und daß dabei wirklich kein Glück im Spiel war, haben die norwegischen Nationalspieler spätestens im Mai 1997 bewiesen. Mit 4:2 besiegte das Team von Egil Olsen den bis dahin in 40 Spielen ungeschlagenen Weltmeister Brasilien. Die Fans zeigten sich davon nur wenig überrascht. 1993 galt das Erreichen der WM-Endrunde in den USA zwar noch als Sensation, diesmal war sie dagegen fast schon Routine. »Die Fans haben mit unserer Qualifikation einfach gerechnet«, erklärt der frühere Bremer Bundesligaspieler Rune Bratseth, der inzwischen als Manager des norwegischen Erstliga-Klubs Rosenborg Trondheim arbeitet. Die Zeiten der unbeschwerten Auftritte des Nationalteams gehören damit jedoch endgültig der Vergangenheit an. »Auch in Frankreich sind die Erwartungen sehr hoch«, sagt Bratseth.

- **Fläche: 323.877 km²**
- **Einwohnerzahl: 4,4 Mio.**
- **Einwohner/km²: 13**
- **Hauptstadt: Oslo**
- **Weitere wichtige Städte: Bergen, Trondheim, Stavanger**
- **Staatsform: Parlamentarische Monarchie**
- **Regierungschef: Thorborn Jagland**
- **Staatsoberhaupt: König Harald V**

Anders als bei den Weltmeisterschaften 1938 in Frankreich und 1994 in den USA wollen die Wikinger diesmal endlich auch einmal die Vorrunde überstehen. Immerhin gehört Norwegen mittlerweile zu den Top-Mannschaften in Europa. Ein Verdienst, das vor allem auf Egil Olsen zurückgeht. Er formte aus einem verunsicherten Team in akribischer Kleinarbeit eine selbstbewußte Spitzenmannschaft, die auch den Fußball im Land mit einem Riesenschritt nach vorne brachte. So wurde das Frauenteam 1995 in Stockholm mit einem 2:0-Finalsieg über Deutschland Weltmeister, und auch die U-21-Juniorenmannschaft des Landes erreicht seit Jahren bei internationalen Turnieren gute Ergebnisse. Der norwegische Vorzeigeklub Rosenborg Trondheim spielte in der

Egil Olsen

Seit 1990 ist der 55jährige Hochschulprofessor für die Nationalmannschaft verantwortlich. In den Jahren zuvor arbeitete er als Trainer der U-21-Auswahl und der Olympiamannschaft. Seine größten Erfolge waren die Olympiateilnahme 1984 als Co-Trainer sowie das Erreichen der beiden Weltmeisterschaften 1994 und 1998. Als Spieler und Vereinstrainer war Olsen bei mehreren norwegischen Erstligisten unter Vertrag und hat sein Ansehen stetig gesteigert.

Saison 1997/98 darüber hinaus bereits zum dritten Mal in der Champions-League.
Norwegen fährt mit einer eingespielten, einer zusammengewachsenen Mannschaft nach Frankreich. »Viele Spieler haben internationale Erfahrung und 30 bis 70 Länderspiele absolviert«, sagt Trainer Egil Olsen vor dem WM-Start, »ich kann jede Position doppelt besetzen und verfüge über ein großes offensives Potential.«

Das norwegische Spiel ist einfach, aber wirkungsvoll

Die Spieler haben sein 4-5-1-System längst verinnerlicht und sind taktisch bestens ausgebildet. Olsen fordert von seinen Akteuren ein zonenorientiertes Abwehrverhalten mit klarer Arbeitsteilung in einer kompakten Viererkette. Das Mittelfeld spielt meist nur lange, direkte und schnelle Bälle. Das Kurzpaßspiel ist verpönt, das Dribbling nur in bestimmten Situationen erlaubt. Der norwegische Stil ähnelt stark der früheren englischen Spielweise. Nicht unbedingt ein schöner Anblick für Fußballästheten, aber sehr effektiv.
Dabei ähnelt diese Fußballphilosophie eigentlich überhaupt nicht der früheren Auffassung des 16fachen Nationalspielers Olsen. Er war ein leidenschaftlicher Dribbler und spielte den Ball erst dann ab, wenn es gar nicht mehr anders ging. »Drillo« riefen ihn seine Fans und Mitspieler daher liebevoll und ein norwegischer Journalist schrieb einst: »Fußballer wie Egil Olsen brauchen eigentlich keine Mitspieler«.
Heute sind norwegische Fußballer bei europäischen Vereinen jedoch vor allem wegen ihrer professionellen Einstellung und Athletik gefragt. Die Nationalspieler sind über ganz Europa verteilt, auch in der deutschen Bundesliga sind drei norwegische Fußballer unter Vertrag: Torwart Thomas Gill beim MSV Duisburg, Stürmer Havard Flo bei Werder Bremen und Nationalmannschafts-Kapitän Kjetil Rekdal bei Hertha BSC Berlin. Bereits zwischen 1988 und 1990 schnupperte der Allrounder Rekdal bei Mönchengladbach Bundesligaluft, bevor er zu Beginn der Saison 97/98 vom französischen Klub Stade Rennes in die höchste deutsche Spielklasse zurückkehrte. Der Hobbyangler hat seinen Stammplatz bei Egil Olsen sicher. »Wir haben einen ausgeglichenen Kader. Die Mann-

DAS VORLÄUFIGE AUFGEBOT

	Name	Verein	Alter*	Länderspiele*
TOR	Frode GRODAS	FC Chelsea	33	35
	Thomas GILL	MSV Duisburg	22	4
ABWEHR	Henning BERG	Manchester United	28	47
	Stig Inge BJOERNEBYE	FC Liverpool	27	58
	Dan EGGEN	Celta Vigo	27	11
	Gunnar HALLE	Leeds United	32	58
	Alf Inge HAALAND	Leeds United	25	25
	Ronny JOHNSON	Manchester United	28	31
MITTELFELD	Roger NIELSEN	Sheffield United	28	30
	Lars BOHINEN	Blackburn Rovers	28	47
	Jostein FLO	Stromsgodset	23	44
	Jahn Ivar JAKOBSEN	Rosenborg Trondheim	32	64
	Oyvind LEONHARDSEN	FC Liverpool	27	53
	Erik MYKLAND	Panathinaikos Athen	26	50
	Kjetil REKDAL	Hertha BSC Berlin	29	63
STURM	Stale SOLBAKKEN	FC Wimbledon	29	32
	Ole Gunnar SOLSKJAER	Manchester United	24	10
	Frank STRANDLI	Panathinaikos Athen	25	19
	Egil OSTENSTAD	FC Southampton	25	10
	Havard FLO	Werder Bremen	27	5
	Tore Andre FLO	FC Chelsea	24	20

*Stichtag 2. Dezember 1997

schaft verfügt über die richtige Mischung von jungen und älteren Spielern«, urteilt der 29jährige Routinier über die Stärke seines Teams.

Norweger bewähren sich als Exportschlager

Die Leistungsträger der Norweger spielen jedoch fast alle in der englischen Premier League. Als Glanzstück gilt die Abwehr mit Henning Berg und Ronny Johnsen von Manchester United. Stig Inge Bjoernebye und Oyvind Leonhardsen vom FC Liverpool sind weitere Schlüsselspieler für die Defensive. Die wichtigsten Offensivkräfte sind Stale Solbakken vom FC Wimbledon und Ole Gunnar Solskjaer. Der 24jährige war in der Saison 96/97 beim englischen Meister Manchester United erfolgreichster Torschütze.

Wenn Egil Olsen überhaupt ein Problem hat, dann auf der Position des Torhüters. Seine Nummer eins Frode Grodas ist bei Chelsea London nur die Nummer drei, ihm fehlt dadurch die Spielpraxis. Deshalb kam Thomas Gill, der beim MSV Duisburg auch nicht immer fehlerfrei spielte, bis zum Ende des vergangenen Jahres auf vier Länderspieleinsätze. Für dieses Problem muß der pfiffige Fußballprofessor noch eine Lösung finden.

Als Dozent an der Hochschule für Sport und Leibeserziehung in Oslo hat Olsen längst den Glauben an wissenschaftliche Methoden im Fußballtraining jüngeren Trainern weitervererbt. Der Nationalcoach hat für die Zeit nach der WM in Frankreich bereits seinen Rücktritt erklärt und will eine Vereinsmannschaft in Europa übernehmen. Mit Nils Johan Semp, dem Trainer der U-21-Nationalmannschaft, steht sein Nachfolger bereits fest. Der norwegische Spielstil wird daher mit Sicherheit weiterleben.

Unser Tip: Der Computer wird Egil Olsen auf dem schweren Weg ins Achtelfinale sicherlich die richtigen Hinweise geben.

Kjetil Rekdal begann seine erfolgreiche Profikarriere 1987 beim norwegischen Erstligisten Molde FK. Bereits als 20jähriger unterschrieb er einen Vertrag beim deutschen Bundesligisten Borussia Mönchengladbach.
Auf seiner ersten Station im Ausland konnte er sich wegen seiner Unerfahrenheit jedoch noch nicht durchsetzen und kehrte nach einem Gastspiel beim belgischen Erstligisten Lierse SK in seine norwegische Heimat zurück.
Über Stade Rennes fand der 29jährige Kjetil Rekdal 1997 wieder den Weg zurück in die Fußballbundesliga und unterschrieb bei Hertha BSC Berlin.
Der norwegische Kapitän war bei der WM-Qualifikation 1994 und 1998 ein Schlüsselspieler in seinem Team. Bei der WM 1994 erzielte er den einzigen Treffer für Norwegen und damit erst das zweite WM-Tor überhaupt in der Fußballgeschichte seines Landes.

Aufbruch zu neuen Heldentaten

Wohl kaum ein anderes Land ist derart umwoben von Mythen und Heldengeschichten – und dennoch so arm an Erfolgen wie Schottland. Auch die schottische Fußballgeschichte macht da keine Ausnahme. Trotz heroischer Taten und aufopferungsvoll kämpfender Spieler blieb dem stolzen Nationalteam auf großen Turnieren der Durchbruch stets verwehrt. Noch nie überstand das Team die Vorrunde einer Weltmeisterschaft, sieben Mal kehrte die euphorisch aufgebrochene Elf geschlagen zurück.
»Die Jungs waren schneller wieder da, als die Ansichtskarten der Fans«, erzählten sich die Daheimgebliebenen später in den Pubs, machten ihrer Mannschaft jedoch nur selten einen Vorwurf. Und auch jüngst schrieb eine große Tageszeitung: »An einer WM teilzunehmen heißt nicht, automatisch ein ernstzunehmender Kandidat zu sein, aber es bedeutet, als Land wahrgenommen zu werden.«
Dabei kann sich das Team von Trainer Craig Brown diesmal tatsächlich Hoffnungen machen, in Frankreich erstmals das Achtelfinale zu erreichen. Als bester Gruppenzweiter qualifizierte es sich hinter Österreich direkt für die Endrunde, allein Schweden konnte den kampfstarken Schotten eine Niederlage beibringen. »We did it«, titelten die auflagenstarken Boulevard-Zeitungen anschließend voller Stolz, »wir haben es geschafft«.
Feststimmung zog über die Städte und Highlands – Teamgeist und solide Defensivarbeit hatten sich wieder einmal bewährt. »Wir sind schwer zu schlagen«, freute sich auch der sonst so zurückhaltende Coach Craig Brown, »die Abwehr ist unsere stärkste Waffe.« Gerade einmal drei Gegentreffer mußte seine Mannschaft in der Qualifikation hinnehmen, acht von zehn Spielen endeten zu Null.
»Die Mannschaft spielt nur, um nicht zu verlieren«, hatte der große Pelé

- **Fläche: 78.772 km²**
- **Einwohnerzahl: 5,3 Mio.**
- **Einwohner/km²: 67**
- **Hauptstadt: Edinburgh**
- **Weitere wichtige Städte: Aberdeen, Dundee, Glasgow**
- **Staatsform: Parlamentarische Monarchie**
- **Regierungschef: Tony Blair**
- **Staatsoberhaupt: Königin Elizabeth II**

Der 32-jährige Gary McAllister ist die bestimmende Figur im Mittelfeld der schottischen Nationalmannschaft. Der Spielmacher vereint auf dem Platz wie kaum ein zweiter unbedingten Siegeswillen mit spielerischem Können. Mit über 50 Einsätzen für das Nationalteam gilt der Spieler vom englischen Premier League-Klub Coventry City als einer der erfahrensten Akteure auf dem Feld.

daher einst abschätzig erklärt. Doch Coach Craig Brown sieht die Sache ganz nüchtern. Wenig Risiko, wenig Fehler, lautet seine Devise, und die Mannschaft hat diese Philosophie längst verinnerlicht. Das Team tritt unter ihm abgeklärter auf als in der Vergangenheit und wartet geduldig auf seine Chance. »Wir spielen nicht mehr das typisch schottische System«, erklärt Regisseur Gary McAllister, »aber wir haben das Schottische in uns nicht verloren.« Der 32jährige Mittelfeldmann von Coventry City gehört auch in Frankreich sicherlich wieder zu den wichtigsten Spielern der Nationalmannschaft. Neben Monaco-Legionär John Collins, der sein Geld als einziger nicht auf der britischen Insel verdient, führt er ein kompaktes Fünfer-Mittelfeld, das unter Trainer Brown wieder an Selbstbewußtsein gewonnen hat.

Allein der Sturm macht den Schotten immer noch schwer zu schaffen. Kevin Gallacher hat in der Qualifikation zwar sechsmal getroffen, kommt bei über 30 Einsätzen jedoch nicht einmal auf zehn Tore. Auch die Bilanz von Sturmpartner Alistair McCoist läßt da eher nachdenklich stimmen. Der Angreifer von den Glasgow Rangers erzielte in 59 Einsätzen gerade einmal 19 Treffer.

Dennoch vertraut der schottische Nationaltrainer auch weiterhin auf seine erfahrenen Kräfte. Über die Hälfte des Kaders hat die 30 bereits überschritten, Torhüter Jim Leighton fährt mit 39 Jahren bereits zu seiner vierten WM. Die neuerliche Aufbruchstimmung scheint das jedoch nicht zu mindern. »Der Einzug ins Achtelfinale ist unser Minimalziel«, erklärt der ehemalige Dortmunder Bundesligaprofi Paul Lambert.

Vor Selbstüberschätzung sind die Spieler jedoch gefeit. Sie werden sich hüten, die Heimat erneut mit großmündigen Versprechungen zu verlassen. Schließlich hatte Ex-Trainer Ally McLoid vor 20 Jahren schon einmal hochmütig den Titelgewinn angekündigt. Doch auch damals mußte das Team trotz eines 3:2-Vorrundensieges gegen den späteren Vize-Weltmeister Niederlande bereits nach der Vorrunde die Heimreise antreten.

UNSER TIP: Das kämpferisch starke Team wird alles versuchen, ins Achtelfinale einzuziehen, am Ende jedoch knapp scheitern.

Craig Brown

Lange galt der 57jährige Nationalcoach im eigenen Land als umstritten, erst nach dem starken Auftreten seines Teams in der WM-Qualifikation schlug die Stimmung endgültig um. 1993 übernahm er die Mannschaft von Andy Roxburgh, der mit seinem Team die Qualifikation für die WM in den USA verpaßt hatte – als erster schottischer Coach seit 1970. Ohne Spitzenfußballer in seiner Nationalelf, setzt Craig Brown vor allem auf Teamgeist und Siegeswillen.

DAS VORLÄUFIGE AUFGEBOT

	Name	Verein	Alter*	Länderspiele*
TOR	Jim LEIGHTON	FC Aberdeen	39	83
	Andy GORAM	Glasgow Rangers	33	42
	Neil SULLIVAN	FC Wimbledon	27	2
ABWEHR	Tom BOYD	Celtic Glasgow	32	51
	Colin CALDERWOOD	Tottenham Hotspur	32	24
	Colin HENDRY	Blackburn Rovers	31	28
	Thomas McKINLAY	Celtic Glasgow	32	19
	Christian DAILLY	Derby County	24	6
	Jacki McNAMARA	Celtic Glasgow	24	4
MITTELFELD	Craig BURLEY	Celtic Glasgow	26	23
	Gary McALLISTER	Coventry City	32	56
	John COLLINS	AS Monaco	29	46
	William McKINLAY	Blackburn Rovers	28	22
	Paul LAMBERT	Celtic Glasgow	28	9
	Scot GEMMILL	Nottingham Forest	26	11
	Stuart McCALL	Glasgow Rangers	33	39
STURM	Gordon DURIE	Glasgow Rangers	31	38
	Darren JACKSON	Celtic Glasgow	31	19
	Alistair McCOIST	Glasgow Rangers	35	59
	Kevin GALLACHER	Blackburn Rovers	31	31
	John McGINLAY	Bolton Wanderers	33	33
	Simon DONNELLY	Celtic Glasgow	22	4

*Stichtag 9. Dezember 1997

Das Ende der Schönspielerei

Auch wenn Marokko zu den reichsten Ländern Nordafrikas zählt – seine begabten Fußballer kann es nur selten halten. Seit jeher blicken die Spieler sehnsüchtig über die Meerenge von Gibraltar und träumen von Profikarrieren in Spanien, Portugal oder Frankreich. Nicht wenige folgten der Verlockung des großen Geldes – heute verdient rund die Hälfte der Nationalspieler ihr Geld im europäischen Ausland.
Die marokkanischen Fans machen ihren Stars daraus keinen Vorwurf. In den dichtbesiedelten Städten und einsamen Dörfern des schroffen Atlasgebirges werden die Spieler wie Volkshelden verehrt. Seit über zwei Jahren ist das Team zu Hause unbesiegt, die WM-Qualifikation gewann es klar vor Sierra Leone. Nur gegen Gruppenfavorit Ghana mußte sich Marokko mit einem 2:2-Unentschieden zufrieden geben. Im Rückspiel wurden die Verhältnisse jedoch wieder zurechtgerückt. Die Atlas-Löwen schlugen Ghana daheim vor 90.000 Zuschauern mit 1:0. Die Qualifikation war geschafft, das Land versank im Freudentaumel.
Bereits zum vierten Mal zieht Marokko damit in eine WM-Endrunde ein – eine Bilanz, die in Afrika sonst allein Kamerun vorweisen kann.
Das neue Selbstbewußtsein hat nicht nur Fans und Spieler erfaßt, auch Trainer Henri Michel ist sich sicher: »Meine Jungs haben vor keinem Gegner Angst.«

Der Franzose hatte den Posten als Nationalcoach nach dem Debakel bei der vergangenen Weltmeisterschaft in den USA übernommen. Von den drei Vorrundenspielen konnte Marokko kein einziges gewinnen und verpaßte im selben Jahr zu allem Überfluß zum zweiten Mal hintereinander auch noch die Qualifikation zum Afrika-Cup. »Sie sterben in Schönheit«, hatten die Zeitungen damals geschrieben, selbst die Fans mißbilligten die zahlreichen Ballverluste in der Offensive. »Vor dem Tor sind wir einfach zu ungefährlich«, versuchte der inzwischen beim deutschen Zweitligisten Greuther Fürth spielende Rachid Azzouzi später zu erklären.
Erst Trainer Henri Michel gab der

Der 27jährige Nourredine Naybet gilt als eine der Führungskräfte im marokkanischen Team. Unter seiner Regie mußte die Hintermannschaft in der WM-Qualifikation nur zwei Gegentreffer hinnehmen. Trotz seiner brillanten Technik bevorzugt der Abwehrspieler vom spanischen Erstligisten Deportivo La Coruña das schnörkellose Spiel, das ihn zu einem der besten Verteidiger Europas machte.

- **Fläche: 446.550 km²**
- **Einwohnerzahl: 27,6 Mio.**
- **Einwohner/km²: 62**
- **Hauptstadt: Rabat**
- **Weitere wichtige Städte: Marakesch, Casablanca, Tanger**
- **Staatsform: Konstitutionelle Monarchie**
- **Regierungschef: Abdellatif Filali**
- **Staatsoberhaupt: König Hassan II**

verunsicherten Mannschaft ihr Selbstvertrauen zurück. Er testete in rund 20 Begegnungen über 40 Spieler und führte junge Nachwuchstalente an die Nationalmannschaft heran. Für altgediente Volkshelden, wie Ex-Kapitän Rachidi Daoudi, gab es plötzlich keinen Platz mehr.

Heute spielt Marokko schnörkellos, unkompliziert – und vor allem erfolgreich. Aus einer sicheren Abwehr heraus liebt die international unerfahrene Mannschaft das schnelle Konterspiel, das schon die Gegner in der WM-Qualifikation verblüffte. 14 Tore schossen die Spieler allein in den sechs Gruppenspielen, bei gerade einmal zwei Gegentreffern. »Unsere Stärke liegt in unserem großen Kämpferherz«, sagt der Trainer, der nicht müde wird, Teamgeist und Siegeswillen heraufzubeschwören. Verlassen kann er sich dabei vor allem auf seine europäischen Legionäre Rachid Azzouzi, Nourredine Naybet, Salahedine Bassir und Mustapha El Hadji. Sie sind die kreativen Kräfte im Spiel der Marokkaner und gelten als die technisch und kämpferisch stärksten Fußballer im Team. Dabei hätte das Land Mustapha El Hadji vor vier Jahren fast an Frankreich verloren. Der Abwehrspieler des portugiesischen Erstligisten Sporting Lissabon wurde in das französische U-21-Team berufen und quälte sich lange mit der Frage, für welche Mannschaft er denn nun spielen sollte. Letztendlich lagen ihm die Atlas-Löwen doch näher am Herzen, und auch später hat er diese Entscheidung nie bereut. Schließlich plant El Hadji mit Marokko bei der Weltmeisterschaft in Frankreich den ganz großen Coup.

»Die Chancen sind sehr gut«, sagt auch Abderrahim Ouakili vom deutschen Bundesligisten TSV 1860 München. Schließlich hat das Team schon einmal WM-Geschichte geschrieben. Als erstes afrikanisches Land zog es 1986 ins Achtelfinale ein und zwang den späteren Vize-Weltmeister Deutschland fast in die Verlängerung. Erst ein Freistoßtor von Lothar Matthäus beendete in letzter Minute den Höhenflug der Nordafrikaner.

Unser Tip: Das international unerfahrene Team wird es den Gruppengegnern zwar schwer machen, für das Achtelfinale reicht es aber nicht.

Henri Michel

Der 47jährige Franzose übernahm die marokkanische Nationalmannschaft nach dem enttäuschenden Vorrunden-Aus bei der Weltmeisterschaft in den USA. Er verjüngte das Team und führte es sicher durch die Qualifikation. Auch in Frankreich ist Henri Michel bestens bekannt. Bereits 1978 spielte er an der Seite von Michel Platini für die »Equipe tricolore«, bevor er mit dem französischen Team 1986 als Trainer den dritten Platz bei der WM in Mexiko belegte.

DAS VORLÄUFIGE AUFGEBOT

	Name	Verein	Alter*	Länderspiele*
TOR	Abdelkader BRAZI	FAR	33	48
	Abdelatif IRAQUI	Mohammedia	29	9
	Driss BENZEKRI	Settat	24	3
ABWEHR	Abdelkrim HADRIOUI	Benfica Lissabon	25	49
	Nourredine NAYBET	Deportivo La Coruña	27	84
	Abdelilah SABER	Sporting Lissabon	22	19
	Youssef ROSSI	Stade Rennes	24	11
	Lahcene ABRAMI	Widad	28	36
	Smahi TRIKI	Lausanne Sports	29	15
MITTELFELD	Mustapha EL HADJI	Sporting Lissabon	24	35
	Rachid AZZOUZI	Greuther Fürth	25	28
	Tahar LAKREJ	Benfica Lissabon	29	51
	Larbi HABABI	ES Sahel	25	46
	Youssef CHIPPO	Porto	24	11
	Mustapha KHALIF	Raja	33	15
	Abderrahim OUAKILI	TSV 1860 München	26	2
STURM	Ahmed BEHJA	Hilal	27	15
	Khalid RAGHIB	Settat	29	27
	Salahedine BASSIR	Deportivo La Coruña	25	21
	Youssef FERTOUT	Belenenses Lissabon	27	33
	Adelajalil HADDA	Club Africain Tunis	25	7
	Jamel SALLAMI	Raja	27	15

*Stichtag 29. November 1997

Die Rückkehr des Catenaccio

Es gibt Tage, an denen sich die Geschichte zu wiederholen scheint. Und für die italienischen Fußballfans war der 15. November 1997 so ein Tag. Wieder einmal zitterten die leidenschaftlichen Tifosi an diesem regnerischen Herbstabend in einem entscheidenden Spiel gegen Rußland mit ihrem Team. Und wieder einmal schien sich die römische Glücksgöttin Fortuna nach Neapel verlaufen zu haben, ins Stadion San Paolo. Ganz so wie vor knapp 30 Jahren, als die Italiener hier ihr Europameisterschafts-Halbfinale gegen die damalige Sowjetunion nach 120 torlosen Minuten in der Schiedsrichterkabine gewannen: durch einen Münzwurf.

Diesmal beschränkten sich die Zufälle allerdings auf den Spielplatz. Das einzige Feuerwerk des Abends brannten die über 70.000 Zuschauer ab. Und als die »Squadra Azzura« nach einem Treffer von Pierluigi Casiraghi und einem 1:1 im Hinspiel doch noch die Fahrkarte nach Frankreich gelöst hatte, fiel der Jubel verhalten aus. Zu vorsichtig und einfallslos war der dreimalige Weltmeister aufgetreten – nicht nur in diesem entscheidenden Relegationsspiel, sondern während der gesamten WM-Qualifikation. Nationaltrainer Maldini sah sich keine 24 Stunden später genötigt, öffentlich Besserung zu geloben.

Presse zwingt Maldini in die Offensive

Cesare Maldini – dieser Name steht vor allem für Italiens Rückkehr zum Catenaccio. Zu jenem traditionellen Defensivsystem mit fünf Abwehrspielern, das den Großklubs aus Mailand und Turin bereits in den 50er Jahren geholfen hatte, ihre nationale Vormachtstellung zu verteidigen.

Ein Jahr unter dem Sicherheitsfanatiker alter Schule warf das Spiel der Nationalelf weit zurück. Und erst der Druck von drei täglich erscheinenden Sportzeitungen, die zeitweilig gar einen Berater für den 65 Jahre alten Nationaltrainer gefordert hatten, veranlaßte Maldini nach geglückter WM-Qualifikation zum Rückgriff auf einen zusätzlichen Offensivspieler. Der umstrittene Nationaltrainer erwog nun öffentlich eine Umstellung von einer 5-3-2- auf eine 4-4-2-Formation. Ein Spielsystem, das ihm kurz zuvor in Neapel noch als russisches Roulette erschienen war. Denn mit der Offensive hat der risikoscheue Maldini seit jeher seine Probleme. Bezeichnenderweise scheiterte er in der WM-Qualifikation daran, aus einer Handvoll amtierender Torschützenkönige, Spieler des Jahres und weiterer internationaler Topstars ein erfolgreiches Sturm-Duo zu formen. Ohne ausreichende Unterstützung aus dem Mittelfeld blieb die Torausbeute seiner Angreifer gering. Selbst dem Torschützenkönig aus der englischen Premier League, Fabrizio Ravanelli, gelangen als bestem Stürmer lediglich drei Treffer.

Neun Tore in acht Gruppenspielen der WM-Qualifikation bedeuteten für die »Squadra Azzura« am Ende nur Platz zwei hinter England. Nach einem 1:0-Sieg im Londoner Wembley-Stadion verspielten die Italiener ihre Spitzenposition durch zwei torlose Unentschieden in Polen und in Georgien. Und auch im entscheidenden Rückspiel gegen die Engländer brachten die harmlosen Stürmer allenfalls ihren eigenen Trainer in Bedrängnis. Das 0:0 von Rom veranlaßte die wortgewaltige italienische Sportpresse, sich bereits leise vom WM-Traum und dem bis dato glücklosen Cesare Maldini zu verabschieden. Ungeschlagen und mit lediglich einem Gegentreffer mußten die Italiener schließlich den Umweg über Rußland nehmen, um doch noch nach Frankreich zu gelangen. Maldinis Sicherheitsfußball war zum finanziellen Risiko geraten.

Nationalelf bewegt Millionen

Das erste Scheitern in der WM-Qualifikation seit 1958 hätte dem italienischen Fußball außer einem enormen Ansehensverlust auch gewaltige Einnahmeeinbußen beschert. Wieder einmal hätte am Jahresende Geld in den Bilanzen gefehlt: Ausbleibende Sponsoren, schleppender Fanartikelverkauf und geringere Fernsehhonorare hätten sich nach Schätzungen von Beobachtern auf umgerechnet über 400 Millionen Mark summiert. Ein weiterer Schlag für die Nationalmannschaft und die ohnehin leicht kriselnden Vereinsmannschaften, den die völlig fußballverrückten Tifosi nach den Erdbeben in Mittelitalien vermutlich

- **Fläche: 301.268 km²**
- **Einwohnerzahl: 57,2 Mio.**
- **Einwohner/km²: 190**
- **Hauptstadt: Rom**
- **Weitere wichtige Städte: Mailand, Neapel, Turin**
- **Staatsform: Parlamentarische Republik**
- **Regierungschef: Romano Prodi**
- **Staatsoberhaupt: Oscar Luigi Scálfaro**

zu einer zweiten nationalen Katastrophe innerhalb kürzester Zeit hochstilisiert hätten. In der Saison 1996/97 kam erstmals seit acht Jahren keiner der drei Europapokalsieger aus der italienischen Seria A, die sich selbst so gerne als beste Liga der Welt preist. Die verwöhnten Fans strömen längst nicht mehr so zahlreich in die Stadien wie noch zu Zeiten eines Maradona, Matthäus oder Van Basten zu Beginn der 90er Jahre. Die wirtschaftliche Krise des Landes macht inzwischen selbst vor der Italiener teuerstem Gut, dem Fußball, keinen Halt mehr. Wegen Streitigkeiten um die Höhe der Stadionmiete und die Verteilung von Werbeeinnahmen verlegte der Traditionsklub Juventus Turin vor zwei Jahren erstmals Europapokalspiele in die Fußball-Provinz, nach Novara und Bologna. Erstmals erlagen die Wirtschaftsbosse an der Spitze der italienischen Großklubs im Gehaltspoker mit ihren Topstars dem Werben der finanzkräftigen Börsenvereine aus der englischen Premier League. Zum Aufgebot der Nationalmannschaft zählt neuerdings gleich eine ganze Handvoll Legionäre.

Maldini will mit altem System zu neuen Erfolgen

Personell hat Maldini nur wenig geändert gegenüber der enttäuschenden Europameisterschaft vor zwei Jahren, bei der Italien unter seinem Vorgänger Sacchi bereits in der Vorrunde ausschied. Bis

Der 29jährige Paolo Maldini ist der mit Abstand erfahrenste Spieler der »Squadra Azzura«. Er ist ihr Kapitän und zugleich der verlängerte Arm des Trainers auf dem Spielfeld. Kein Wunder, ist Italiens Nationalcoach Cesare Maldini doch der Vater des Linksverteidigers des AC Mailand, der bei der Wahl zum Weltfußballer des Jahres 1996 den siebten Platz belegte. Schon häufig sollte Paolo Maldini in der Nationalelf die Nachfolge des legendären Franco Baresi als Abwehrchef übernehmen. Immer wieder kehrte er aber auf seine angestammte Position auf der linken Defensivseite zurück, wo er seine enorme Schnelligkeit besser ausspielen kann. Als weitere Stärken des 29jährigen gelten seine Kopfballstärke, seine Beidfüßigkeit und seine technische Beschlagenheit. Mit 85 Länderspielen nahm Maldini nach dem Ende der WM-Qualifikation den dritten Platz in der Rangliste der italienischen Rekordnationalspieler ein – hinter Fußball-Legenden wie Dino Zoff und Giacinto Facchetti.

zum Ende der WM-Qualifikation scheute der vorsichtige Nationaltrainer jedes Experiment. Weder erinnerte sich der frühere U 21-Coach an einen seiner erfolgreichen Nachwuchsspieler noch gab er den von Sacchi aussortierten Weltstars Gianluca Vialli und Roberto Baggio eine echte Chance, sich zu beweisen. Cesare Maldinis Leistungsträger kommen aus der Defensive: Es sind die Verteidiger Costacurta und Paolo Maldini sowie der zurückgezogene Mittelfeldspieler Dino Baggio, ergänzt um Spielmacher Demetrio Albertini und Supertechniker Gianfranco Zola. Der 65jährige Coach zwang die »Squadra Azzura« zur Rückbesinnung – von Sacchis modernem und offensivem Pressingsystem zu den traditionellen Werten des italienischen Fußballs, zu Defensive und Ergebnisorientierung. Eine wenig attraktive Taktik, über die die leidenschaftlichen Tifosi bei der WM wohl nur dann wieder einmal geflissentlich hinwegsehen werden, wenn sie ihre Mannschaft mittels Erfolg zu begeistern versteht.
Die Hoffnungen der italienischen Fußballanhänger beruhen momentan vor allem auf dem bisherigen Abschneiden ihrer Mannschaft bei Weltmeisterschaften. Ist die »Squadra Azzura« doch das erfolgreichste WM-Team nach Abschluß der Vorrundenspiele: Wenn der dreimalige Weltmeister die erste Runde erst einmal überstanden hatte, erreichte er, abgesehen von 1986, jeweils mindestens das Halbfinale. Die Statistik weist für die Italiener bei 13 Weltmeisterschaften insgesamt sieben Halbfinal- und fünf Finalteilnahmen aus. Zuletzt belegte die »Squadra Azzura« im eigenen Land den dritten und in den USA den zweiten Platz.
Und so erwarten die gleichermaßen fußballverrückten wie abergläubischen Tifosi diesmal wie selbstverständlich von ihrem Team den Titelgewinn. Und wer weiß, vielleicht ist der Finaltag von Saint-Denis ja wieder einmal so ein Tag, an dem sich die Geschichte zu wiederholen scheint. Den vorerst letzten Titel nach 1934 und 1938 gewannen die Italiener jedenfalls 1982 – mit einem Co-Trainer namens Cesare Maldini.

UNSER TIP: Dem Tor der erfahrenen Italiener droht in dieser Gruppe keine allzu große Gefahr, das Achtelfinale scheint gesichert.

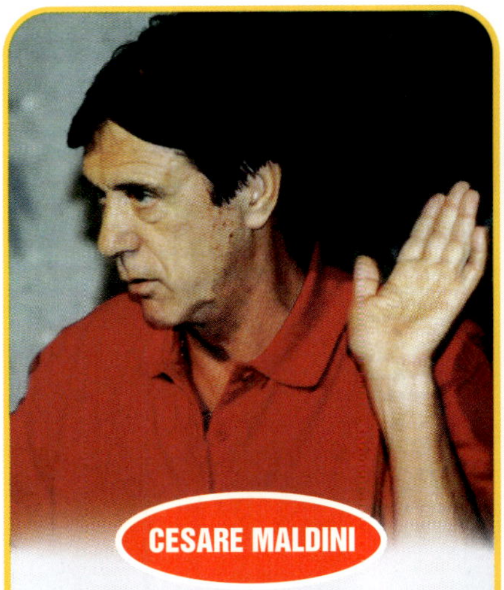

CESARE MALDINI

Der 65jährige Sicherheitsfanatiker hat die Nationalmannschaft seit seiner Amtsübernahme Ende 1996 wieder ganz auf ergebnisorientierten Fußball eingestellt. Sein Lehrmeister war Enzo Bearzot, an dessen Seite er 1982 die Weltmeisterschaft gewann.
Als Cheftrainer führte Maldini die U 21-Nationalmannschaft 1992, 1994 und 1996 jeweils zum Europameistertitel. Seine Spielerkarriere krönte der 14malige Nationalspieler 1963 als Libero des AC Mailand mit dem ersten italienischen Europapokalsieg im Landesmeistercup.

DAS VORLÄUFIGE AUFGEBOT

	Name	Verein	Alter*	Länderspiele*
TOR	Angelo PERUZZI	Juventus Turin	27	20
	Gianluca PAGLIUCA	Inter Mailand	30	33
	Gianluigi BUFFON	AC Parma	19	1
ABWEHR	Fabio CANNAVARO	AC Parma	24	11
	Alessandro COSTACURTA	AC Mailand	31	51
	Paolo MALDINI	AC Mailand	29	85
	Alessandro NESTA	Lazio Rom	21	9
	Ciro FERRARA	Juventus Turin	30	43
	Antonio BENARRIVO	AC Parma	29	23
MITTELFELD	Dino BAGGIO	AC Parma	26	44
	Roberto DI MATTEO	FC Chelsea	27	29
	Diego FUSER	Lazio Rom	29	14
	Demetrio ALBERTINI	AC Mailand	26	49
	Antonio CONTE	Juventus Turin	28	8
	Angelo DI LIVIO	Juventus Turin	31	31
	Alessandro DEL PIERO	Juventus Turin	23	17
STURM	Gianfranco ZOLA	FC Chelsea	31	35
	Fabrizio RAVANELLI	Olympique Marseille	28	19
	Christian VIERI	Atletico Madrid	24	7
	Pierluigi CASIRAGHI	Lazio Rom	28	43
	Enrico CHIESA	AC Parma	26	6
	Filippo INZAGHI	Juventus Turin	24	3

*Stichtag 16. November 1997

Die Rückkehr der Skifahrernation

Lange haben Österreichs Nationalspieler auf diesen Zeitpunkt warten müssen. Wo auch immer in den vergangenen Jahren Fußball-Großereignisse anstanden, das Alpenteam kam über die ungeliebte Zuschauerrolle einfach nicht mehr hinaus. Die einst so selbstbewußten Spieler verpaßten nicht nur die Fußballweltmeisterschaft in den USA, sondern verspielten anschließend auch die Teilnahme an der Europameisterschaft in England. Frust und Verbitterung herrschte in den Städten und Dörfern der Alpenrepublik, in der in jüngster Vergangenheit sogar auf die Erfolge der Skifahrer kein Verlaß mehr zu sein schien.

Erst im November 1997 gelang den Fußballern die langersehnte Wiedergutmachung. Mit einem eindrucksvollen 4:0-Sieg im letzten Qualifikationsspiel über Weißrußland meldete sich Österreich auf der Weltbühne des Fußballs zurück.

Legionäre schießen Österreich zur WM

Spieler und Fans lagen sich freudetrunken in den Armen, ein ganzes Land feierte das Comeback der Nationalmannschaft. Vergessen waren die bitteren Niederlagen der Vergangenheit, vergessen auch die krampfhafte Suche nach einem neuen Erfolgsrezept. »Es herrscht eine sensationelle Stimmung«, sagt Wolfgang Feiersinger vom deutschen Bundesligisten Borussia Dortmund euphorisch, »wir Spieler freuen uns auf jedes Zusammentreffen der Nationalmannschaft.«

Coach Herbert Prohaska genoß den großen Triumph dagegen eher im stillen. Zweimal war er in seiner Trainerlaufbahn auf dem Weg zu einem Fußball-Großereignis gescheitert, jetzt lehnte er sich erst einmal zurück und atmete tief durch. Im dritten Anlauf hatte der ehrgeizige Nationalcoach endlich eines seiner hochgesteckten Ziele erreicht und gleichzeitig auch seinen Arbeitsplatz gesichert.

Dabei ist der 42jährige Prohaska wohl vor allem seinen Deutschland-Legionären zu Dank verpflichtet. Andreas Herzog vom Bundesligisten Werder Bremen kämpfte sich trotz einer schweren Fußverletzung bravourös durch die Qualifikation und zögerte eine notwendige Zehenoperation so lange hinaus, bis Österreich das WM-Ticket für Frankreich sicher in der Tasche hatte. Und die Aufopferung lohnte sich: Der Bremer Spielmacher besiegte die favorisierten Schweden fast im Alleingang und schoß im Hin- und Rückspiel jeweils das Siegtor.

Auch auf Toni Polster vom 1. FC Köln kann Trainer Prohaska mächtig stolz sein. Dem Publikumsliebling gelang mit seinen drei Toren in Estland nicht nur ein Hattrick, sondern er erzielte darüber hinaus auch vier weitere der 17 Qualifikationstreffer. Bei seinen Fans gilt Polster längst als der beste österreichische Fußballer aller Zeiten. »Toni Doppelpack«, nennen sie ihn in Köln ehrfurchtsvoll, denn wenn der Stürmer trifft, dann meistens mehrfach. Seine wichtigen Tore und eindrucksvollen Auftritte führten jüngst sogar soweit, daß die Alpenrepublik mit einer langen Tradition brach: Nach dem legendären Gerhard Hanappi wurde mit Toni Polster erstmals nach 42 Jahren wieder ein Fußballer zu Österreichs Sportler des Jahres gewählt. Nur noch drei Einsätze fehlten dem Kapitän der Nationalelf zum Ende des vergangenen Jahres, um auch in der Länderspielstatistik mit Hanappi gleichzuziehen, der mit 93 Einsätzen immer noch der Rekordnationalspieler der Alpenrepublik ist.

- **Fläche: 83.853 km²**
- **Einwohnerzahl: 8,0 Mio.**
- **Einwohner/km²: 96**
- **Hauptstadt: Wien**
- **Weitere wichtige Städte: Salzburg, Innsbruck, Linz**
- **Staatsform: Parlamentarische Demokratische Republik**
- **Regierungschef: Viktor Klima**
- **Staatsoberhaupt: Thomas Klestil**

Für Trainer Herbert Prohaska kommt der Aufschwung seines Teams nicht von Ungefähr: »Unsere Leistungsträger spielen in den besten Ligen der Welt und sammeln seit Jahren internationale Erfahrung.« Außer seinen sieben Deutschland-Legionären gehören dazu vor allem Torhüter Michael Konsel und Abwehrspieler Michael Hatz von den italienischen Erstliga-Klubs AS Rom und US Lecce sowie Dietmar Kühbauer vom spanischen Verein Real Sociedad San Sebastian. »Sie haben das Niveau unseres Teams eindeutig verbessert«, ist sich Prohaska sicher.

Der Traum vom zweiten Cordoba

Dennoch hat es ganze acht Jahre gedauert, bis Österreich wieder einmal die Qualifikation für eine WM-Endrunde überstand. Voller Elan reisen die Spieler daher nach Frankreich und rufen sich nur allzu gern die großen Erfolge der Vergangenheit ins Gedächtnis zurück. Die größten sportlichen Erfolge feierte Österreich bei den Weltmeisterschaften 1954 mit Platz drei und 1934 mit Platz vier. Den größten emotionalen Erfolg erlebte das Land degegen vor genau 20 Jahren, während der Weltmeisterschaft in Argentinien. Auch damals führte Herbert Prohaska schon Regie, als Spielmacher des Nationalteams. Vom »Wunder von Cordoba« schrieben die Zeitungen und feierten den unerwarteten 3:2-Sieg gegen den amtierenden Weltmeister Deutschland. Unvergessen ist jedoch auch der sogenannte »Nichtangriffspakt« bei der WM 1982 in Spanien. 0:1 verloren die Österreicher damals gegen Deutschland, beide Mannschaften hatten sich jedoch nach dem Treffer in der zehnten Minute nicht mehr ernsthaft um Ergebniskorrektur bemüht. Sie erreichten damit zwar ihr Wunschergebnis, verspielten aber viele Sympathien. Österreich und Deutschland zogen in die nächste Runde ein, Algerien mußte die Heimreise antreten.

Weniger erfolgreich gestaltete sich dagegen der Auftritt bei der Weltmeisterschaft in Italien. Nach Niederlagen gegen den Gastgeber und die damalige Tschechoslowakei schied die Mannschaft bereits nach der Vorrunde aus und verschwand für acht Jahre von der Weltbühne des Fußballs.

Das schwere Erbe des Ernst Happel

Auch Trainer Herbert Prohaska konnte den Abwärtstrend lange Zeit nicht stoppen. Der 83fache Nationalspieler übernahm im Dezember 1992 das Traineramt bei der österreichischen Nationalmannschaft und damit die Nachfolge des einige Wochen zuvor verstorbenen Ernst Happel. Es war ein schweres Erbe, genoß sein Vorgänger doch einen hervorragenden Ruf.

Dennoch wurde Prohaska zum neuen Hoffnungsträger, brauchte jedoch einige Zeit, um sich aus dem Schatten seines ruhmreichen Vorgängers zu lösen. Verbandspräsident Beppo Mauhart hatte jedoch nie Zweifel an dem einstigen Spielmacher. »Wenn wir mit ihm Geduld haben«, sagt Mauhart, »kann er ein Großer wie Beckenbauer werden.«

Schließlich hat »Schneckerl«, wie Prohaska wegen seiner gekringelten Haare liebevoll genannt wird, schon auf dem Spielfeld überzeugend Regie geführt.

Der Coach selbst betrachtet sein Engagement für die Nationalelf dagegen nur als Sprungbrett für eine Trainerkarriere bei einem internationalen Spitzenverein. »Wenn mir eine Sensation gelingt, bin ich auch im Ausland im Gespräch und kann mir sicherlich einen Klub aussuchen.«

Teamgeist ist die Basis für den Erfolg

Der ehrgeizige Coach ist bei seinen Spielern sehr beliebt, wird respektiert und geschätzt. In mühseliger Kleinarbeit hat er es geschafft, die richtige Mischung aus Defensive und Offensive zu finden, und das frustrierte Team zu alter Stärke zurückgeführt. Wolfgang Feiersinger ist der Abwehrorganisator in seinem 3-5-2-System. Der 32jährige entwickelte sich bei Borussia Dortmund in kürzester Zeit vom Ersatz- zum Stammspieler von internationalem Format. Nicht umsonst hat der Champions-League-Sieger von 1997 den Österreicher für weitere zwei Jahre ver-

Der Stürmerstar Anton »Toni« Polster ist das Aushängeschild des österreichischen Fußballs. Der Weltenbummler begann seine Karriere 1982 bei Austria Wien und wurde mit diesem Verein insgesamt dreimal Meister und Torschützenkönig. Nach einem erfolglosen Jahr 1987 beim AC Turin wechselte Toni Polster zum FC Sevilla. Mittlerweile spielt der 33jährige Stürmer beim deutschen Bundesligisten 1. FC Köln, wo er schnell zum Publikumsliebling wurde. Der Kapitän der österreichischen Nationalmannschaft gewann 1996 und 1997 in seiner Heimat die Wahl zum Fußballer des Jahres. In Frankreich nimmt Toni Polster nach 1990 an seiner zweiten WM-Endrunde teil.

pflichtet. Die Mittelfeldspieler Heimo Pfeifenberger von Werder Bremen und Dietmar Kühbauer vom spanischen Klub San Sebastian halten Andreas Herzog den Rücken frei und geben dem Spielmacher alle Freiheiten nach vorne. Im Angriff ist neben Toni Polster der Stürmer Ivica Vastic vom österreichischen Klub Sturm Graz gesetzt. Der 28jährige schoß beim 2:0-Sieg im Qualifikationsspiel gegen Estland den so wichtigen Führungstreffer und damit zugleich sein erstes Tor im vierten Länderspiel. »Es herrscht eine wunderbare Kameradschaft im Team«, sagt der gebürtige Kroate, der sich inzwischen ganz mit der Mannschaft Österreichs identifiziert. Kein Wunder, befindet sich der Fußball in der Alpenrepublik doch mittlerweile eindeutig im Aufwind. Die Spieler sind im Ausland wieder gefragt, selbst die heimischen Vereine haben zuletzt in den europäischen Pokalwettbewerben durch Achtungserfolge beeindruckt. Austria Casino Salzburg scheiterte 1994 erst in den UEFA-Cup-Finalspielen an Inter Mailand jeweils denkbar knapp mit 0:1, und auch Rapid Wien zog 1996 immerhin bis ins Europapokalfinale der Pokalsieger ein. Trotzdem kämpfen die zehn Erstligisten in der Skifahrernation weiterhin um Anerkennung. Erst die Erfolge der Nationalmannschaft haben in der Liga einen Zuschauerboom entfacht. Bis zur Saisonmitte 97/98 sind die Besucherzahlen um über 50 Prozent von 4400 auf 6800 Zuschauer pro Spiel gestiegen. Selbst Coach Herbert Prohaska zeigt sich davon tief beeindruckt: »Der Einfluß der Nationalelf ist einfach großartig. Vielleicht werden die Fußball-Großereignisse in Österreich in Zukunft auch einmal so frenetisch gefeiert wie die Welt- und Olympiasiege der Skilegenden Annemarie Moser-Pröll und Franz Klammer in der Vergangenheit.«

Unser Tip: Die Vertreter der Skifahrernation werden in Frankreich nicht stürzen und sich für das Achtelfinale qualifizieren.

Herbert Prohaska

Der 42jährige Nationalcoach hat es doch noch geschafft, Österreich zurück ins Rampenlicht des internationalen Fußballs zu führen. 1992 übernahm er das Traineramt von Ernst Happel, verpaßte jedoch die WM in den USA sowie die EM in England. Seine Spielerkarriere begann Prohaska 1972 bei Austria Wien, wohin er nach erfolgreichen Gastspielen in Italien auch wieder zurückkehrte. Siebenmal gewann er mit Wien den Meistertitel, bevor er seine aktive Laufbahn 1989 beendete.

DAS VORLÄUFIGE AUFGEBOT

	Name	Verein	Alter*	Länderspiele*
TOR	Michael KONSEL	AS Rom	35	36
	Franz WOHLFAHRT	VfB Stuttgart	33	34
	Wolfgang KNALLER	Austria Wien	36	4
ABWEHR	Wolfgang FEIERSINGER	Borussia Dortmund	32	35
	Michael HATZ	US Lecce	27	2
	Martin HIDEN	Rapid Wien	24	0
	Walter KOGLER	Austria Salzburg	29	21
	Anton PFEFFER	Austria Wien	32	51
	Peter SCHÖTTEL	Rapid Wien	30	48
MITTELFELD	Andreas HERAF	Rapid Wien	30	10
	Andreas HERZOG	Werder Bremen	29	64
	Markus SCHOPP	Hamburger SV	23	14
	Dietmar KÜHBAUER	Real Sociedad San Sebastian	26	23
	Roman MÄHLICH	Sturm Graz	26	6
	Peter STÖGER	LASK Linz	31	56
	Arnold WETL	Rapid Wien	33	11
STURM	Harald CERNY	1860 München	24	20
	Heimo PFEIFENBERGER	Werder Bremen	30	34
	Dieter RAMUSCH	Grazer AK	28	10
	Ivica VASTIC	Sturm Graz	28	9
	Anton POLSTER	1. FC Köln	33	89
	Herfried SABITZER	Grazer AK	28	6

*Stichtag 10. Dezember 1997

Das stürmische Ende einer langen Depression

Lange hat es gedauert. Zu lange – nach dem Geschmack vieler Fans. Nach drei verpaßten Weltmeisterschaften in Folge machten sich unter den chilenischen Fußballanhängern bereits erste Anzeichen einer tiefen Depression breit. Zu übermächtig schien die Konkurrenz in Südamerika, aus Argentinien, Kolumbien und natürlich Brasilien.
Im vergangenen Jahr nun feierte ganz Chile endlich die Rückkehr auf die Weltbühne des Fußballs – und zugleich zwei neue Volkshelden: Ivan Zamorano und Marcelo Salas. Die beiden Stürmer schossen die Nationalmannschaft beinahe im Alleingang zu ihrer siebten WM und lösten damit im Lande eine Welle der Begeisterung aus. »Für uns ist ein Traum in Erfüllung gegangen«, freute sich Zamorano, »das war sehr wichtig für unsere Nation und den Fußball im Land.« Er selbst steuerte zu diesem Erfolg im Verlaufe der WM-Qualifikation zwölf Treffer bei, Marcelo Salas brachte es immerhin noch auf die beeindruckende Zahl von elf Toren. Die Reaktion der Medien und der Fans ließ nicht lange auf sich warten. Sie jubelten die genialen Torjäger umgehend zum besten Sturmduo Südamerikas hoch. Dabei mußte die Mannschaft bis zum Schluß um die WM-Teilnahme bangen. Doch am Ende konnte sich Chile auch gegen den härtesten Konkurrenten aus Peru durchsetzen und sicherte sich den vierten und damit zugleich letzten WM-Startplatz in der Südamerika-Gruppe.
Der große WM-Erfolg blieb den Chilenen in der Vergangenheit jedoch meist verwehrt. Lediglich 1962 erreichten sie bei der WM im eigenen Land den dritten Platz.
Um so überraschender, daß der Fußball im Land trotz der langen internationalen Abwesenheit vergleichsweise gut organisiert ist. Neben Universidad Catolica spielt vor allem die Vereinsmannschaft Colo-Colo eine wichtige Rolle und gewann 1991 die Copa Libertadores, den südamerikanischen Landesmeister-Cup.

- **Fläche: 756.626 km²**
- **Einwohnerzahl: 14,5 Mio.**
- **Einwohner/km²: 19**
- **Hauptstadt: Santiago de Chile**
- **Weitere wichtige Städte: Concepcion, Valparaiso, Punta Arenas**
- **Staatsform: Präsidiale Republik**
- **Regierungschef: Eduardo Frei Ruiz-Tagle**
- **Staatsoberhaupt: Eduardo Frei Ruiz-Tagle**

Der 31jährige Ivan Zamorano ist der populärste Fußballer Chiles, und das bereits seit Jahren. Mit zwölf Treffern in zehn Spielen hatte er maßgeblichen Anteil an der WM-Qualifikation seines Teams. Kein Angriffsduo war in den Ausscheidungsspielen so torgefährlich wie Zamorano und sein Sturmpartner Marcelo Salas, der immerhin elf Tore schoß. Als Stärken des 31jährigen Stürmers von Inter Mailand gelten sein ausgezeichnetes Kopfballspiel und seine Schnelligkeit. Seine internationale Bekanntheit verdankt Zamorano nicht zuletzt seiner Treffsicherheit in der Saison 1994/95, als er seinen damaligen Arbeitgeber Real Madrid zur spanischen Meisterschaft und sich selbst mit 30 Treffern zum Torschützenkönig der »Primera Division« schoß.

DAS VORLÄUFIGE AUFGEBOT

	Name	Verein	Alter*	Länderspiele*
TOR	Nelson TAPIA	Universidad Catolica	31	24
	Marcelo RAMIREZ	Colo Colo	32	10
	Nelson COSSIO	Audax Italiano	32	4
ABWEHR	Pedro REYES	Colo Colo	25	12
	Javier MARGAS	Universidad Catolica	28	42
	Cristian CASTANEDA	Universidad de Chile	29	17
	Ronald FUENTES	Universidad de Chile	28	26
	Ricardo ROJAS	Universidad de Chile	23	7
	Miguel RAMIREZ	Universidad Catolica	27	33
MITTELFELD	Marcelo VEGA	Bolton Wanderers	26	21
	Esteban VALENCIA	Universidad de Chile	25	25
	Clarence ACUNA	Universidad de Chile	22	14
	Luis MUSRI	Universidad de Chile	27	22
	Jose Luis SIERRA	Colo Colo	28	21
	Fernando CORNEJO	Cobreloa	28	14
	Nelson PARRAGUEZ	Universidad Catolica	26	18
STURM	Ivan ZAMORANO	Inter Mailand	31	37
	Marcelo SALAS	River Plate	22	31
	Claudio NUNEZ	Leon	22	10
	Rodrigo BARRERA	Universidad de Chile	27	9
	Sebastian ROZENTHAL	Glasgow Rangers	21	20
	Rodrigo GOLDBERG	Maccabi Tel Aviv	26	10

*Stichtag 10. Dezember 1997

Und auch wenn sich einflußreiche Wirtschaftsbosse und Politiker immer noch gerne mit den Erfolgen der Klubs schmücken, hat es der Fußball in Chile geschafft, sich eigenständig zu entwickeln. Vorbei sind die Zeiten der direkten Einflußnahme, vorbei auch das düstere Kapitel der 70er Jahre, als sich die Militärdiktatur den Fußball allzu gerne als Propagandamittel zunutze machte.

Mit der Qualifikation für Frankreich ist auch die Nationalmannschaft wieder in die erste Reihe der südamerikanischen Teams vorgestoßen. Grundlage dieses Erfolges ist die neue Spielweise des Teams, die Trainer Nelson Acosta ganz gezielt auf seine beiden Stars Ivan Zamorano und Marcelo Salas zugeschnitten hat. Zwar sitzt der 31jährige Zamorano beim italienischen Erstligisten Inter Mailand häufig auf der Bank, in der Nationalmannschaft hat er jedoch zu alter Torgefährlichkeit zurückgefunden.

Der neue Star am chilenischen Fußballhimmel ist allerdings Marcelo Salas vom argentinischen Rekordmeister River Plate. Er steht mit 22 Jahren am Anfang einer großen Fußballkarriere und gilt als bestbezahlter Spieler in Argentinien. Und inzwischen sind auch die europäischen Spitzenklubs auf den Torjäger aufmerksam geworden. Englands Erstligaverein Manchester United hat bereits 50 Millionen Mark für Salas geboten.

Voller Selbstbewußtsein reist der junge Stürmer daher zur Weltmeisterschaft nach Frankreich und will mit seinem Team dort endgültig auch den Skandal um Ex-Nationaltorwart Roberto Rôchas vergessen machen. Der Schlußmann hatte 1989 gegen Brasilien eine Verletzung vogetäuscht. Er wollte so einen Spielabbruch provozieren und seinem Team doch noch die WM-Teilnahme in Italien ermöglichen. Wie sich jedoch herausstellte, wurde Rôchas nicht von einem Wurfgeschoß aus den Zuschauerreihen getroffen, sondern hatte sich die blutende Kopfwunde mit einer Rasierklinge selbst zugefügt. Rôchas wurde lebenslang gesperrt und Chile für die WM 1994 in den USA ausgeschlossen.

Unser Tip: Auch zwei torgefährliche Stürmer können den Chilenen bei ihrem Comeback nicht helfen, die Vorrunde zu überstehen.

Nelson Acosta

Der 52jährige Nationalcoach gilt als solider Arbeiter. Er führte in der Vergangenheit bereits mehrere kleine chilenische Klubs zu beachtlichen Erfolgen. Trainer des Nationalteams wurde Acosta erst während der laufenden WM-Qualifikation. Er löste den Basken Xabier Azkargorta ab. Innerhalb der Mannschaft gilt der eingebürgerte Uruguayer als Kumpeltyp, wohingegen er als Spieler vor allem für seine große Härte bekannt war.

Der lange Schatten des Roger Milla

Der Name ist noch immer klangvoll: »Unbezwingbare Löwen« heißen Kameruns Nationalspieler seit den glanzvollen 80er Jahren für ihre Anhänger – seit der ersten WM-Qualifikation 1982 und den beiden Afrika-Cup-Siegen 1984 und 1988. Heute allerdings lebt die Nationalelf längst nur noch von ihrer ruhmreichen Vergangenheit. Nichts erinnert mehr an die Leichtigkeit, mit der einst ein 38jähriger Altherrenfußballer namens Roger Milla mit der Eckfahne Lambada tanzte und Kamerun 1990 in Italien mit vier Toren ins WM-Viertelfinale führte – als erstes afrikanisches Team überhaupt.

Die Löwenbabies der späten 90er Jahre besinnen sich lieber auf die Wurzeln des Kameruner Fußballs, auf die alten Mannschaften der Baumwoll- und Kaffeeplantagen aus der französischen Kolonialzeit. Das junge Team arbeitet heute häufig Fußball – grätscht und kämpft in der Verteidigung, statt wie einst mit technischen Kunststücken zu verzaubern. Zwar gilt die Offensive als eigentliche Stärke der Mannschaft, aber nur noch selten verblüffen die »Unbezwingbaren Löwen« gegen hochkarätige Gegner mit unberechenbaren Angriffsaktionen und Improvisationskunst vor dem Tor. Improvisation ist allerdings gefragt, in einer armen Fußball-Nation, in der die einzige Konstante das permanente Chaos ist und die Verfassung des Auswahlteams oft genug über den Gemütszustand der fußballbegeisterten Bevölkerung entscheidet. Und so waren die 90er Jahre für die Anhänger der nunmehr allzu oft bezwungenen Löwen eine einzige Phase der Depression: 1994 schied Kamerun bei der WM nach Gerüchten um Prämienunterschlagung des Verbandes und angedrohten Spielerstreiks nach einem 1:6 gegen Rußland bereits in der Vorrunde aus. 1996 reiste die Mannschaft nach tage-

- Fläche: 475.442 km²
- Einwohnerzahl: 13,6 Mio.
- Einwohner/km²: 29
- Hauptstadt: Yaoundé
- Weitere wichtige Städte: Douala, Garoua, Maroua
- Staatsform: Präsidiale Republik
- Regierungschef: Peter Mafany Musonge
- Staatsoberhaupt: Paul Biya

Der 27jährige Patrick Mboma ist der neue Star der »Unbezwingbaren Löwen«. In seinen sechs WM-Qualifikationsspielen erzielte er nicht weniger als fünf Tore. Und seine beiden Treffer im abschließenden Gruppenspiel in Simbabwe sicherten Kamerun endgültig die dritte Weltmeisterschafts-Teilnahme in Folge. Der athletische Stürmer ist Torjäger und Vorbereiter zugleich, bemerkenswert ist seine hohe Risikobereitschaft. Nach weniger erfolgreichen Jahren bei Paris Saint-Germain und dem FC Metz gewann Mboma im vergangenen Jahr für seinen neuen Klub Gamba Osaka mit 24 Treffern die Torjäger-Krone der japanischen J-League. Bereits im Alter von zwei Jahren hat Kameruns neuer Volksheld den Staat im westlichen Zentralafrika verlassen. Seine Eltern wanderten nach Frankreich aus, und Mboma selbst erhielt mit 22 Jahren neben der kamerunischen auch die französische Staatsangehörigkeit. Vier Jahre später kehrte er nach Kamerun zurück, um dort für die »Unbezwingbaren Löwen« sein Nationalmannschaftsdebüt zu geben.

DAS VORLÄUFIGE AUFGEBOT

	Name	Verein	Alter*	Länderspiele*
TOR	Jacques SONGO'O	Deportiva La Coruña	33	70
	Vincent ONGANDZI	Unisport de Bafang	21	26
	Bruno NJEUKAM HAMENI	AC Le Havre	19	7
ABWEHR	Rigobert SONG	FC Metz	21	41
	Ernest ETCHI	Cotonsport Garoua	19	16
	Romarin BILLONG	AS Saint-Etienne	27	11
	Raymond KALLA KONGO	Pananaki Patras	22	36
	Tobie MIMBOE	Cerro Porteno	27	36
	Pierre WOME NLEND	AS Lucchese	18	19
MITTELFELD	Jean-Jacques ETAME	SC Bastia	31	2
	Marc-Vivien FOE	RC Lens	22	26
	Samuel IPOUA	Rapid Wien	24	1
	Solomon OLEMBE	FC Nantes	16	2
	Geremie NDJITAP	Genglerbirligi	18	21
	Didier NGUIJOL	OGC Nizza	23	5
	Cyrille MANGAN	Skoda Xanthi	21	17
STURM	Patrick MBOMA	Gamba Osaka	27	12
	Alphonse TCHAMI	Hertha BSC Berlin	26	36
	Joseph-Desire JOB	Olympique Lyon	19	1
	Bernard TCHOUTANG	FC Elche	21	20
	Jean-Jacques MISSE-MISSE	Sporting Lissabon	33	38
	Joseph-Marie TCHANGO	Tecos	18	20

*Stichtag 2. Dezember 1997

langem Streit über Erfolgsprämien erst wenige Stunden vor ihrem Auftaktmatch zum Afrika-Cup, verlor prompt mit 0:3 gegen Südafrika und mußte bereits nach der ersten Runde die Heimreise antreten, ganz ohne Erfolg und ohne Prämien. Und im vergangenen Jahr schließlich trat der belgische Nationalcoach Henri Depireux mitten in der WM-Qualifikation überraschend zurück, und wieder einmal waren ausbleibende Gehaltszahlungen der Grund.

Wer weiß, ob Kamerun die vierte WM-Teilnahme überhaupt geschafft hätte, wenn es nicht dank seiner früheren Erfolge in einer leichten Qualifikationsgruppe angetreten wäre. Die Mannschaft des neuen Trainers Jean Manga Onguene verwies den härtesten Konkurrenten aus Angola jedenfalls erst in der letzten Partie auf Platz zwei.
Auf dem Weg zu Kameruns dritter Weltmeisterschafts-Teilnahme in Folge testeten die stets unzufriedenen Löwen-Bändiger im vergangenen Jahr weit über 40 Spieler, verstreut über Klubs in vier Kontinenten. Das Ergebnis ist ein WM-Kader, mit dem der frühere Jugendtrainer Jean Manga Onguene den Neuaufbau von Kameruns Nationalmannschaft weiter vorantreiben will. Die neue Löwen-Generation hat ein Durchschnittsalter von nur 23 Jahren, gilt aber als wesentlich disziplinierter und weniger eigenbrötlerisch als die ausgemusterten Altstars. Geblieben ist von der vergangenen Weltmeisterschaft lediglich das taktische 4-4-2-System.

Die neuen Leistungsträger in Kameruns Nationalelf sind Torjäger Mboma, Sturmtalent Tchoutang, Spielmacher Foe sowie Torwart-Veteran und Kapitän Songo'o, der bereits seit 15 Jahren zum erweiterten Aufgebot der Nationalmannschaft zählt. Und vielleicht taucht im Umfeld der »Unbezwingbaren Löwen« ja auch wieder der inzwischen 46jährige Volksheld Roger Milla auf, den Staatspräsident Paul Biya bereits 1994 überraschend zur WM in die USA beorderte. Diesmal zumindest erschiene eine solche Dienstreise naheliegend, ist Milla inzwischen doch Talentsucher in Diensten des SC Montpellier.

UNSER TIP: Eine Blamage bleibt dem jungen Team diesmal erspart, Kampfgeist allein wird für das Achtelfinale aber schwerlich reichen.

JEAN MANGA ONGUENE

Der 50jährige Nationaltrainer ist der Mann, der die »Unbezwingbaren Löwen« im letzten Qualifikationsspiel endgültig zur WM führte – und dennoch nicht unumstritten. Kameruns Fußballverband sähe anstelle des früheren Jugendnationaltrainers gerne einen international erfahrenen Coach. Dabei hat Manga Onguene 1990 als Assistent des Russen Valeri Nepomniachi bereits WM-Erfahrung gesammelt, auch wenn Afrikas Fußballer des Jahres 1980 vor acht Jahren in Italien vor allem als Dolmetscher diente.

»L'Equipe tricolore« unter hohem Erwartungsdruck

Wenn sich Michel Platini, der Vorsitzende des französischen WM-Organisationskomitees, über die »Equipe tricolore« äußert, hören ihm die Franzosen aufmerksam zu. Mehr als einmal hat der Ausnahmefußballer vor der Mannschaft und der Nation betont, daß es für den französischen Fußball unheimlich wichtig sei, bei der »Mondial 98« eine überzeugende Leistung zu bieten.

Michel Platini gewann zwar als Kapitän 1984 den Europameistertitel und bildete mit Alain Giresse, Jean Tigana und Luis Fernandez das magische Viereck; doch war es ihm nie vergönnt, auch bei einer WM den ganz großen Erfolg zu feiern. 1982 und 1986 scheiterte Frankreich jeweils im Halbfinale an Deutschland, nur das »kleine Finale« gewann das Team bereits zwei Mal, 1958 mit 6:3 gegen Deutschland und 1986 mit 4:2 gegen Belgien. Für die WM-Turniere 1950, 1962, 1970, 1974 und 1990 konnten sich die Franzosen erst gar nicht qualifizieren.

Das französische Team plagen Stürmersorgen

Seine bisher größten internationalen Katastrophen erlebte der französische Fußball in den Jahren 1992 bis 1994. Unter Trainer Michel Platini versagte die Mannschaft bei der Europameisterschaft in Schweden. Und mit dem neuen Trainer Gerard Houllier verspielten die Franzosen das schon sicher geglaubte WM-Ticket für die USA nach zwei Niederlagen im eigenen Land gegen Israel und gegen Bulgarien. Die »Grande Nation« stand unter Schock.

Michel Platini, nach wie vor der große Macher des französischen Fußballs, macht sich heute vor allem Sorgen über den Angriff bei der Tricolore. Sein Kommentar: »Unserem Nationalteam fehlen Spitzenstürmer. Das spielerische Vermögen und die Besetzung des Mittelfeldes sind hervorragend. Doch ich bin der Meinung, daß die Mannschaft, die ich 1992 trainiert habe, trotz der Blamage in Schweden das heutige Team schlagen würde.«
Diese Aussage hat den jetzigen Nationaltrainer Aimé Jacquet schwer getroffen. Platini kennt und respektiert den eigenwilligen Jacquet als Coach und ist Diplomat genug, sich nicht direkt in Mannschaftsfragen einzumischen. Diskussionen um die Rückkehr der Ex-Nationalspieler Jean-Pierre Papin und David Ginola geht der Vorsitzende des Organisationskomitees geschickt aus dem Weg: »Der Chef Aimé Jacquet muß Spieler auswählen, die einander ergänzen und in die gleiche Richtung rennen. Das ist sein Verantwortungsbereich.«
Eine Umfrage der Sonntagszeitung Journal du Dimanche spricht nicht unbedingt für den Trainer. Als die drei beliebtesten französischen Spieler gelten danach: David Ginola, Torwart Fabien Barthez und Jean-Pierre Papin. Außerdem glauben 43 Prozent der Befragten an den WM-Titel.
Auf dem französischen Trainer und seinen Spielern lastet nicht nur die immens hohe Erwartungshaltung der gesamten Nation, es geht auch um die Rehabilitation des französischen Fußballs. Der traurige Bestechungsskandal um Marseille, immerhin der erste französische Verein, der den Europapokal der Landesmeister gewonnen hat, die Drogengeschichten um die beiden Toptorhüter Barthez und Lama und die häufigen Dopingvergehen innerhalb der französischen Liga haben dem französischen Fußball schwer geschadet.

- **Fläche: 543.965 km²**
- **Einwohnerzahl: 58,21 Mio.**
- **Einwohner/km²: 107**
- **Hauptstadt: Paris**
- **Weitere wichtige Städte: Marseille, Lyon, Nizza**
- **Staatsform: Parlamentarische Republik**
- **Regierungschef: Lionel Jospin**
- **Staatsoberhaupt: Jacques Chirac**

Teamgeist ersetzt Individualismus

Die Stärken der Franzosen liegen unumstritten in der Defensive. Gegentore haben Seltenheitswert: Nur einmal in den vergangenen drei Jahren, beim WM-Vorbereitungsturnier »Tournoi de France«, haben die Franzosen beim 2:2 gegen Italien mehr als ein Tor kassiert. Der »Champagnerfußball« von einst gehört längst der Vergangenheit an. Der Taktiker Aimé Jacquet setzt auf die individuellen Fähigkeiten und die Vielseitigkeit seiner Spieler und nicht mehr so sehr auf Geniestreiche einzelner Ausnahmekönner. Das Kollektiv bestimmt den gemeinsamen Erfolg.
Hinter einer soliden Abwehr ist Fabien Barthez vom französischen Meister Monaco die neue Nummer eins. Obwohl der 26jährige im Liga-Alltag stets noch für Eskapaden und

Leichtsinnsfehler gut ist, steigerte er sich bei seinen internationalen Einsätzen erheblich. Er ist äußerst reaktionsschnell, stark auf der Linie und souverän im Spiel eins gegen eins. Der langjährige Stammtorwart Bernard Lama war nach seiner Dopingsperre ohne Verein und ohne Spielpraxis. Trainer Aimé Jacquet will deshalb nur noch bedingt auf ihn zurückgreifen. Frankreichs Abwehr spielt mit einer flexiblen Viererkette.

Das Herzstück ist die Innenverteidigung mit Laurent Blanc und Marcel Desailly. Blanc, der ehemalige Legionär des SSC Neapel und des FC Barcelona, besitzt ebenso wie Desailly eine gesunde Zweikampf-Härte und ein überragendes Kopfballspiel – Eigenschaften die beiden vor allem bei Standard-Situationen in der Offensive effektiv nutzen.

Auf den Außenverteidiger-Positionen setzen Lilian Thuram und das Laufwunder Bixente Lizarazu die Akzente.

Mittelfeld setzt im Sturm die Akzente

Das Mittelfeld hat Jacquet in eine Defensiv- und eine Offensiv-Abteilung eingeteilt. In vier Jahren in der Serie A hat sich Didier Deschamps von Juventus Turin zu einer festen Größe im Team entwickelt. Das offensive Dreier-Mittelfeld setzt die spielerischen Highlights. Zinedine Zidane von Juventus Turin überrascht seine Gegenspieler immer wieder mit verwirrenden Dribblings und technischen Raffinessen. Sein Pendant Youri Djorkaeff von Inter Mailand unterstützt die Sturmspitzen und ist bekannt für seine Vollstreckerqualitäten. 16 Tore in 31 Länderspielen bis zum Ende des vergangenen Jahres sind der beste Beweis.
Die Neuentdeckung des Jahres 1996 war Ibrahim Ba. Der 24jährige steht derzeit beim AC Mailand unter Vertrag. Seinen Vorgänger Christian Karembeau könnte dagegen das gleiche Schicksal ereilen wie Torwart Bernard Lama. Der Mittelfeldspieler drückt bei Sampdoria Genua oft die

Der 30jährige Youri Djorkaeff ist sowohl Mittelfeldspieler als auch Stürmer. Er hat Qualitäten als Spielmacher und als Torjäger. Deshalb wurde er bereits als der französische Roberto Baggio bezeichnet.

Mit 16 Toren war Djorkaeff bis zum Ende des vergangenen Jahres der erfolgreichste Torschütze der Franzosen. Er gilt als Instinktfußballer, der einem harten Zweikampf lieber aus dem Weg geht und dessen Einsatzbereitschaft schon mal zu wünschen übrig läßt.

1996 wechselte Djorkaeff für 11,2 Millionen Mark von Paris St. Germain zu Inter Mailand. Er verabschiedete sich mit seinem bis dato größten Erfolg, dem Gewinn des Europapokals der Pokalsieger.

Der Offensivspieler ist armenisch-polnischer Abstammung und Mitglied einer in Frankreich sehr bekannten Fußballerfamilie. Sein Bruder Micha spielt in der zweiten französischen Liga und Vater Jean bestritt von 1964 bis 1972 insgesamt 48 Länderspiele für die »Equipe tricolore«.

Bank und hat deshalb beim Nationaltrainer schlechte Karten.

Im Sturm steckt allerdings der Wurm. Kein echter Torjäger weit und breit. Aimé Jacquet hat mit Florian Maurice, Robert Pires und Thierry Henry junge Nachwuchsstürmer in den Vorbereitungsspielen eingesetzt, die bis zum Januar 1998 zusammen nur elf Länderspieleinsätze aufwiesen. Robert Pires war mit 7 A-Länderspielen noch der erfahrenste. Auch die Alternativen im Angriff, Lilian Laslandes und Stéphane Guivarc´h, hatten bis zum Ende des vergangenen Jahres nur einmal beziehungsweise zweimal das Nationaltrikot getragen.
Den französischen Stürmern fehlt einfach die Effektivität. Die Fans setzen ihre Hoffnungen daher schon jetzt auf den 20jährigen David Trezeguet vom AS Monaco. Sein Name dürfte dick unterstrichen im Notizbuch von Trainer Jacquet stehen.

Ganz Frankreich träumt vom ersten Titel

La Legion, wie die Mannschaft wegen ihrer vielen Spieler aus der italienischen Liga auch heißt, gehört zwar zum Favoritenkreis, ist aber nicht der Topfavorit bei der 16. Fußballweltmeisterschaft. Ein erfolgreiches Abschneiden im eigenen Lande kann dem französischen Fußball jedoch nur gut tun und bei den Ligaspielen wieder mehr Zuschauer in die Stadien locken. Die 18 Erstligisten und 22 Zweitligaklubs haben durch ihre Fußballschulen, die weit über Frankreichs Grenzen hinaus bekannt sind, zwar keine Nachwuchssorgen, doch bei den Meisterschaftsspielen fehlen oft die großen Stars. Mit wenigen Ausnahmen haben alle Profiklubs finanzielle Probleme, die meisten Stars spielen für höhere Gehälter im Ausland.

Aimé Jacquet hat die große Chance, der »Grande Nation« den ersten WM-Titel zu bescheren. Immer dort, wo die »Equipe tricolore« aufläuft, wird ein fanatisches Publikum das Stadion in ein blau-weiß-rotes Fahnenmeer verwandeln und die Mannschaft so vielleicht sogar bis zum Titel tragen – wie bereits 1984 während der Europameisterschaft.

UNSER TIP: Dank des Heimvorteils sollten die Stürmer den Weg zum Tor leichter finden und der Gastgeber problemlos das Achtelfinale erreichen.

Aimé Jacquet

Der 54jährige Nationalcoach scheut Auftritte in der Öffentlichkeit. Er vertraut der mannschaftlichen Geschlossenheit und hat Probleme mit Stars wie Cantona, Papin und Ginola. Seit Ende 1993 ist Jacquet Chef der »Equipe tricolore«. Zuvor arbeitete er zwei Jahre lang als deren Co-Trainer sowie von 1980 bis 1989 als Coach bei Girondins Bordeaux, wo er drei Meistertitel und zwei Pokalsiege errang. Als Spieler kam Jacquet in 15 Profi-Jahren bei Saint-Etienne und Lyon auf zwei Länderspiele.

DAS VORLÄUFIGE AUFGEBOT

	Name	Verein	Alter*	Länderspiele*
TOR	Fabien Barthez	AS Monaco	26	9
	Bernard Lama	Paris St. Germain	35	35
	Lionel Letizi	FC Metz	25	1
ABWEHR	Laurent Blanc	Olympique Marseille	32	63
	Vincent Candela	AS Rom	24	7
	Marcel Desailly	AC Mailand	29	37
	Pierre Laigle	Samdoria Genua	27	8
	Bixente Lizarazu	Bayern München	28	30
	Bruno Ngotty	Paris St. Germain	27	6
	Lilian Thuram	AC Parma	26	27
MITTELFELD	Ibrahim Ba	AC Mailand	24	7
	Didier Deschamps	Juventus Turin	29	63
	Youri Djorkaeff	Inter Mailand	30	31
	Christian Karembeu	Sampdoria Genua	27	28
	Zinedine Zidane	Juventus Turin	25	28
	Franck Gava	Paris St. Germain	28	3
STURM	Lilian Laslandes	Girondins Bordeaux	26	1
	Stéphane Guivarc´h	AJ Auxerre	27	2
	Thierry Henry	AS Monaco	20	1
	Florian Maurice	Paris St. Germain	23	3
	Robert Pires	FC Metz	24	7
	David Trezeguet	AS Monaco	20	0

*Stichtag 9. Dezember 1997

Die neue Spielfreude der alten Stars

Eine ganze Nation zitterte mit. Rund 1,1 Millionen Dänen saßen während des entscheidenden Qualifikationsspieles vor den Bildschirmen – Zuschauerrekord. Am späten Abend des 11. Oktober 1997 lagen sich die Fans schließlich glücklich in den Armen, feierten in den Wohnzimmern von Odense, den Kneipen von Kopenhagen und nicht zuletzt auch im Olympiastadion von Athen. 3000 dänische Fußball-Anhänger bejubelten auf den Zuschauerrängen das 0:0 in Griechenland wie einen glanzvollen Sieg. Und auf dem Spielfeld bildete sich eine rot-weiße Spielertraube um Torwart Peter Schmeichel, der in den Schlußminuten drei Großchancen der Griechen vereitelt hatte. Müde und abgekämpft feierten die dänischen Nationalspieler das torlose Unentschieden, das ihnen die direkte Qualifikation für die WM in Frankreich gesichert hatte. Mitten unter den ausgelassenen Nationalhelden ein älterer, eher ruhig wirkender Herr, der den größten Erfolg seiner Trainerkarriere sichtlich genoß.

Ein Schwede führt die Dänen nach Frankreich

Nationalcoach Bo Johansson hatte sein hochgestecktes Ziel tatsächlich erreicht. Zum zweiten Mal qualifizierte sich eine dänische Fußball-Nationalmannschaft für eine WM. Die Premiere hatte im Jahre 1986 unter dem deutschen Trainer Sepp Piontek stattgefunden – und nun also kehrte die Mannschaft unter ihrem schwedischen Nationalcoach auf die Weltbühne des Fußballs zurück. Ganz Dänemark redete nur noch über Griechenland und die strahlenden Helden von Athen. Die große Tageszeitung Berlingske Tidende berichtete am Tag nach der WM-Qualifikation gar auf 14 Seiten über das erfolgreiche Nationalteam.

Die Endrunden-Teilnahme galt im Lande durchaus nicht als selbstverständlich. Mit Mannschaften wie Kroatien und Griechenland hatten die Dänen auf dem Weg nach Frankreich harte Konkurrenz, Fachleute betrachteten die Qualifikationsgruppe als ziemlich ausgeglichen. Am Ende reichten der dänischen Nationalmannschaft fünf Siege in acht Spielen zum ersten Platz. Nur in Bosnien-Herzegowina hatte das Team eine unerwartet deutliche 0:3-Niederlage hinnehmen müssen.

Endlich war das Glück in den Fußball-Kleinstaat zurückgekehrt, das den Dänen 1992 überraschend den Europameistertitel beschert hatte, obwohl sie sich ursprünglich gar nicht für die Titelkämpfe qualifiziert hatten und erst durch den Ausschluß Jugoslawiens nachgerückt waren. In der WM-Qualifikation war das Team dagegen sowohl 1990 als auch 1994 jeweils unglücklich im letzten Gruppenspiel gescheitert. Dank der hervorragenden Arbeit des väterlich wirkenden Bo Johansson blieb den Skandinaviern dieses Schicksal im vergangenen Jahr nun erspart. Mit neuen Ideen und mit viel Optimismus führte der Schwede den dänischen Fußball wieder heran an die internationale Spitze. Dabei hatte nach der enttäuschenden Europameisterschaft vor zwei Jahren eigentlich der ehemalige Nationalspieler Morten Olsen lange Zeit als Wunschkandidat für die Nachfolge des scheidenden Nationalcoaches Richard Möller-Nielsen gegolten. Und erst nach der Absage des heutigen Trainers von Ajax Amsterdam entschied sich der dänische Fußball-Verband für den erfahrenen Bo Johansson – ein echter Glücksfall.

- **Fläche: 43.094 km²**
- **Einwohnerzahl: 5,2 Mio.**
- **Einwohner/km²: 120**
- **Hauptstadt: Kopenhagen**
- **Weitere wichtige Städte: Aarhus, Odense, Vejle**
- **Staatsform: Parlamentarische Monarchie**
- **Regierungschef: Poul Nyrup Rasmussen**
- **Staatsoberhaupt: Königin Margrethe II**

Drei Topstars diktieren das dänische Spiel

Der 55jährige Schwede hat in seiner kurzen Amtszeit die Spielanlage wieder offensiver ausgerichtet, dem kreativen Brüderpaar Michael und Brian Laudrup wieder mehr Freiheiten eingeräumt – und vor allem die Stimmung im Team und das Ansehen der Mannschaft in der Öffentlichkeit enorm verbessert. Die Dänen haben wieder Freude an Länderspielen – sowohl die Akteure auf dem Rasen als auch die Zuschauer auf den Rängen. Und wohin diese dänische Spielfreude führen kann, hat die Europameisterschaft 1992 eindrucksvoll gezeigt: Damals gewann die Mannschaft im Endspiel völlig überraschend gegen den amtierenden Weltmeister Deutschland mit 2:0.

Die Stars im dänischen Team sind heute immer noch die gleichen wie vor sechs Jahren, der Test von über 20 neuen Spielern blieb für Nationaltrainer Bo Johansson weitgehend ergebnislos. Der große Rückhalt der Nationalelf ist daher weiter Torwart Peter Schmeichel von Manchester United. Trotz seiner 34 Jahre ist der 1,93 Meter große Keeper nach wie vor absolute Weltklasse. Das meint auch Nationalcoach Johansson: »Peter Schmeichel ist der beste Torhüter der Welt. Immer wenn wir in großen Schwierigkeiten waren, hat er uns mit seiner Ruhe und seiner Routine geholfen.« Im Mittelfeld ist Michael Laudrup der Ideengeber. Er gilt als Dänemarks bester Fußballer und hat in den vergangenen Monaten im fortgeschrittenen Alter von 33 Jahren sogar noch das Kämpfen gelernt. Im System von Trainer Bo Johansson hat Laudrup wegen seiner Erfahrung und seiner Spielübersicht eine Schlüsselrolle. Seine Position läßt sich vielleicht am ehesten mit »hängendem Linksaußen« beschreiben, ist der Weltstar doch schließlich eher ein Vorbereiter denn ein Torjäger. Die dänische Anfangsformation ist häufig eine Mischung aus einem 3-4-3- und einem 3-5-2-System. Als einziger Stürmer von internationalem Format gilt dabei Michael Laudrups fünf Jahre jüngerer Bruder Brian, der nach einem Gastspiel beim deutschen Rekordmeister Bayern München inzwischen beim schottischen Traditionsklub Glasgow Rangers unter Vertrag steht. Allerdings scheinen diese Angriffsprobleme des Nationalteams schon ein wenig erstaunlich, fallen doch in der dänischen Superliga die meisten Tore in ganz Europa. Nur sieben der zwölf dänischen Erstligisten arbeiten jedoch unter Profibedingungen: der FC Kopenhagen Silkeborg IF, Vejle BK, Akademisk Kopenhagen, Brönd-

Der 34jährige Peter Schmeichel gilt als absoluter Weltklassetorwart. Seinen Durchbruch schaffte er 1992 bei der Europameisterschaft in Schweden, wo er wesentlich zum Titelgewinn Dänemarks beitrug.

Schmeichel gilt als Energiebündel, das immer hochkonzentriert ist – Eigenschaften, die ihm 97 Länderspiele und zweimal die Auszeichnung zum Welttorhüter des Jahres einbrachten.

Seine Profikarriere begann er beim dänischen Erstligisten Hvidore IF Kopenhagen, wechselte jedoch bereits nach drei Jahren zum dänischen Renommierklub Bröndby IF Kopenhagen.

Nach vier dänischen Meistertiteln in Folge verabschiedete sich Schmeichel 1991 in Richtung Manchester United. Auch dort riß die Serie seiner Erfolge nicht ab. Beim englischen Traditionsverein wurde Peter Schmeichel viermal Meister und zweimal Pokalsieger.

by IF, Aalborg BK und Aarhus GF. Die Spieler der anderen Vereine sind größtenteils Amateure oder Halbprofis.
Die meisten dänischen Topstars spielen daher bei finanzkräftigen Klubs im Ausland. Der Kern des Nationalteams verteilt sich bereits seit Jahren über halb Europa. Daran konnte auch ein Turnier in Thailand nichts ändern, für das Nationaltrainer Johansson zu Beginn dieses Jahres nur Spieler aus der dänischen Superliga nominierte.

Dänemarks Fußballer auf der Wanderschaft

Die Leistungsträger des Teams sind weiter die international erfahrenen Spieler aus England, aus den Niederlanden und aus Deutschland – wie Jan Heintze vom Bundesligisten Bayer Leverkusen oder Michael Schjönberg vom 1. FC Kaiserslautern. Wie stark diese Legionärsmannschaft einzuschätzen ist, darüber gehen die Meinungen trotz des jüngsten Aufschwungs allerdings weit auseinander. So ist Sepp Piontek, der Europameisterschaftstrainer des Jahres 1992, in seiner Prognose beispielsweise eher zurückhaltend: »Die Mannschaft ist zwar taktisch reifer als vor zehn Jahren, aber zu sehr abhängig von ihren drei Stars Peter Schmeichel, Michael und Brian Laudrup. Die anderen Spieler sind in ihren Leistungen oft zu instabil.«
Wesentlich optimistischer sieht dagegen Dänemarks Europameister von 1992, Flemming Povlsen, der WM in Frankreich entgegen: »Das Team hat unter Bo Johansson wieder zu seiner Spielfreude und zum Angriffsfußball zurückgefunden. Die Mannschaft hat eine hohe Spielintelligenz, einen guten Teamgeist und eine hohe Leistungsbereitschaft. Sie darf nur nicht in Rückstand geraten.« Und wer weiß, vielleicht können die begeisterungsfähigen dänischen Fans ihr eingeschworenes Team in Frankreich ja wieder zu überraschenden Siegen beflügeln. Die Voraussetzungen erscheinen jedenfalls ähnlich wie vor der Europameisterschaft 1992. Und damals mußte schließlich selbst ein Weltmeister wie Deutschland vor der Spielfreude und dem Teamgeist der Dänen kapitulieren.

Unser Tip: Für eine neue große Überraschung sind drei Klassespieler zu wenig, für das Achtelfinale allerdings sollte es reichen.

Bo Johansson

Der 55jährige Schwede ist als Fußball-Trainer ein Weltenbummler. Er betreute Vereinsmannschaften in seiner Heimat, in Norwegen, in Griechenland und in Dänemark. Von 1990 bis 1991 war der studierte Betriebswirt zudem Nationaltrainer in Island. Die Verantwortung für das dänische Nationalteam übernahm Johansson nach der Europameisterschaft vor zwei Jahren. Zwischen 1962 und 1972 spielte der Golfliebhaber im Mittelfeld von Kalmar FF in Schweden.

DAS VORLÄUFIGE AUFGEBOT

	Name	Verein	Alter*	Länderspiele*
TOR	Peter SCHMEICHEL	Manchester United	34	97
	Mogens KROGH	Bröndby IF	34	5
	Peter KJAER	Silkeborg IF	32	0
ABWEHR	Jan HEINTZE	Bayer Leverkusen	34	35
	Jes HOGH	Fenerbahce Istanbul	31	34
	Jacob LAURSEN	Derby County	26	20
	Marc RIEPER	Celtic Glasgow	29	49
	Thomas RYTTER	FC Sevilla	23	1
	Ole TOBIASEN	Ajax Amsterdam	22	2
MITTELFELD	Thomas HELVEG	Udinese Calcio	26	26
	Brian Stehen NIELSEN	Odense BK	28	39
	Michael SCHJÖNBERG	1.FC Kaiserslautern	30	24
	Claus THOMSEN	FC Everton	27	16
	Per FRANDSEN	Bolton Wanderes	27	8
	Morten WIEGHORST	Celtic Glasgow	26	7
	Jon Dahl TOMASSON	Newcastle United	21	4
STURM	Mikkel BECK	Middlesborough	24	14
	Brian LAUDRUP	Glasgow Rangers	28	73
	Michael LAUDRUP	Ajax Amsterdam	33	95
	Miklos MOLNAR	FC Sevilla	27	8
	Peter MÖLLER	PSV Eindhoven	25	9
	Per PEDERSEN	Borussia Mönchengladbach	28	6

*Stichtag 10. Dezember 1997

Rassenverständigung im Nationaltrikot

Es gibt wohl nur wenige Fußballmannschaften, die sich eines so prominenten Glücksbringers rühmen dürfen wie der WM-Neuling vom Kap der Guten Hoffnung. Haben andere Teams ihren Geißbock oder ihre Kanarienvögel, vertrauen die Südafrikaner vor allem Nelson Mandela. Jenem 79jährigen Mann, der einst als Kämpfer für die Rechte der schwarzen Bevölkerung 26 Jahre inhaftiert war und am Niedergang des Kapstädter Apartheid-Regimes entscheidenden Anteil hatte.

Vielleicht ist es das deutlichste Anzeichen für die hohe politische Bedeutung des Fußballs im Lande, daß der Staatspräsident und Friedensnobelpreisträger heute vor wichtigen Spielen gerne mit dem Nationaltrikot bekleidet in der Mannschaftskabine erscheint, um »seinen Jungs« das nötige Glück zu wünschen. Mit beachtlichem Erfolg: So gewann die »Bafana, Bafana« 1996 nach einem solchen Staatspräsidentenbesuch gleich bei ihrer ersten Teilnahme überraschend den Africa-Cup – nur vier Jahre nach dem Ende einer 30jährigen sportlichen und politischen Isolation infolge der Apartheid-Politik. Ganz Südafrika feierte überschwenglich den Triumph dieser gemischten Mannschaft aus schwarzen und weißen Spielern. Selbst frühere Fußball-Gegner identifizierten sich plötzlich mit ihren »Jungs« – denn nichts anderes bedeutet die Übersetzung des Spitznamens »Bafana, Bafana« aus dem Zulu-Dialekt.

Der Fußball in Südafrika bemühte sich schon früh um Versöhnung. Bereits im Jahre 1978 entstand die National Professional Soccer League. Eine Fußball-Liga offen für alle Rassen, die die Dreiteilung in Spielklassen für Schwarze, für Weiße sowie für Asiaten und Mischlinge beendete. Und dennoch hat es bis zum Afrika-Cup-Sieg vor zwei Jahren gedauert, ehe sich der »Soccer« auch bei der weißen Bevölkerung endgültig durchgesetzt hat.

Fußball ist in Südafrika traditionell ein Massensport, und diese Massen sind nun einmal zu über drei Viertel schwarz. Die weißen Bevölkerungsschichten bevorzugen meist den Nationalsport Rugby oder teure Hobbys wie Tennis und Golf – Sportarten, für die es in den ärmeren Vierteln der Schwarzen erst gar keine Trainingsplätze gibt. Und so ist es kein Wunder, daß die Heimat des südafrikanischen Fußballs im Township von Soweto liegt. Jener dichtbevölkerten Schwarzensiedlung im Südwesten von Johannesburg, in der 1976 ein Schülerprotest gegen die Apartheid-Regierung

- **Fläche: 1,22 Mio. km²**
- **Einwohnerzahl: 42,4 Mio.**
- **Einwohner/km²: 35**
- **Hauptstadt: Pretoria**
- **Weitere wichtige Städte: Johannesburg, Kapstadt, Durban**
- **Staatsform: Republik**
- **Regierungschef: Nelson Mandela**
- **Staatsoberhaupt: Nelson Mandela**

Der 31jährige John Moshoeu ist der Spielgestalter im Team der »Bafana, Bafana«. Er gilt als Mann für spektakuläre Tore und Aktionen – und hat auf diese Weise die Gunst des südafrikanischen Publikums gewonnen, das ihn wegen seiner technischen Fähigkeit auch als »Mann mit den goldenen Beinen« bezeichnet. Die Karriere des Mittelfeldspielers begann auf den Straßen des Townships von Soweto. Mittlerweile spielt er aber wie viele seiner Teamkameraden im Ausland, für Kocaelispor in der Türkei. Dabei hatte er seine Karriere 1992 nach einem Beinbruch bereits aufgeben wollen, und nur mit viel Mühe hatte ihn sein damaliger Nationaltrainer zum Weitermachen überreden können.

in einem Kugelhagel endete.
Heute beheimatet das Southwestern Township die beiden Spitzenvereine des Landes: die Kaizer Chiefs und die Orlando Pirates. Lange Zeit war der Kader der »Bafana, Bafana« nahezu identisch mit den Aufgeboten dieser beiden Klubs. Unter dem eigenwilligen Nationaltrainer Clive Barker haben inzwischen aber viele südafrikanische Auswahlspieler einen Verein im Ausland gefunden, und der Coach selbst hat vor einigen Monaten auch die übrigen 15 Erstliga-Klubs entdeckt – vermutlich während seiner Suche nach jungen Talenten, mit der Barker nach der unerwartet mühsamen WM-Qualifikation auf die heftigen Überalterungsvorwürfe gegen sein Team reagierte. Erst im letzten Gruppenspiel sicherten sich die Südafrikaner gegen den härtesten Konkurrenten aus Kongo-Brazzaville ihre erste WM-Teilnahme, und zwar ausgerechnet durch ein Tor von Phil Masinga. Jenes Stürmers, der wegen ständiger Schmährufe des Publikums schon zurücktreten wollte und am Ende mit lediglich vier Treffern der erfolgreichste Torschütze der »Bafana, Bafana« in den Qualifikationsspielen war.

Ohnehin ist die Chancenauswertung eines der größten Probleme der spielstarken Afrikaner. Der Ideenreichtum und der leidenschaftliche Einsatz des Teams um die beiden Mittelfeldstars Doctor Khumalo und John Moshoeu münden vor dem gegnerischen Tor nur selten in zwingende Angriffe. Und vor dem eigenen Tor wirkt die ehemals so geschlossene Viererkette um den alternden Abwehrchef Neil Tovey, Jungstar Mark Fish und Kapitän Lucas Radebe bereits seit einigen Monaten nicht mehr unüberwindbar. Die jüngsten Schwächen in seinem 4-4-2-System beunruhigen den Berufsoptimisten Clive Barker jedoch keineswegs. Er ist weiter überzeugt: »Südafrika wird bei der WM der beste unter den Außenseitern sein.« Und so sollten sich die Gegner der »Bafana, Bafana« in Frankreich wohl besser vergewissern, ob sich unter den Männern, die im Nationaltrikot die Kabine verlassen, nicht auch Südafrikas Glücksbringer Nelson Mandela befindet.

Unser Tip: Diesmal ist das Achtelfinale für den WM-Neuling vermutlich noch ein zu hohes Ziel, aber die »Bafana, Bafana« hat Zukunft.

Clive Barker

Der 53jährige Sportartikelhändler ist ein ungewöhnlicher Nationaltrainer. Er betreut die »Bafana, Bafana« nur im Nebenberuf und bezeichnet sich selbst eher als Motivationskünstler denn als technisch und taktisch versierten Coach. Zudem wird ihm nachgesagt, er habe den Trainerberuf nur wegen der Pleite seines Autobatterie-Handels ergriffen. Unbestritten ist aber, daß Barker das Team seit seinem Amtsantritt 1994 an die internationale Spitze herangeführt hat.

DAS VORLÄUFIGE AUFGEBOT

	Name	Verein	Alter*	Länderspiele*
TOR	Andre ARENDSE	FC Fulham	30	24
	Mark ANDERSON	Umata Bush Bucks	35	7
	Brian BALOYI	Kaizer Chiefs	24	1
ABWEHR	Lucas RADEBE	Leeds United	28	33
	Mark FISH	Bolton Wanderers	24	26
	Neil TOVEY	Kaizer Chiefs	35	48
	Sizwe MOTAUNG	Kaizer Chiefs	27	44
	Pierre ISSA	Olympique Marseille	22	1
	David NYATHI	FC St. Gallen	28	27
MITTELFELD	Eric TINKLER	FC Barnsley	27	28
	Doctor KHUMALO	Kaizer Chiefs	30	41
	John MOSHOEU	Kocaelispor	31	35
	Helman MKHALELE	Kayserispor	28	26
	John MOETI	Orlando Pirates	30	14
	Junaid HARTLEY	RC Lens	19	1
	Dumisa NGOBE	Orlando Pirates	24	3
STURM	Philemon MASINGA	AS Bari	28	33
	Shaun BARTLETT	New York / NJ MetroStars	25	24
	Brendan AUGUSTINE	LASK Linz	25	17
	Benedict MC CARTHY	Ajax Amsterdam	20	3
	Mark WILLIAMS	Kaizer Chiefs	32	20
	Pollen NDLANYA	Bursaspor	27	3

*Stichtag 17. November 1997

Eine WM-Qualifikation wie aus 1001 Nacht

Erst als bereits alles verloren schien, ging für die »Wüstensöhne« der Traum von der zweiten WM-Teilnahme doch noch in Erfüllung. Und das verdankt der Asienmeister des Jahres 1996 vor allem dem deutschen Trainer Otto Pfister. Der international erfahrene Coach übernahm das Team nach dem zweiten Qualifikationsspiel und hatte zunächst Anlaufschwierigkeiten. Schließlich führte er die Mannschaft aber doch noch zur WM. Sehr zur Freude von Prinz Sultan – des Königssohnes und Vizepräsidenten des nationalen Fußballverbandes, der Pfister in einer Nacht- und Nebelaktion verpflichtet hatte.

Am 12. November 1997 lag sich ganz Saudi-Arabien in den Armen. Im letzten Qualifikationsspiel schoß der eingewechselte Ibrahim Al-Shahrani die Araber nach Frankreich. In den Partien der Asiengruppe war der kleine Offensivspieler der ideale Joker, erzielte alleine fünf von 26 Toren. Bester Torschütze war allerdings Spielmacher Al-Muwalid mit acht Treffern. Dem großen Gruppenfavoriten Iran blieb als Zweitplaziertem nur das Nachsehen. Der deutsche Coach Otto Pfister erklärt den Sprung von Platz drei auf Platz eins folgendermaßen: »Mit viel Psychologie gelang es mir, das Selbstbewußtsein der Spieler zu stärken. Hinzu kamen eine Systemänderung von 4-4-2 zu 3-5-2, eine verbesserte Kondition und größere taktische Disziplin.«

Das Team von Saudi-Arabien ist eine Mischung aus Erfahrung und Talent. Die Hälfte aller Spieler war bereits 1994 bei der WM dabei. International bekannt sind Torwart Mohammed Al-Deayea, mit 1,90 Metern für arabische Verhältnisse sehr groß, und Abwehrspieler Hussein Sulaimani. Für Saeed Al-Oweiran entwickelte sich die gelungene Qualifikation für Frankreich gar zum Glücksfall: Der Star der 94er WM-Mannschaft war vor einigen Monaten zu einer Gefängnisstrafe verurteilt worden, weil er im Fastenmonat Ramadan zu ausgiebig gefeiert hatte. Für die Titelkämpfe wurde er dann allerdings

- **Fläche: 2,15 Mio. km²**
- **Einwohnerzahl: 18,4 Mio.**
- **Einwohner/km²: 9**
- **Hauptstadt: Riad**
- **Weitere wichtige Städte: Jiddah, Mekka, at-Ta'if**
- **Staatsform: Absolute Monarchie**
- **Regierungschef: König Fahd ibn Abd al-Asis**
- **Staatsoberhaupt: König Fahd ibn Abd al-Asis**

Der 20jährige Abwehrspieler Hussein Sulaimani vom saudi-arabischen Spitzenklub Al-Ahli repräsentiert die neue Fußballergeneration seines Landes. Er hat alle 14 Qualifikationsspiele seines Teams bestritten und gilt schon jetzt als feste Größe in der Nationalmannschaft.
Seine guten Leistungen verhalfen ihm im vergangenen Jahr sogar zu einem Einsatz in der Weltauswahl.

wieder begnadigt. Schließlich wollen die Araber wieder so positiv überraschen wie vor vier Jahren in den USA. Damals erreichten sie nach Siegen über Marokko und Belgien immerhin das Achtelfinale. Dort war Schweden allerdings Endstation für die junge Fußballnation, das Spiel ging klar mit 1:3 verloren.
Saudi-Arabien ist für Fußballer ein wahres Paradies. Die Profis in den 14 Erstliga-Klubs werden mit Petro-Dollars fürstlich entlohnt. Besitzer der Vereine sind meist Prinzen, und die haben im Wüstenstaat für europäische Verhältnisse gesorgt. Ausländische Spitzentrainer haben die Spielkultur weiterentwickelt. Fußball ist neben dem Kamelrennen die populärste Sportart. Alle Liga-Spiele werden live im Fernsehen übertragen. 20 Zeitungen berichten täglich über die einzelnen Klubs.

Die meisten Nationalspieler kommen von den großen Vereinen Al-Ahli, Al-Hilal, Al-Ittihad und Al-Shabab aus Riad. Auch ausländische Spieler sind in Saudi-Arabien willkommen. Viele Südamerikaner und Afrikaner verdienen ihr Geld in diesem Schlaraffenland für Fußballer.

Umgekehrt allerdings ist es den Elitekickern aus Saudi-Arabien untersagt, im Ausland Erfahrung zu sammeln. Eine Vorgehensweise, die den Arabern im internationalen Vergleich eher schadet: Fehlt ihnen doch häufig die entsprechende Erfahrung – zumal die Nationalmannschaft des Landes erst seit 1976 existiert und die Professionalität der Spieler oft genug zu wünschen übrig läßt. Und dennoch gelingen den »Wüstensöhnen« immer wieder Erfolge wie ihre drei Asienmeistertitel oder die jüngste WM-Qualifikation.

Für Otto Pfister allerdings war der Traum aus 1001 Nacht danach schneller ausgeträumt als erwartet. Mit Carlos Alberto Parreira hat Saudi-Arabien inzwischen bereits den achten Trainer seit der WM 1994 verpflichtet. Den Spielern aber kann das egal sein. Schließlich dürfen sie nach der geglückten WM-Qualifikation wieder einmal auf eine großzügige Belohnung von König Fahd hoffen.

Unser Tip: Wunder passieren nicht jeden Tag, und somit bleibt das Achtelfinale für Saudi-Arabien ein Traum.

Carlos Alberto Parreira

Der 54jährige brasilianische Weltmeistertrainer von 1994 übernahm Ende des vergangenen Jahres die Nachfolge des deutschen Weltenbummlers Otto Pfister. Zuvor hatte er sich 1982 mit Kuwait für die WM in Spanien qualifiziert und 1990 die Vereinigten Arabischen Emirate zur WM nach Italien geführt. Nur sein Abstecher nach Spanien endete in der Saison 94/95 mit einem Fiasko: Beim FC Valencia wurde er vorzeitig entlassen.

DAS VORLÄUFIGE AUFGEBOT

	Name	Verein	Alter*	Länderspiele**
TOR	Mohammed AL-DEAYEA	Al-Tae	25	-
	Hussein AL-SADIQ	Al-Qadisiyah	24	-
ABWEHR	Ahmed AL-DOSSARY	Al-Hilal	21	-
	Mohammed AL-JAHANI	Al-Ahli	22	-
	Mohammed AL-KHLAWI	Al-Ittihad	26	-
	Hussein SULAIMANI	Al-Ahli	20	-
	Ahmed Jamil MADANI	Al-Ittihad	27	-
	Khamis AL ZAHRANI	Al-Ittihad	21	-
MITTELFELD	Khalid AL-MUWALID	Al-Ahli	26	-
	Khalid AL-TEMAWI	Al-Hilal	29	-
	Fuad AL-MAATER	Al-Shabab	24	-
	Ibrahim AL-SHAHRANI	Al-Ahli	23	-
	Obeid AL-DOSARY	Al-Wehda	21	-
	Hamza AL-ZAHRANI	Al-Ahli	30	-
	Abdul-Aziz AL-DOSSARY	Al-Ittifaq	25	-
STURM	Saeed AL-OWEIRAN	Al-Shabab	30	-
	Sami AL-JABER	Al-Hilal	24	-
	Fahad AL-MEHALEL	Al-Shabab	27	-
	Mohammed AL-SAHAFI	Al-Ittihad	22	-
	Youssef AL-THYNIYAN	Al-Hilal	34	-
	Salem Sarour AL-ALAWI	Al-Shabab	25	-

*Stichtag 1. Dezember 1997
**Die Angaben über die Anzahl der absolvierten Länderspiele waren beim Fußball-Verband Saudi-Arabiens nicht erhältlich.

Der Fluch des Viertelfinales

Wenn sich die Chancen auf den Titel aus dem Marktwert der Nationalspieler ableiten ließen, Spanien gehörte zu den Top-Favoriten der WM '98. In keinem anderen Land jonglieren Klubpräsidenten und Vereine mit derart astronomischen Ablösesummen wie auf der iberischen Halbinsel.
Die gut 24 Millionen Mark, die Athletic Bilbao für Nationalspieler Roberto Rios investieren mußte, nehmen sich da noch vergleichsweise bescheiden aus. Explodierende Fernseheinnahmen in Millionenhöhe verleiten die Vereinsbosse seit einigen Monaten zu immer waghalsigeren finanziellen Transaktionen und immer ausgiebigeren Einkaufstouren im Ausland.
Die »Primera Division« boomt, und die Klubs reagieren darauf mit sogenannten »gepanzerten Verträgen«. Lange Vertragslaufzeiten und hohe Ablösen sollen das Abwerben ihrer Spitzenkräfte verhindern. 70 Millionen Mark sind beispielsweise für Real Madrids Supertalent Raúl festgeschrieben, und gar rund 95 Millionen Mark müßte ein Interessent für Nationalspieler Alfonso an Betis Sevilla überweisen.

Nationalelf bleibt gleich serienweise ohne Niederlage

Spaniens Nationaltrainer Javier Clemente können diese horrenden Ablösesummen nur recht sein. Keiner seiner Nationalmannschaftskandidaten spielt im Ausland. Und ohne die zusätzlichen Reisestrapazen für Spieler und Trainer gelang dem Nationalteam in seiner Qualifikationsgruppe ein souveräner Durchmarsch – trotz so starker Gegner wie Vize-Europameister Tschechien und dem ebenfalls für die WM qualifizierten Jugoslawien. Punktverluste mußte der Gruppensieger nur auf den Plätzen seiner beiden härtesten Widersacher hinnehmen: Das Spiel in Prag endete mit einem torlosen Unentschieden, und in Belgrad verhinderte ausgerechnet Spanien-Legionär Mijatovic mit seinem 1:1-Ausgleichstreffer zehn Minuten vor Schluß einen Sieg des Clemente-Teams. Die spanische Serie aber hielt stand.
30 Spiele ohne Niederlage, so lautete die eindrucksvolle Bilanz der Mannschaft von Javier Clemente nach Abschluß der WM-Qualifikation. Die Erfolgsserie bescherte den Spaniern im vergangenen Jahr einen Stammplatz in den »Top Ten« der FIFA-Weltrangliste.
Entsprechend hoch ist nun die Erwartungshaltung der spanischen Fußballfans, obwohl sie ihr Nationalteam in der Vergangenheit nicht eben verwöhnt hat. Zu oft gingen die Spanier schon als Geheimfavorit in ein Weltmeisterschaftsturnier und mußten frühzeitig die Heimreise antreten. Abgesehen von einem vierten Platz bei der WM 1950 in Brasilien war bei den bisherigen neun Weltmeisterschaftsteilnahmen spätestens im Viertelfinale stets Endstation. 1994 in den USA beispielsweise nach einem unglücklichen 1:2 gegen den späteren Vize-Weltmeister Italien. Das Viertelfinal-Aus war zugleich die vorerst letzte Niederlage für die Mannschaft von Javier Clemente. Über das bittere Ausscheiden bei der Europameisterschaft vor zwei Jahren nach einem 2:4 im Elfmeterschießen gegen England sieht die Statistik gnädig hinweg – auch wenn es für den Europameister des Jahres 1964 bei einem internationalen Turnier wieder einmal nach dem Viertelfinale Kofferpacken hieß. In Spanien steht die »selección« ohnehin im Schatten der international wesentlich erfolgreicheren Klubmannschaften. Die verwöhnten Fans werfen dem umstrittenen Javier Clemente in regelmäßigen Abständen vor, er ließe zu defensiv und zu wenig kreativ spielen. Dabei vergessen sie nur zu gerne, daß ihre ach so finanzkräftigen Vereinsmannschaften ihre Glanzauftritte häufig genug einem der über 400 Ausländer verdanken, die in Spaniens ersten beiden Ligen die Plätze für einheimische Fußballer blockieren. Kein Wunder also, daß das Nationalteam bereits seit Jahren unter chronischen Sturmproblemen leidet, ist der Angriff in der »Primera Division« doch längst eine Domäne der ausländischen Legionäre.

- **Fläche: 504.784 km²**
- **Einwohnerzahl: 39,19 Mio.**
- **Einwohner/km²: 77,6**
- **Hauptstadt: Madrid**
- **Weitere wichtige Städte: Barcelona, Valencia, Sevilla**
- **Staatsform: Parlamentarische Monarchie**
- **Regierungschef: José Maria Aznar**
- **Staatsoberhaupt: König Juan Carlos**

Trainer Clemente will mit Sicherheit zum Erfolg

26 Treffer in zehn Qualifikationsspielen scheinen allerdings zu signalisieren, daß die Zeichen vor der WM in Frankreich auf Sturm stehen. Alfredo di Stefano, einstiger Weltstar im spanischen Angriff, meinte nach dem 2:0-Heimsieg über Jugoslawien gar, er habe seit Jahren keine spanische

Mannschaft mehr gesehen, die so brillant gespielt habe. Entscheidenden Anteil an diesem Aufschwung haben Jungnationalspieler Raúl und der dribbelstarke Alfonso, der nach mehreren schweren Verletzungen seine Form wiedergefunden hat und mit fünf Treffern erfolgreichster Torschütze der WM-Qualifikation war. Nationaltrainer Clemente zwängt diesen jugendlichen Sturm und Drang allerdings in das Korsett seines traditionellen Defensivsystems. Eine starke Abwehr ist für den autoritären Basken bereits seit seinen Zeiten als Vereinstrainer der Schlüssel zum Erfolg. Und auch personell vertraut Clemente vor allem Altbewährtem: Den Stamm seiner Mannschaft bilden Spieler wie Luis Enrique, Abelardo, Kiko, Guardiola oder Alfonso, die gemeinsam 1992 in Barcelona die Olympische Goldmedaille gewannen.

Notfalls läßt Clemente auch den Torwart stürmen

Ergänzt um einige Talente und Routiniers formte Clemente aus ihnen in den vergangen sechs Jahren ein eingespieltes, geschlossens Kollektiv, das ohne große Stars auskommt. Eine zentrale Rolle in diesem System spielt der torgefährliche Hierro, der mal vor und mal in der Abwehrkette agiert und damit den Ausschlag darüber gibt, ob die Spanier in einer 4-4-2 oder einer 3-5-2 Formation antreten.

Der eigenwillige Clemente ist allerdings immer für eine Überraschung gut. Er gilt als enorm experimentierfreudig, manchmal gar als unberechenbar. Bestes Beispiel dafür ist die Beförderung seines dritten Torhüters Molina zum Stürmer, als während eines Testspiels in Norwegen kein weiterer Feldspieler auf der Reservebank saß.

Oft genug ist die Personalpolitik des spanischen Nationaltrainers heftig umstritten. Zum Kreis der Nationalmannschaft zählen eine ganze Reihe Spieler, die im Verein lediglich einen

Der erst 20 Jahre alte Raúl ist bereits nach wenigen Länderspielen einer der Führungsspieler in Spaniens Nationalelf. Er gilt als kreative Kraft hinter den beiden Stürmern, ist zugleich Vorbereiter und Vollstrecker. In seinen neun Länderspielen bis zum Ende der WM-Qualifikation erzielte er jedoch erst einen Treffer. Die größten Stärken des Jungstars von Real Madrid sind sein enormes Selbstvertrauen und seine Vielseitigkeit. Raúl ist sowohl als Stürmer wie als Mittelfeldspieler einsetzbar. Der Lieblingsklub des U 21-Vize-Europameisters des Jahres 1996 ist eigentlich der zweite große Klub aus Madrid: Atletico. Dort spielte Raúl zunächst auch, bis der Vereinsboß Jesus Gil y Gil die Nachwuchsteams wegrationalisierte. 16jährig wechselte Raúl 1993 gezwungenermaßen zum Ortsrivalen Real und schaffte dort bereits ein Jahr später den Sprung in die erste Mannschaft.

Stammplatz auf der Reservebank oder der Tribüne haben. Pizzi, Amor, Amavisca oder Manjarin können sich in ihren Klubs nur zeitweilig gegen die übermächtigen ausländischen Stars durchsetzen.
Selbst Rekordnationalspieler Andoni Zubizarreta ist vor Kritik nicht gefeit. Wegen nachlassender Leistungen bereits vor vier Jahren von Barcelona nach Valencia abgeschoben, ist der 36jährige im Nationalteam heute immer noch die Nummer eins. Trotz schwacher Vorstellungen im Verein hält Javier Clemente bedingungslos an seinem mit Abstand erfahrensten Spieler fest, und sein baskischer Landsmann dankt es ihm in aller Regel mit überzeugenden Auftritten im Nationaltrikot.

Länderspiele geraten zu einem Provinzspektakel.

Zubizarreta gilt den kritikfreudigen spanischen Fußballanhängern als Paradebeispiel für Clementes Vorliebe für baskische Spieler. Gerne ignoriert der Nationaltrainer bei der Nominierung seiner »selección« die stets wiederkehrende Forderung, sich noch stärker auf die Stars der Topklubs Real Madrid und FC Barcelona zu stützen, die den spanischen Vereinsfußball in den vergangenen Jahren dominiert haben. In den beiden Fußballmetropolen hat sich Clemente so viele Sympathien verscherzt. Zumal sich die Probleme zwischen Basken, Katalanen und den anderen spanischen Bevölkerungsgruppen auch auf das Nationalteam auswirken. Wichtige Länderspiele trägt die Nationalelf meistens vor vergleichsweise bescheidener Kulisse in der Fußballprovinz aus: in Sevilla, Valencia oder Valladolid, wo die Nationalitätenprobleme weniger ins Gewicht fallen als beispielsweise in Barcelona, wo viele der fanatischen katalanischen Fußballfans sogar Klubmitglieder sind. Sie bescheren ihrem Verein im 120.000 Zuschauer fassenden Stadion »Camp Nou« stets volle Ränge und Kassen, die es dem Klub ermöglichen, noch mehr teure ausländische Stars anzuheuern. Ein Umstand, der den spanischen Nationalspielern und damit auch Javier Clemente und seiner »selección« das Leben nicht eben erleichtert.

Unser Tip: Als einer der Geheimfavoriten der WM erreichen die Spanier vergleichsweise problemlos die nächste Runde.

Javier Clemente

Der 47jährige Baske ist ein Mann, an dem sich die Geister scheiden. Die einen schätzen seine Geradlinigkeit und fehlende Scheu vor Konflikten. Andere bezeichnen ihn als starrsinnig und launisch. Seit seinem Amtsantritt 1992 ist die Kritik an Clemente nie verstummt – trotz der Erfolge des Nationalteams. Als Vereinstrainer gewann er zuvor mit Athletic Bilbao 1984 das Double aus Meisterschaft und Pokal.

DAS VORLÄUFIGE AUFGEBOT

	Name	Verein	Alter*	Länderspiele*
TOR	Andoni ZUBIZARRETA	FC Valencia	36	120
	José Santiago CANIZARES	Real Madrid	28	9
	Jose Francisco MOLINA	Atletico Madrid	27	3
ABWEHR	Rafael ALKORTA	Athletic Bilbao	29	46
	ABELARDO Fernandez Artuna	FC Barcelona	27	38
	SERGI Berjuan Esclusa	FC Barcelona	25	29
	Miguel Angel NADAL	FC Barcelona	31	41
	Alberto BELSUE	Real Saragossa	29	17
	Augustin ARANZABAL	Real Sociedad San Sebastian	23	5
MITTELFELD	Fernando Ruiz HIERRO	Real Madrid	29	53
	Julen GUERRERO	Athletic Bilbao	23	30
	LUIS ENRIQUE Martinez	FC Barcelona	27	33
	Roberto RIOS	Athletic Bilbao	26	8
	Josep GUARDIOLA	FC Barcelona	26	22
	Guillermo AMOR	FC Barcelona	29	29
	Jose Emilio AMAVISCA	Real Madrid	26	15
STURM	RAUL Gonzalez Blanco	Real Madrid	20	9
	ALFONSO Perez Munoz	Betis Sevilla	25	22
	Francisco »KIKO« Narvaez	Atletico Madrid	25	17
	Juan Antonio PIZZI	FC Barcelona	29	18
	Oliverio »OLI« Jesus Alvarez	Betis Sevilla	25	2
	Javier MANJARIN	Deportiva La Coruna	27	13

*Stichtag 1. November 1997

Adler setzen zu neuem Höhenflug an

Sie nennen sich »Super-Eagles« und strotzen vor Selbstbewußtsein. Ihre Stars spielen fast alle in europäischen Spitzenklubs, ihre Namen werden selbst in den feineren Kreisen des westafrikanischen Landes voller Hochachtung ausgesprochen. Sie sind Nationalhelden, denen zurückhaltende Worte nur selten über die Lippen kommen. »Wir fahren nach Frankreich, um Weltmeister zu werden«, tönte Inter Mailands Abwehrspieler Taribo West jüngst – mit weniger wollen sich die stolzen Adler erst gar nicht abgeben. Da nimmt sich die Erwartungshaltung von Nigerias mächtigem Verbandspräsidenten Abdulmumini Aminu geradezu bescheiden aus: »Alle Spieler wissen, daß unser Ziel das Erreichen des Halbfinales ist.«

Trainer haben keinen leichten Stand

Internationale Beobachter tuscheln allerdings hinter vorgehaltener Hand bereits von Krise und schlechter Vorbereitung. Die Adler, so heißt es, haben Federn gelassen. Vor allem mit seinen Trainern kommt Nigeria einfach nicht zurecht. Fünf Fußballehrer hat das Land allein in den vergangenen drei Jahren verschlissen, zuletzt wurde der Franzose Philippe Troussier aus dem Amt gegrault.
Dabei hatte er mit seinem Team ohne große Probleme zum zweiten Mal nach 1994 die WM-Qualifikation geschafft. Doch den Militärmachthabern war die ganze Art des ehrgeizigen Mannes zuwider. Sein defensiv ausgerichtetes 3-5-2-System paßte ihnen nicht und seine starke Persönlichkeit erst recht nicht. Als er zu allem Überfluß dann auch noch ein Trainingslager an der Elfenbeinküste und nicht im eigenen Land ansetzte, froren sie sein Gehalt kurzerhand ein und legten ihm die Rückkehr nach Frankreich ans Herz.
Anekdoten, mit denen auch schon einer seiner Vorgänger ganze Bücher füllen könnte. So hatte der Niederländer Jo Bonfrère das nigerianische Team 1996 zwar als erste afrikanische Mannschaft zu olympischem Gold geführt, doch auch er kehrte kurz darauf frustriert in seine Heimat zurück. »Ich habe alles selbst gemacht«, erzählt er, »die Bälle aufgepumpt, die Flüge geplant und Videos vom Gegner besorgt.« Das Telefon funktionierte ohnehin nur selten, und seine Koffer fand Bonfrère ein paar Mal in der Hotellobby wieder. Statt die fälligen Rechnungen zu begleichen, zeigten sich die hohen Funktionäre lieber auf andere Weise erkenntlich – und steckten ihm vor wichtigen Spielen verschwörerisch die Aufstellung zu.
Nicht gerade die besten Voraussetzungen für kontinuierliche Arbeit. Um so beruhigender für den einflußreichen Sportminister, daß er sich auf die Klasse seiner Spieler absolut verlassen kann. In der WM-Qualifikation kassierte die Mannschaft nur eine Niederlage, bei gerade einmal drei Gegentoren.
Sicherlich hatte Nigeria mit Burkina Faso, Guinea und Kenia auch nicht gerade die schwerste Gruppe erwischt. Dennoch benötigte das Land auch hier nicht weniger als zwei Trainer. Dem einheimischen Shuaibu Amofu wurde bereits das 1:1 im zweiten Spiel gegen Kenia zum Verhängnis. Auf Rückendeckung durch Mannschaft und Verband konnte er ohnehin nie hoffen. »Einheimische Trainer können die in Europa spielenden Jungs niemals kontrollieren«, erklärte Abwehr-Organisator Taribo West, und selbst ein hoher Regierungsbeamter ließ verlauten: »Sie sind für eine WM einfach nicht gut genug und müssen erst noch ein paar Jahre die Schulbank drücken.«
Trotz aller Widrigkeiten nutzte die Mannschaft in der Qualifikation die Chance, mit einem weitverbreiteten Vorurteil aufzuräumen: Die Abwehr ist längst nicht mehr die Schwachstelle des Teams.

- **Fläche: 923.768 km²**
- **Einwohnerzahl: 115 Mio.**
- **Einwohner/km²: 125**
- **Hauptstadt: Abuja**
- **Weitere wichtige Städte: Lagos, Ibadan, Kano**
- **Staatsform: Präsidialrepublik, Militärregime**
- **Regierungschef: Sani Abacha**
- **Staatsoberhaupt: Sani Abacha**

Die Stars spielen in Europa

Die WM-Neulinge von 1994 haben international an Erfahrung gewonnen und sich in ihren europäischen Vereinen an die Taktik und Spielweise der großen Fußballnationen gewöhnt. Nicht ganz überraschend, verdient doch nur noch ein einziger Spieler aus dem WM-Aufgebot sein Geld in Nigeria.

Als Paradereihe gilt nach wie vor der Sturm. Weltklasse-Spieler wie Emmanuel Amunike, Finidi George, Daniel Amokachi und Nwankwo Kanu haben längst den Sprung in europäische Spitzenmannschaften geschafft. Neulinge haben es daher auch innerhalb der Mannschaft nicht

leicht. »Ich habe nichts gegen talentierte Nachwuchsspieler«, diktierte Torhüter Peter Rufai Journalisten jüngst in die Blöcke, »aber die Weltmeisterschaft ist nichts für kleine Jungs.«
Kein Wunder, daß Nationaltrainer bei soviel Überheblichkeit in der Vergangenheit schnell das Handtuch warfen. Der Fußballverband hat dieses Problem inzwischen jedoch erkannt. »Das Team braucht einen Psychologen«, erklärte ihr Vorsitzender Aminu voller Überzeugung und stufte die Suche nach einem geeigneten Therapeuten im Anschluß an die WM-Qualifikation höher ein als die Verpflichtung eines neuen Fußballehrers.

Ausschluß vom Afrika-Cup

Ob sich der heimische Verband bei den Spielern dadurch jedoch mehr Respekt verschafft, bleibt fraglich. Schließlich ist es gerade einmal zwei Jahre her, daß sich Mannschaft und Funktionäre völlig überworfen hatten. Kurz vor der Eröffnung des Afrika-Cups 1996 verbot kein Geringerer als Militärdiktator General Sani Abacha dem Team die Abreise ins Gastgeberland Südafrika. Die Sicherheit seiner Spieler, so ließ er verlauten, sei nicht gewährleistet. Insgeheim ärgerte ihn jedoch wohl eher, daß der südafrikanische Präsident Nelson Mandela öffentlich Sanktionen gegen sein Land forderte, als Nigeria trotz weltweiter Proteste die Todesurteile gegen Schriftsteller Ken Saro-Wiwa sowie acht weitere Regimekritiker vollstrecken ließ. Als die Spieler des Cup-Verteidigers dennoch auf eigene Faust nach Südafrika reisen wollten, ließ er ihnen kurzerhand die Pässe abnehmen. Der Afrikanische Fußballverband reagierte prompt. Noch im selben Jahr wurde der Titelträger des Jahres 1994 für den nächsten Afrika-Cup ausgeschlossen. Darüber hinaus war lange Zeit unklar, ob Nigeria überhaupt zur WM-Qualifikation zugelassen wird.

Nach einer schweren Herzoperation hing die Karriere des 21jährigen Nwankwo Kanu am seidenen Faden. Fast ein Jahr lang war ungewiß, ob der Stürmer des italienischen Erstligisten Inter Mailand seine Karriere fortsetzen könnte.
Doch er arbeitete gewissenhaft an seinem Comeback und schaffte Ende 1997 wieder den Sprung in die Nationalmannschaft.
Bereits vor vier Jahren gehörte der Jungstar zum WM-Kader Nigerias, kam unter seinem damaligen Coach Clemens Westerhof jedoch zu keinem einzigen Einsatz.
Erst zwei Jahre später schaffte er bei Ajax Amsterdam den Durchbruch. Seitdem gilt er als einer der torgefährlichsten Stürmer der Welt. 1996 wurde Kanu zu Afrikas Spieler des Jahres gewählt und belegte bei der Wahl zum Weltfußballer des Jahres den sechsten Rang.

Daß die Spieler trotz der Dauer-Kapriolen in den Führungsetagen auch in Frankreich wieder als Geheimfavorit gehandelt werden, ist vor allem auf ihre technisch brillante Spielweise zurückzuführen. Spielmacher Emmanuel Amunike vom FC Barcelona bringt das Erfolgsrezept der Nationalmannschaft auf den Punkt: »Über Fußball denken wir nicht nach, wir spielen ihn einfach.«

Nwankwo Kanu nach Herzoperation wieder fit

Von tragischen Rückschlägen blieb jedoch auch seine Mannschaft nicht verschont. Als Nwankwo Kanu 1996 von Ajax Amsterdam zum italienischen Erstligisten Inter Mailand wechselte, stellten Mediziner bei einer Routinekontrolle einen schweren Herzfehler fest. Fast ein Jahr lang war ungewiß, ob der damals gerade 20jährige seine Profikarriere überhaupt fortsetzen könnte. Erst Mitte ’97 kehrte er nach einer komplizierten Operation ins Team zurück – ehrgeiziger als je zuvor.
Celestine Babayaro hat sich seine Zwangspause dagegen selbst zuzuschreiben. Der Abwehrspieler des englischen Erstliga-Klubs FC Chelsea hatte nach einem Treffer zu Saisonbeginn vor lauter Übermut zu einem Rückwärtssalto angesetzt und brach sich das Bein.
Doch mit welcher Elf und welcher Taktik Nigeria in Frankreich auch auflaufen wird, die Fans sind fest davon überzeugt, daß die Mannschaft als erstes afrikanisches Land den Weltmeistertitel gewinnen kann. Selbst Bobby Charlton und Pelé haben schließlich schon behauptet, daß Afrika die Vorherrschaft der Europäer und Südamerikaner einst beenden wird.
Besiegen können sich die stolzen Super-Eagles daher wohl nur selbst. Das haben sie schon bei ihrem WM-Debüt in den USA bewiesen. Auch damals verblüfften sie die Weltöffentlichkeit und wurden schon Monate vor dem Eröffnungsspiel als Geheimfavorit gehandelt. Die Bruchlandung folgte jedoch schneller als gedacht. Hochmütig verspielte das Team im Achtelfinale gegen Italien eine schnelle 1:0-Führung und mußte geschlagen den Rückweg antreten.

Unser Tip: Trotz starker Konkurrenz erreichen die Nigerianer als spielstärkste Mannschaft Afrikas die zweite Runde.

Bora Milutinovic

Der 53jährige Serbe ist der Wandervogel unter den WM-Trainern. Bereits zum vierten Mal in Folge nimmt er als Coach an einer Weltmeisterschaft teil, und jedes Mal mit einem anderen Team: 1986 mit Mexiko, 1990 mit Costa Rica, 1994 mit den USA – und nun also mit Nigeria. Im vergangenen Jahr führte Milutinovic zunächst Mexiko als Trainer erfolgreich zur WM und übernahm zum Jahresende den Posten als Nationalcoach für Nigeria, nachdem das Amt zuvor ein halbes Jahr verwaist war.

DAS VORLÄUFIGE AUFGEBOT

	Name	Verein	Alter*	Länderspiele*
TOR	Peter RUFAI	Deportivo La Coruña	35	65
	Abiodun BARUWA	FC Sion	23	2
	Ike SHOROUNMU	FC Zürich	28	4
ABWEHR	Austine EGUAVOEN	Torpedo Moskau	31	49
	Ben IROHA	San Jose Clash	27	33
	Uche OKAFOR	Kansas City Wizards	30	31
	Chidi NWANU	Roda JC Kerkrade	30	15
	Taribo WEST	Inter Mailand	23	7
	Celestine BABAYARO	FC Chelsea	23	6
MITTELFELD	Uche OKECHUKWU	Fenerbahce Istanbul	29	40
	Austin »Jay-Jay« OKOCHA	Fenerbahce Istanbul	23	25
	Sunday OLISEH	Ajax Amsterdam	22	20
	Victor IKPEBA	AS Monaco	24	14
	Godwin OKPARA	Racing Strasbourg	25	15
	Mutiu ADEPOJU	Real Sociedad San Sebastian	27	34
	Garba LAWAL	Roda JC Kerkrade	22	3
STURM	Daniel AMOKACHI	Besiktas Istanbul	24	42
	Finidi GEORGE	Real Betis Sevilla	27	35
	Emmanuel AMUNIKE	FC Barcelona	26	25
	Jonathan AKPOBORIE	VfB Stuttgart	27	9
	Nwankwo KANU	Inter Mailand	21	4
	Tijani BABANGIDA	Ajax Amsterdam	23	5

*Stichtag 9. Dezember 1997

Aus der Defensive zurück zum Erfolg

Der 32jährige Jose Luis Chilavert wird von Paraguays Fußballfans geradezu vergöttert. Er ist zugleich Kapitän, Torwart und bisweilen sogar der Torjäger des Nationalteams, gilt der schwergewichtige Paradiesvogel doch als exzellenter Freistoß- und Elfmeterschütze. Als erster Torhüter nach 26 Jahren erhielt Chilavert im Jahre 1996 die Auszeichnung als Südamerikas Fußballer des Jahres. Und mit seinem argentinischen Klub Velez Sarsfield gewann er bereits zweimal den nationalen Meistertitel, einmal die südamerikanische Vereinsmeisterschaft – die Copa Libertadores, vergleichbar der europäischen Champions League – und 1996 sogar den Weltpokal. Chilaverts größter Wunsch ist es nun, bei der WM in Frankreich ein Tor zu schießen.

Wenn sich Paraguays Fußball-Idol Jose Luis Chilavert in diesen Tagen wieder einmal ein wenig auf seinen Titeln und Auszeichnungen ausruht, dann träumt er gerne von der WM in Frankreich. Von Erfolgen, die ihm im Nationaltrikot bisher versagt geblieben sind – und manchmal sogar ganz unbescheiden vom Weltmeistertitel. Denn Zurückhaltung ist nun wirklich nicht die Stärke des Welttorhüters des Jahres 1997, für den seine eigene Ausnahmestellung ohnehin nie in Frage steht.
Seit einigen Monaten nun hat die unbestrittene Nummer eins in Paraguays Nationalteam, diese ungewöhnliche Personalunion aus Torhüter und Torjäger, auch die Auswahlmannschaft seines Landes in sein unerschütterliches Selbstbewußtsein einbezogen. Mit Stolz geschwellter Brust verkündet Jose Luis Chilavert immer wieder: »Viele Menschen denken doch, daß bei uns nur ahnungslose Indios, Analphabeten oder Bauern wohnen. Aber wir haben gute Fußballer. Das werden wir der Welt in Frankreich beweisen.«
Nun wäre ob dieser vollmundigen Ankündigungen von Südamerikas Fußballer des Jahres 1996 vermutlich wieder einmal Skepsis angebracht, wenn da nicht diese unerwartet mühelose WM-Qualifikation von Paraguays Nationalteam gewesen wäre. In den vergangenen elf Jahren war die Mannschaft noch jeweils an der schier übermächtig erscheinenden Konkurrenz aus dem benachbarten Brasilien und Argentinien gescheitert, diesmal aber sicherte sich Paraguay nach einer Serie von acht Spielen ohne Niederlage bereits frühzeitig den zweiten Platz in der Südamerikagruppe – mit deutlichem Vorsprung vor WM-Teilnehmern des Jahres 1994 wie Kolumbien und Bolivien. Und so wollen die Nationalspieler des Landes nun in Frankreich ihren bisher größten Erfolg übertreffen: die Achtelfinalteilnahme aus dem Jahre 1986.
Ihr neues Selbstbewußtsein verdankt Paraguays Nationalmannschaft ausgerechnet einem Brasilianer, der einem vollkommen untypischen Stil vertraut. Nationaltrainer Paolo Cesar Carpeggiani ist geradezu ein Fan des 3-5-2-Systems, des Spiels ohne die traditionelle Vierer-Abwehrkette. Und der Erfolg gibt ihm recht: Es ist vor allem die solide Abwehr, der die Mannschaft die insgesamt fünfte WM-Qualifikation nach 1930, 1950, 1958 und 1986 zu verdanken hat. Und so ist es kein Wunder, daß die Stars der Mannschaft die beiden Verteidiger Arce und Rivarola sowie Abwehrchef Gamarra sind.

- **Fläche: 406.752 km²**
- **Einwohnerzahl: 5,1 Mio.**
- **Einwohner/km²: 13**
- **Hauptstadt: Asunción**
- **Weitere wichtige Städte: Ciudad del Este, San Lorenzo, Lamberé**
- **Staatsform: Präsidiale Republik**
- **Regierungschef: Juan Carlos Wasmosy**
- **Staatsoberhaupt: Juan Carlos Wasmosy**

Im Sturm fehlt der Überraschungsmannschaft der Südamerika-Gruppe dagegen ein echter Torjäger. Die 18 Treffer in den Qualifikationsspielen verteilten sich auf nicht weniger als zwölf Spieler. Topstürmer Aristides Rojas war mit drei Toren noch der erfolgreichste Angreifer. Im Vertrauen auf ihre starke Defensive spielt die Mannschaft daher am liebsten abwartend. Längst hat Carpeggiani auch in Paraguay das Kurzpaßspiel eingeführt und damit den traditionellen Stil des Nationalteams abgeschafft, der sich über Jahre hinweg einzig auf lange Flankenbälle und die Athletik der Spieler verließ.
Die Erfolge des Brasilianers haben auch im Ausland beachtliche Anerkennung gefunden. Deutlichster Beleg dafür ist vielleicht das hochdotierte Angebot des brasilianischen Spitzenklubs Flamengo Rio de Janeiro, das der Nationalcoach während der WM-Qualifikation jedoch ablehnte.
Immerhin zahlte sich für ihn auch der Erfolg mit Paraguays Nationalelf aus: Knapp 500.000 Mark Prämie erhielt er für das Erreichen der Endrunde. Viel Geld für ein Land, in dem das monatliche Durchschnittseinkommen gerade einmal 500 Mark beträgt. Und so verlassen auch viele talentierte Spieler auf der Suche nach finanzkräftigen Klubs im Ausland immer wieder ihre Heimat. Dennoch hat der Fußball in Paraguay in den vergangenen Jahren gewaltige Fortschritte gemacht. Das beweist nicht zuletzt der zweifache Sieg des Spitzenklubs Olimpia Asunción in der Copa Libertadores – dem südamerikanischen Gegenstück zur europäischen Champions League.
Kaum ein Verein kann allerdings eine solche Sammlung von internationalen Auszeichnungen vorweisen wie der eigenwillige Nationaltorwart Jose Luis Chilavert. Jener Mann, der wegen seiner Wutausbrüche ebenso sehr gefürchtet ist wie wegen seines gefühlvollen linken Fußes. Immerhin erzielte der Weltklassetorwart mit Freistößen und Elfmetern insgesamt bereits 36 Tore, darunter auch den 1:1-Ausgleichstreffer im WM-Qualifikationsspiel in Argentinien. Und auch in Frankreich will der Exzentriker seinem Team mit guten Leistungen sowohl im Tor als auch im Sturm zu manchem Punktgewinn verhelfen.

Unser Tip: Eine starke Abwehr und ein eigenwilliger Weltklassetorwart reichen in dieser Gruppe nicht aus, um das Achtelfinale zu erreichen.

Paolo Cesar Carpeggiani

Der 48jährige Brasilianer gilt als stiller, eher introvertierter Mann. Er formte aus größtenteils unbekannten Spielern eine international konkurrenzfähige Mannschaft. Vor seinem Amtsantritt als Nationalcoach trainierte er verschiedene Erstligisten in Paraguay. Als Spieler stand Carpeggiani 1974 im WM-Aufgebot Brasiliens, nachdem er durch gute Leistungen bei Porto Alegre und Flamengo Rio de Janeiro auf sich aufmerksam gemacht hatte.

DAS VORLÄUFIGE AUFGEBOT

	Name	Verein	Alter*	Länderspiele**
TOR	Jose Luis CHILAVERT	Velez Sarsfield	32	-
	Ruben DIAZ	Monterrey	28	-
ABWEHR	Francisco ARCE	Gremio Porto Alegre	36	-
	Celso AYALA	River Plate	27	-
	Carlos GAMARRA	Benfica Lissabon	26	-
	Estanislao STRUWAY	Portuguesa	29	-
	Juan Ramon JARA	Rosario Central	27	-
	Catalino RIVAROLA	Gremio Porto Alegre	32	-
MITTELFELD	Harles BOUDIER	Olimpia	25	-
	Pedro SARABIA	Banfield	22	-
	Julio ENCISO	Internacional	23	-
	Hugo OVELAR	Guarany	26	-
	Hugo BRIZUELA	Audax Italiano	28	-
	Roberto ACUNA	Independiente	25	-
	Gustavo SOTELO	Guarany	29	-
STURM	Ricardo ROJAS	Estudiantes	26	-
	Aristides ROJAS	Las Palmas	29	-
	Derlis SOTO	Guarany	24	-
	Francisco ESTECHE	Olimpia	24	-
	Jose CARDOZO	Necaxa	26	-
	Jorge ALCAREZ	Cerro Porteno	29	-

*Stichtag 1. Dezember 1997
**Die Angaben über die Anzahl der absolvierten Länderspiele waren beim Fußball-Verband Paraguays nicht erhältlich.

Die letzte Chance der alten Helden

- Fläche: 110.912 km²
- Einwohnerzahl: 8,7 Mio.
- Einwohner/km²: 79
- Hauptstadt: Sofia
- Weitere wichtige Städte: Plovdiv, Varna, Burgas
- Staatsform: Republik
- Regierungschef: Iwan Kostow
- Staatsoberhaupt: Petar Stojanow

Es scheint schon ein wenig paradox: Selten stand es um den Fußball in Bulgarien so schlecht wie in den vergangenen Monaten, und dennoch erwarten die Fans im Lande von ihrer Nationalmannschaft mehr als je zuvor. Es ist der 10. Juli 1994, der die Hoffnungen der Anhänger nährt. Jener historische Viertelfinalsieg über Deutschland, der im »Giants-Stadium« von New York eine Generation von WM-Helden gebar. Fünf Mal hatte ein bulgarisches Nationalteam zuvor bereits an Weltmeisterschaften teilgenommen, und fünf Mal waren die Spieler spätestens nach dem Achtelfinale wieder abgereist. Ohne Glanz und vor allem ohne Sieg. In besagtem Juli vor vier Jahren müssen die Herren Stoitchkov, Letchkov und Kostadinov ihr Elfmeterglück im Achtelfinale gegen Mexiko aber wohl als Wink des Schicksals mißverstanden haben. Und so gelang den Bulgaren damals nicht nur der erste WM-Sieg überhaupt, sondern bald darauf sogar der vierte Platz.

Vier Jahre später haben sich die wohlklingenden Namen im bulgarischen Team kaum verändert, wohl aber die Altersangaben auf den Spielberichtsbögen. Die ohnehin nicht mehr ganz jugendlichen WM-Helden des Jahres 1994 haben die 30 inzwischen überschritten – und nach Ansicht von Beobachtern ihren Leistungshöhepunkt ebenso. Der formstarke Spielmacher Krassimir Balakov hat bereits seinen baldigen Rücktritt angekündigt – verbunden mit der Prophezeiung: »Nach der WM dürfte für die meisten von uns Schluß sein mit der Nationalmannschaft.« Und so ist die Weltmeisterschaft in Frankreich wohl die letzte Chance der alten WM-Helden auf einen internationalen Titel, vielleicht sogar die letzte Chance des Balkanstaates überhaupt – für absehbare Zeit.

Schon lange spielen die bulgarischen Nachwuchsteams so, als hätte es den Triumph von New York nie gegeben. Und die Vereinsmannschaften überstanden im Europapokal in den vergangenen beiden Jahren nicht einmal die Qualifikation. Längst hat die Wirtschaftskrise des Landes auch den Fußball erfaßt: Korruption, Schiedsrichter-Streiks und Spielabbrüche drängten in der bulgarischen »A Grupa« den Sport ins Abseits. Tore erzielen Stars wie Stoitchkov oder Letchkov auf dem Balkan ohnehin nur noch im Fernsehen. In der Liga herrscht seit einigen Jahren Dauerschlußverkauf. Und es

Der 31jährige Krassimir Balakov stand in der Nationalmannschaft lange Zeit im Schatten des exzentrischen Superstars Hristo Stoitchkov und seines Spielmacherkollegen Yordan Letchkov. Spätestens seit deren Länderspielboykott im vergangenen Jahr gehört Balakov aber zu den absolut spielbestimmenden Figuren im bulgarischen Mittelfeld. Seine herausragenden Leistungen im Nationaltrikot honorierte die Fachpresse bereits 1994 mit der Wahl ins All-Star-Team der WM.
Der konditionsstarke Mittelfeldspieler ist im bulgarischen Team sowohl Ballverteiler als auch Absicherung für die bisweilen lauffaul wirkenden Offensivkräfte. Als weitere Stärken des ausgezeichneten Technikers gelten seine Spielübersicht und seine gefühlvollen Freistöße mit dem starken linken Fuß.

DAS VORLÄUFIGE AUFGEBOT

	Name	Verein	Alter*	Länderspiele*
TOR	Borislav MIHAILOV	Slavia Sofia	35	101
	Zdravko ZDRAVKOV	Istanbulspor	27	12
	Dimitar POPOV	Lokomotive Sofia	27	14
ABWEHR	Radostin KISHISHEV	Bursaspor	23	19
	Trifo IVANOV	Austria Wien	32	71
	Gosho GUINTCHEV	Antalyaspor	28	13
	Ivailo PETKOV	Litex Lowetsch	21	6
	Anatoli NANKOV	Lokomotive Sofia	28	9
	Adalbert ZAFIROV	ZSKA Sofia	29	2
MITTELFELD	Krassimir BALAKOV	VfB Stuttgart	31	63
	Yordan LETCHKOV	Besiktas Istanbul	30	44
	Zlatko YANKOV	Besiktas Istanbul	31	64
	Ivailo IORDANOV	Sporting Lissabon	29	35
	Daniel BORIMIROV	TSV 1860 München	27	35
	Ilia GRUEV	Neftochimik Burgas	28	1
	Marian HRISTOV	1. FC Kaiserslautern	24	7
STURM	Hristo STOITCHKOV	FC Barcelona	31	68
	Emil KOSTADINOV	UNAM Mexiko	30	65
	Luboslav PENEV	SD Compostela	31	56
	Ilian ILIEV	Slavia Sofia	29	12
	Georgi IVANOV	Levski Sofia	21	2
	Georgi DONKOV	VfL Bochum	27	7

*Stichtag 9. Dezember 1997

ist ausgerechnet diese Tragödie des bulgarischen Vereinsfußballs, der die auswanderungswilligen Nationalspieler ihre internationale Erfahrung und ihren späteren Heldenstatus verdanken.
Inzwischen ist im Nationalteam jedoch eine neue Ära angebrochen: Nach der enttäuschenden Europameisterschaft vor zwei Jahren beerbte Hristo Bonev den langjährigen Erfolgscoach Dimitar Penev, der als »Marionette« seiner eigenwilligen Topspieler galt. Und der folgende Länderspielboykott von Stars wie Stoitchkov, Letchkov und Penev diente da nicht unbedingt als Gegenbeweis.

Ohne diese Leistungsträger erschienen den Bulgaren selbst zweitklassige Qualifikationsgegner wie Zypern oder Luxemburg als gleichwertige WM-Kandidaten. Im Auftaktspiel gab es gar eine unerwartete 1:2-Niederlage in Israel. Erst das Einschreiten von Staatspräsident Stojanow bewegte die rebellischen Gegner des Trainerwechsels schließlich zur Rückkehr und sicherte dem Nationalteam nach einem 1:0 über Rußland die siebte WM-Teilnahme.

Neun Gegentore in acht Spielen dieser eher schwachen Qualifikationsgruppe belegen allerdings, daß die Angriffe gegen den neuen Nationaltrainer kaum geeignet waren, die alten Abwehrschwächen zu beseitigen. Ohnehin vertraut Bonev eher der Offensive – einem 4-3-3-System, das je nach Tagesform der launischen Topstars zwischen A-Klasse und Weltklasse schwankt und nur bei ausreichender Harmonie im Team richtig funktioniert.
In den USA verständigten sich die eigenwilligen Bulgaren noch auf eine klare Rangordnung nach der Formel: »Bei uns gibt es Stars, große Stars und Superstars«. Diesmal allerdings spaltete sich das Team während der WM-Qualifikation in zwei Gruppen um den Wortführer der Penev-Ära, Hristo Stoitchkov und um den neuen Kapitän und Abwehrchef Trifon Ivanov. Insgesamt also ungünstige Voraussetzungen für neue Heldentaten der alten Stars.

UNSER TIP: Nur wenn die eigenwilligen Stars sofort als Mannschaft auftreten, können sie vielleicht doch das Achtelfinale erreichen.

Hristo Bonev

Der 50jährige Nationaltrainer gilt als geradlinig und prinzipientreu. Er übernahm das Amt vor zwei Jahren und hatte seitdem mehrere heftige Auseinandersetzungen mit seinen eigenwilligen Stars. Zuvor betreute Bonev erfolgreich die Teams von Panathinaikos Athen und Apoel Nikosia. Während seiner eigenen Nationalmannschaftskarriere entwickelte sich der Stürmer zum bulgarischen Rekordtorschützen – mit 47 Treffern in 96 Länderspielen.

Hoffen auf den großen Coup

Wohl kaum ein anderes europäisches Land hadert so mit seinem Schicksal wie die Niederlande. Obwohl das Team mit Stars gespickt ist, läuft es bereits seit einem Vierteljahrhundert dem ganz großen Erfolg hinterher. Bereits sechs Mal war die Mannschaft bei WM-Endrunden mit von der Partie, kehrte jedoch immer wieder mit leeren Händen zurück. Wie ein Fluch lasten die beiden bitteren Finalniederlagen in den 70er Jahren gegen die Gastgeber Deutschland und Argentinien auf der Mannschaft. Und dennoch zählen die Niederlande auch in Frankreich wieder zum engeren Favoritenkreis.
Doch selbst die Verantwortlichen sind inzwischen vorsichtiger geworden. Allzuoft hatte sich das Oranje-Team in der Vergangenheit selbst überschätzt, nur der Europameisterpokal aus dem Jahre 1988 ziert die Vitrine des Königlichen Fußballverbandes. Der Finalsieg gegen die damalige UdSSR hatte das Land zwar in ein einzigartiges orangenfarbenes Jubelbad getaucht, anschließend kehrte jedoch schnell wieder der graue Alltag ein.
»Wir müssen aus einer soliden Abwehr heraus spielen«, erkannte daher auch Nationaltrainer Guus Hiddink und wandte sich erstmals vom bedingungslosen Offensivfußball der Vergangenheit ab. Er verstärkte die Abwehr und läßt seitdem nur noch zwei Stürmer auflaufen.

- **Fläche: 41.500 km²**
- **Einwohnerzahl: 15,6 Mio.**
- **Einwohner/km²: 382**
- **Hauptstadt: Amsterdam**
- **Weitere wichtige Städte: Eindhoven, Den Haag, Rotterdam**
- **Staatsform: Parlamentarische Monarchie**
- **Regierungschef: Wim Kok**
- **Staatsoberhaupt: Königin Beatrix**

Die endgültige Abkehr vom Ajax-System

Eine Umstellung, die bis vor wenigen Jahren undenkbar schien. Schließlich galt auch für die Nationalmannschaft immer das Erfolgskonzept des ruhmreichen Klubs Ajax Amsterdam: Drei Stürmer sollten den Gegner 90 Minuten lang unter Druck setzen, das Mittelfeld mit sicherem Kurzpaßspiel Verwirrung stiften.
Ein System, das der niederländischen Rekordmeister bis zur Perfektion beherrscht. Aus der hauseigenen und wohl besten Fußballschule Europas kommen nicht nur Johan Cruyff und Marco van Basten, sondern auch Patrick Kluivert und Clarence Seedorf. Und so triumphierten die Amsterdamer in der Champions-League und im Weltpokal, die Ajax-Stars werden nach wie vor mit Millionen-Offerten umworben.

Doch was für Ajax gilt, läßt sich auf die Nationalmannschaft anscheinend nicht übertragen. Schon bei der Europameisterschaft in Großbritannien zeigte sich, daß das Spielsystem nicht ohne weiteres zum Erfolg führt. Nach dem enttäuschenden Abschneiden bei den vergangenen beiden WM-Endrunden mußte das Oranje-Team auch hier bereits nach dem Viertelfinale die Heimreise antreten.

Für den ehrgeizigen Coach Guus Hiddink war damit die Zeit gekommen, den Umbruch einzuleiten. Er löste sich von dem Druck der Öffentlichkeit und den Forderungen seiner selbstbewußten Stars, nach und nach setzte er seine eigenen taktischen und personellen Vorstellungen durch. Dabei kam ihm auch das schlechte Abschneiden des Ajax-Teams in der Saison 96/97 entgegen. Der Meister belegte nur Platz vier der niederländischen Ehrendivision, zahlreiche Stars kehrten dem Verein den Rücken.
Mit der Vorherrschaft der Amsterdamer war es damit auch in der Nationalmannschaft endgültig vorbei. Gerade einmal vier Spieler des Klubs gehören noch zum Aufgebot, der Sturm ist fast ausschließlich mit

Der technisch versierte Dennis Bergkamp galt schon früh als Ausnahmetalent, schaffte jedoch weder bei Ajax Amsterdam noch bei Inter Mailand den Durchbruch. Erst nach seinem Wechsel zu Arsenal London reifte der 28jährige zum Superstar. In der englischen Liga wird er wegen seiner Torgefährlichkeit seitdem uneingeschränkt bewundert. Selbst in der Nationalmannschaft hat sich der introvertierte Stürmer inzwischen durchgesetzt und wird als Führungspersönlichkeit anerkannt. In der WM-Qualifikation sorgte er mit sieben Toren fast im Alleingang für den souveränen Durchmarsch seines Teams. Damit scheint Bergkamp endgültig aus dem Schatten seiner Vorgänger Johan Cruyff und Marco van Basten herausgetreten zu sein. Allein die Angst vorm Fliegen macht dem schüchternen Superstar immer noch zu schaffen.

Legionären besetzt. Allein am Auftritt der Brüderpaare hat Hiddink nicht gerüttelt und setzt damit eine lange Tradition fort: Nach den Van de Kerkhofs, den Koemanns und den Witschges läuft in Frankreich das Zwillingspaar Frank und Ronald de Boer auf. Unumstrittener Kopf der Mannschaft ist jedoch Dennis Bergkamp, der erst nach seinem Wechsel zum englischen Klub Arsenal London vom ewigen Talent zum Superstar gereift ist. Kaum ein zweiter im Oranje-Team kombiniert Technik, Schnelligkeit und Torgefährlichkeit so effektiv wie der introvertierte Stürmer.
Daß neben den Routiniers aber auch international eher unbekannte Spieler wie Jaap Stam und Phillip Cocu vom PSV Eindhoven ins Team rutschten, ist auf deren defensivere Ausrichtung der Mannschaft zurückzuführen. Ohne große Eingewöhnungsprobleme übernahmen ehrgeizige junge Spieler die Verantwortung von Ronald Koemann, Frank Rijkaard oder Jan Wouters. »Denn was letztendlich zählt, ist die Effektivität«, sagt Hiddink, der jedoch auch großen Wert auf Technik und Spielwitz legt.

Souveräner Marsch durch die Qualifikation

Souverän beendeten die spielstarken Niederländer denn auch die WM-Qualifikation als Gruppenerster vor Belgien, allein Dennis Bergkamp schoß in den insgesamt acht Begegnungen sieben Tore. Einzig gegen die Türkei schien das neue System nicht ganz zu funktionieren. Nach der unerwarteten 0:1-Heimniederlage folgte am Bosporus im letzten Gruppenspiel ein mageres 0:0-Unentschieden. Das Defensivkonzept mit nur noch zwei Stürmern wurde jedoch auch anschließend nicht in Frage gestellt.
Beste Voraussetzungen also, die WM-Endrunde auch diesmal wieder erhobenen Hauptes anzugehen. Wären da nur nicht die stets schwelenden Eitelkeiten und persönlichen Differenzen innerhalb des Teams. Fast schon magisch schien das Oranje-Team den Ärger zuletzt anzuziehen. Spielte dabei bislang vor allem die vereinsbezogene Zusammensetzung des Teams eine Rolle, kam es bei der Europameisterschaft in Großbritannien schon nach wenigen Tagen zum ernsthaften Eklat. Trainer Guus

Hiddink wurde von den aus Surinam stammenden Jungstars öffentlich beschuldigt, die weißhäutigen Spieler zu bevorzugen. Das Team war gespalten, ein nie für möglich gehaltener Rassenkonflikt brach offen aus. Nur mit größter Mühe gelang es Hiddink, die Wogen zu glätten, doch schon kurze Zeit später erschütterte ein neuer Skandal seine Mannschaft.

Heftiger Streit um Jungstar Kluivert

Ausgerechnet der so erfolgreiche 21jährige Jungstar Patrick Kluivert brachte die Stimmung in seiner Heimat gegen sich auf. Nach einem Verkehrsunfall mit Todesfolge wurde er nicht nur zu einer neunmonatigen Bewährungsstrafe verurteilt, sondern mußte wegen versuchter Vergewaltigung anschließend auch noch Ermittlungen der Staatsanwaltschaft über sich ergehen lassen. Die sonst so geduldigen Oranje-Fans waren empört und forderten seinen Ausschluß aus der Nationalmannschaft. Kluivert, so hieß es, dürfe die Niederlande international nicht vertreten. Doch Coach Guus Hiddink setzte sich über die aufkochenden Emotionen hinweg und stellte sich hinter seinen Star: »Entscheidend ist allein sein Auftreten auf dem Platz.« Genauso sieht es auch Kluivert: »Ich habe Fehler gemacht, aber wir müssen Job und Privatleben trennen.« Letztendlich liegt es vermutlich an der Mannschaft selbst, wieder Ruhe ins Team zu bringen. Erwarten doch vor allem die Fans wieder internationale Erfolge statt negative Schlagzeilen. Zwar verkaufte sich das Team bei der knappen 2:3-Viertelfinal-Niederlage gegen den späteren Weltmeister Brasilien in den USA nicht schlecht, doch insgeheim hofft das Land immer noch auf den ganz großen Coup. Daß sich Nationaltrainer Guus Hiddink auf dem Weg dorthin vor allem die französische Mannschaft zum Vorbild nimmt, mag da allerdings etwas erstaunen. Überstand die »Equipe tricolore« vor vier Jahren doch nicht einmal die Qualifikation. Der niederländische Coach: »Die Art, wie Frankreich physische Stärke mit technischem Können kombiniert, beeindruckt mich.«

UNSER TIP: Als einer der Geheimfavoriten dürfte sich die technisch versierte Mannschaft in der Vorrunde problemlos durchsetzen.

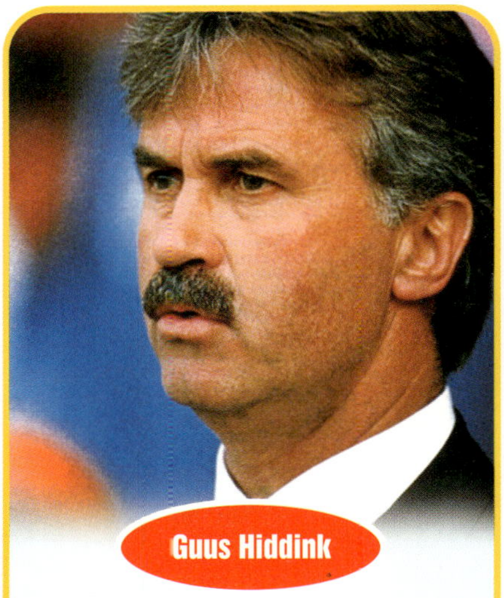

Guus Hiddink

Bereits seit Januar '95 trainiert der 51jährige Coach das niederländische Nationalteam, wagte jedoch erst nach der Europameisterschaft in Großbritannien einschneidende Veränderungen. Guus Hiddink verabschiedete sich vom bedingungslosen Offensivfußball und beendete die Vorherrschaft der Spieler von Ajax Amsterdam. Als Trainer sammelte er zuvor bereits beim PSV Eindhoven, Fenerbahce Istanbul und beim FC Valencia international Erfahrung.

DAS VORLÄUFIGE AUFGEBOT

	Name	Verein	Alter*	Länderspiele*
TOR	Edwin VAN DER SAAR	Ajax Amsterdam	26	21
	Ed DE GOEY	FC Chelsea	30	29
	Ruud HESP	FC Barcelona	31	0
ABWEHR	Arthur NUMAN	PSV Eindhoven	27	24
	Johan DE KOCK	FC Schalke 04	32	13
	Michael REIZIGER	FC Barcelona	24	22
	Frank DE BOER	Ajax Amsterdam	27	50
	Jaap STAM	PSV Eindhoven	25	10
	Winston BOGARDE	AC Mailand	26	10
MITTELFELD	Clarence SEEDORF	Real Madrid	21	26
	Giovanni VAN BRONCKHORST	Feyenoord Rotterdam	22	8
	Aron WINTER	Inter Mailand	30	67
	Wim JONK	PSV Eindhoven	31	39
	Phillip COCU	PSV Eindhoven	27	15
	Ronald DE BOER	Ajax Amsterdam	27	36
	Richard WITSCHGE	Ajax Amsterdam	28	30
STURM	John BOSMAN	FC Twente	32	29
	Roy MAKAAY	CD Teneriffa	22	2
	Pierre VAN HOOIJDONK	Nottingham Forest	27	9
	Dennis BERGKAMP	Arsenal London	28	57
	Marc OVERMARS	Arsenal London	24	35
	Patrick KLUIVERT	AC Mailand	21	16

*Stichtag 14. Oktober 1997

Traditionsteam mit neuem Selbstbewußtsein

Es sah wie eine Panik-Verpflichtung aus, als der belgische Fußballverband mitten in der WM-Qualifikation noch einmal auf einen neuen Trainer setzte. Doch mit Georges Leekens kam nicht nur die Begeisterung, sondern auch der Erfolg zurück. Bereits zum fünften Mal hintereinander nimmt Belgien an einer WM-Endrunde teil, eine Bilanz, die sonst nur Brasilien, Argentinien, Italien, Deutschland und Spanien vorweisen können.
Dabei war die Mannschaft in der Qualifikation nur knapp an einer Blamage vorbeigeschrammt. Erst in letzter Sekunde sicherte sie sich in den Entscheidungsspielen gegen die Republik Irland das WM-Ticket und konnte den Sturz in die internationale Zweitklassigkeit so gerade noch abwenden.

Mit Georges Leekens zurück auf Erfolgskurs

Als Retter feiern die belgischen Fußballanhänger vor allem ihren neuen Nationalcoach Georges Leekens. In einer Nacht- und Nebel-Aktion hatte er beim belgischen Liga-Außenseiter Mouscron, den er immerhin bis an die Tabellenspitze der Ersten Liga geführt hatte, im Januar '97 seine Sachen gepackt und den Job des in Ungnade gefallenen Wilfried van Moer übernommen. Ein Glücksgriff des Verbandes, wie sich schnell herausstellte. Leekens gab den verunsicherten Spielern das nötige Selbstvertrauen zurück und führte das Team in akribischer Kleinarbeit zurück zum Erfolg.
Der Nationalcoach überredete nicht nur den inzwischen 36jährigen Veteranen Franky Van der Elst zu einem Comeback, sondern testete in zehn Monaten auch über 40 weitere Spieler. Und was auf den ersten Blick nach Konzeptionslosigkeit aussah, hat sich am Ende ausgezahlt. Inzwischen hat Georges Leekens eine geschlossene Einheit geformt, die an die Erfolge der Vergangenheit anknüpfen soll. »Wir sind zwar nur ein Außenseiter«, erklärt Leekens, »doch das kann auch von Vorteil sein.« Wie einst 1986, als die »Roten Teufel« fast die gesamte Konkurrenz verblüfften und erst im Halbfinale am späteren Weltmeister Argentinien scheiterten. Am Ende belegte Belgien Platz vier – das bislang beste Ergebnis bei einer WM-Endrunde.

Konterfußball aus einer kompakten Defensive

Vor allem im Angriff scheint Georges Leekens mit dem eingebürgerten Brasilianer Luis Oliviera vom AC Florenz und Luc Nilis vom PSV Eindhoven mittlerweile die optimale Besetzung gefunden zu haben. Ausgerechnet Luc Nilis, als ewiges Talent fast schon aufs Abstellgleis geschoben, schoß sich in den entscheidenden Qualifikationsspielen gegen Irland den ganzen Frust von der Seele. Sowohl in Dublin als auch in Brüssel markierte der 30jährige Stürmer die entscheidenden Tore und beendete damit eine bittere Durststrecke: In 23 Länderspielen hatte er zuvor nicht mehr getroffen, erst nach seinem Wechsel von Anderlecht zum PSV Eindhoven reifte Nilis doch noch zum Superstar. In Holland wurde er Fußballer des Jahres – ein wichtiger Schritt auf dem Weg zurück in die Nationalelf.

Auch das Mittelfeld hat durch ein Comeback wieder an Stärke gewonnen. Mit der Rückkehr von Marc Wilmots, im vergangenen Jahr UEFA-Cup-Sieger mit Schalke 04, gewann die belgische Nationalmannschaft einen unermüdlichen Antreiber mit Torriecher. Dank ihm und Enzo Scifo, der wie Franky Van der Elst bereits an seiner vierten WM in Folge teilnimmt, kann sich das belgische Team damit wieder auf seine traditionellen Stärken besinnen: schnellen Konterfußball aus einer kompakten Defensive.

Denn auch Georges Leekens hat das gewohnte Spielsystem nicht verändert. Schon bei der WM in den USA spielte die Mannschaft ein striktes 4-4-2-System, an dem auch in Frankreich festgehalten werden soll. Allein die Abwehr, wegen ihrer Kompromißlosigkeit einst die Paradereihe der Belgier, erwies sich in der Qualifikation nicht immer als sattelfest.

Die Aufbruchstimmung innerhalb der Nationalmannschaft kann aber über die Krise des belgischen Fußballs nicht hinwegtäuschen. Für die »Roten Teufel« erwies sich schon Qualifikationsgegner Niederlande als eine Nummer zu groß. Dabei hatte sich das Team nach der bitteren 0:3-Heimpleite für das Rückspiel viel vorgenommen. Mit einer gehörigen Portion Wut im Bauch machte sich die Mannschaft auf den Weg nach Rotterdam, blieb jedoch auch dort ohne

- **Fläche: 30.519 km²**
- **Einwohnerzahl: 10,1 Mio.**
- **Einwohner/km²: 332**
- **Hauptstadt: Brüssel**
- **Weitere wichtige Städte: Antwerpen, Namur, Lüttich**
- **Staatsform: Parlamentarische Monarchie**
- **Regierungschef: Jean-Luc Dehaene**
- **Staatsoberhaupt: König Albert II**

den Hauch einer Chance. Am Ende hieß es 3:1 für die Niederländer, die im Jahr 2000 gemeinsam mit Belgien die Fußball-Europameisterschaft ausrichten.
Auch wenn es letztlich die einzigen Niederlagen in der Qualifikation bleiben sollten, bedeutete der damit verbundene zweite Gruppenplatz einen herben Rückschlag für das aufstrebende Team. Ohnehin war die Stimmung gereizt, dafür hatte das holländische Nationalteam schon im Vorfeld der wichtigen Begegnung gesorgt: Per Privatjet verfrachtete eine Delegation nicht nur umgerechnet 100.000 Mark nach Lüttich, sondern lud Empfänger Jean-Marc Bosmann gleich auch ins holländische Trainingslager nach Noordwijk ein. Anerkennung für den Belgier, der durch seinen zähen Kampf vor Gericht das Ende der Ablösesummen im Profifußball erreichte.

Die Klubs haben an Glanz verloren

Belgien wertete diese Geste als Affront. Haben doch die einst ruhmreichen Vereinsmannschaften, bei denen Bosmann keinen Vertrag mehr bekam, inzwischen längst einen Großteil ihres Glanzes eingebüßt. Bereits früh haben sich RSC Anderlecht, FC Brügge und Germinal Ekeren zuletzt aus den europäischen Cup-Wettbewerben verabschiedet. Sponsoren ziehen ihre üppigen Zuwendungen zurück, in der Jugendarbeit fehlt Geld. »Der belgische Fußball ist durch unsere WM-Qualifikation nicht gerettet«, weiß auch Georges Leekens.
Zu den sportlichen Rückschlägen gesellte sich Ende '97 auch noch ein handfester Skandal. Findige Radiojournalisten enthüllten die dubiose Zahlung von rund 50.000 Mark an den spanischen Schiedsrichter Gurceta Muro im Jahre 1984. Das damalige Präsidium des RSC Anderlecht hatte die Zahlung eigens in die Wege geleitet, als der Royal Sporting Club

**Nach seinem Nationalmannschafts-Comeback im November '96 hat sich Marc Wilmots vor allem durch seine bedingungslose Einsatzbereitschaft endgültig Respekt verschafft.
Der bullige Offensivspieler des deutschen Bundesligisten FC Schalke 04 gilt nicht nur als torgefährlicher Antreiber, sondern auch als Führungskraft innerhalb des Teams.
Bei der WM in Italien rutschte der inzwischen 28jährige erstmals in den WM-Kader, wurde von seinem damaligen Coach Guy Thys jedoch nicht berücksichtigt. Als Wilmots auch in den USA nur zu einem Kurzeinsatz gegen Saudi-Arabien kam, erklärte er seinen Rücktritt.
Wilmots, der sich vor allem als dritter Angreifer hinter den Spitzen wohlfühlt, gilt trotz seiner 86 kg als extrem laufstarker Spieler, der auch nach Rückständen kein Match verloren gibt.
Mit dem KV Mechelen wurde er bereits 1989 belgischer Meister, vier Jahre später gewann er mit Standard Lüttich den Landespokal, 1997 mit Schalke 04 den UEFA-Cup.**

im UEFA-Cup-Halbfinale am englischen Vertreter Nottingham Forest zu scheitern drohte. Anderlecht hatte das Hinspiel klar mit 2:0 verloren, entschied das Rückspiel unter der Leitung von Referee Muro im heimischen Stadion dann aber doch noch mit 3:0 für sich. Nottingham Forest fühlte sich nach zweifelhaften Schiedsrichter-Entscheidungen schon damals verschaukelt.

Die Mannschaft steht unter Erfolgsdruck

Eine reine Freundschaftsgeste für den angeblich in Finanznot geratenen Schiedsrichter, rechtfertigte sich das Präsidium von Anderlecht jüngst, doch UEFA und der englische Erstliga-Klub reagierten prompt. Der RSC Anderlecht, sollte er sich 1998 denn erneut qualifizieren, wird für ein Jahr von allen europäischen Fußballwettbewerben ausgeschlossen. Und nicht nur Nottingham Forest selbst, sondern auch dessen Ex-Spieler erwägen wegen entgangener Prämien den Gang vor die Gerichte.
Keine rosigen Aussichten also für den traditionsreichen Brüsseler Vortklub. Jetzt ist es daher an der Nationalelf, das ramponierte Image des belgischen Fußballs wieder aufzupolieren. »Die Nationalmannschaft muß Vorbild für die Klubs sein«, fordert auch Trainer Georges Leekens, der in der belgischen Öffentlichkeit als der Shooting-Star des Jahres '97 gilt. Der unkonventionelle Trainer, der sein Team eigenständig im Internet präsentiert, genießt trotz seiner kurzen Amtszeit das uneingeschränkte Vertrauen der Fans und der Medien. Doch der Erfolgsdruck ist enorm. Obwohl seine Elf bei der insgesamt zehnten WM-Teilnahme in Frankreich sicherlich nicht zum engeren Favoritenkreis gehört, muß sie mit der hohen Erwartungshaltung erst einmal zurechtkommen. Schließlich haben die »Roten Teufel« nach dem großen Triumph im Jahr 1986 auch bei den letzten zwei WM-Endrunden immerhin jedesmal das Achtelfinale erreicht. Und daran werden sie auch in Frankreich wieder gemessen.

UNSER TIP: Auch wenn Belgien in der Qualifikation gegen die Niederlande chancenlos war, wird es die Vorrunde wohl auch diesmal überstehen.

Georges Leekens

Nachdem der 47jährige Coach im Januar '97 die Nationalmannschaft übernommen hatte, brachte er die »Roten Teufel« wieder auf Erfolgskurs. Seitdem wird Georges Leekens als Retter des belgischen Fußballs gefeiert. Er setzt bedingungslos auf Disziplin und Teamgeist und hat sich damit bereits als Vereins-trainer Respekt und Anerkennung verschafft: Mit Cercle Brügge gewann Leekens den Belgischen Cup, mit Club Brügge Meisterschaft und Landespokal.

DAS VORLÄUFIGE AUFGEBOT

	Name	Verein	Alter*	Länderspiele*
TOR	Filip DE WILDE	Sporting Lissabon	33	18
	Philippe VANDE WALLE	Lierse SK	36	2
	Dany VERLINDEN	Club Brügge	34	0
ABWEHR	Vital BORKELMANNS	Club Brügge	34	15
	Eric VAN MEIR	SK Lierse	39	10
	Bertrand CRASSON	SSC Neapel	26	14
	Philippe LEONARD	AS Monaco	23	8
	Regis GENAUX	Udinese Calcio	24	16
	Gordan VIDOVIC	Excelsior Mouscron	29	4
MITTELFELD	Danny BOFFIN	FC Metz	32	31
	Franky VAN DER ELST	Club Brügge	36	77
	Nico VAN KERCKHOVEN	Lierse SK	27	11
	Enzo SCIFO	RSC Anderlecht	31	79
	Lorenzo STAELENS	Club Brügge	33	44
	Gert VERHEYEN	Club Brügge	27	9
	Bart DE ROOVER	NAC Breda	30	5
STURM	Michael GOOSSENS	FC Schalke 04	24	9
	Luc NILIS	PSV Eindhoven	30	43
	Luis OLIVEIRA	AC Florenz	28	21
	Gilles DE BILDE	PSV Eindhoven	26	15
	Marc WILMOTS	FC Schalke 04	28	28
	Emile Lokonda MPENZA	Standard Lüttich	20	5

*Stichtag 10. Dezember 1997

Der 29jährige Sun-Hong Hwang (Bild mitte) machte bereits bei der WM '94 auf sich aufmerksam und zählt sicherlich zu den torgefährlichsten Spielern seines Landes. Auslandserfahrung sammelte der Stürmer in der Saison 92/93 beim deutschen Zweitligisten Wuppertaler SV, kehrte jedoch nach einer schweren Verletzung in seine Heimat zurück. Ein erneuter Kreuzbandriß verhinderte seinen Einsatz während der WM-Qualifikation.

- **Fläche: 99.274 km²**
- **Einwohnerzahl: 45,4 Mio.**
- **Einwohner/km²: 453**
- **Hauptstadt: Seoul**
- **Weitere wichtige Städte: Pusan, Taegu, Kwangju**
- **Staatsform: Präsidiale Republik**
- **Regierungschef: Koh Kun**
- **Staatsoberhaupt: Kim Young Sam**

Warten auf den ersten Sieg

Auch die mächtigen und finanzkräftigen Konzerne des Landes konnten das Trauma der Nationalelf bislang nicht beseitigen.
Bereits zum fünften Mal qualifizierte sich Südkorea im vergangenen Jahr für eine WM-Endrunde, einem Sieg laufen die Spieler dort jedoch immer noch hinterher. Die Bilanz ist ernüchternd – gerade einmal drei Unentschieden in elf Begegnungen.
Dabei gilt Südkorea in Südostasien längst als Fußball-Großmacht. Fast mühelos marschierte das Team durch die Qualifikation und sicherte sich als Gruppenerster vor Japan souverän die Frankreich-Fahrkarte. »Mit diesem Erfolg haben wir das ganze Land in Verzückung versetzt«, glaubt Nationaltrainer Bum Kun Cha, der das Team im Januar '97 nach dem blamablen Viertelfinal-Aus bei der Asien-Meisterschaft übernommen hatte. Der ehemalige Bundesligaspieler führte deutsche Trainingsmethoden ein und setzte die Verjüngung des Teams durch.

Jetzt darf der 45jährige nicht nur kostenlos First-Class fliegen, sondern genießt auch in der Bevölkerung außerordentlichen Respekt. Die Zuneigung ging jüngst sogar soweit, daß er wegen seiner »hervorragenden Führungsqualitäten« von südkoreanischen Tageszeitungen allen Ernstes für das Amt des Ministerpräsidenten vorgeschlagen wurde. Doch davon will der ehrgeizige Trainer, der in seiner Heimat seit 1990 bereits 15 eigene Fußballschulen fördert, nichts wissen. Zu groß ist die Herausforderung, in Frankreich endlich einmal die Vorrunde zu überstehen. Dabei setzt Bum Kun Cha vor allem auf seinen Torjäger Sun-Hong Hwang und den umsichtigen und erfahrenen Libero Myung Bo Hong. Sie gehören zu dem Dutzend Spieler, die vom WM-Aufgebot von '94 noch übrig geblieben sind. Und die Jungen müssen erst noch mit dem großen Erfolgsdruck fertig werden. Immerhin steht in Frankreich auch der Ruf des Sportlandes Südkorea auf dem Spiel, das gemeinsam mit Japan den Zuschlag für die WM im Jahr 2002 erhielt.

Für die Experten eine Überraschung, dabei hatte sich das Land in einer einzigartigen PR-Kampagne mächtig ins Zeug gelegt. Allein der Vorsitzende des koreanischen Fußballverbandes soll 38mal um die Welt gereist sein, nicht ganz uneigennützig, wie sich später herausstellte: Auch er, der sechste Sohn des Gründers von Südkoreas größter Industriegruppe Hyundai, wird mittlerweile offen als Präsidentschaftskandidat gehandelt. Die Entscheidung des Weltfußballverbandes zugunsten von Südkorea hat im Land eine neue Fußballbegeisterung entfacht, zumindest offiziell. »Millionen von Koreanern aller Altersstufen spielen Fußball«, heißt es in der ersten WM-Broschüre – und: »Jeden Sonntagmorgen treffen sich die Familien zum Spiel.« Dabei hat es der koreanische Fußball trotz zahlreicher Erfolge in Asien immer noch schwer. Es gibt nur wenig geeignete Plätze. Die Spiele der Profiliga werden nur selten im Fernsehen übertragen. Außerdem spielt die Jugend lieber Basketball, weil es in den Städten einfacher ist, dem Fußball einen Korb zu geben.

Nicht nur die großen Konzerne, denen zahlreiche Fußballklubs im Land gehören, hoffen daher auf einen Erfolg in Frankreich. Schließlich wäre es die beste Imagewerbung für den Fußball im eigenen Land. Und daß die Hoffnungen berechtigt sind, darin sind sich die Experten schon lange einig: Zwar mangelt es dem Team an internationaler Erfahrung, dafür gilt der Fußball als technisch anspruchsvoll, schnell und vor allem geprägt von einem unbändigen Siegeswillen.

UNSER TIP: Da dem Gastgeber der WM 2002 bisher noch kein Sieg gelungen ist, reicht es auch diesmal nicht zum Achtelfinale.

Bum Kun Cha

Es dauerte lange, bis sich der 45jährige in seiner Heimat als Trainer durchsetzen konnte. Erst im Januar '97 berief ihn der südkoreanische Fußball-Verband zum Nationalcoach und akzeptierte damit erstmals europäische Trainingsmethoden. Als disziplinierter Spieler hochgeachtet, absolvierte Bum Kun Cha zwischen 1979 und 1988 insgesamt 308 Bundesligaspiele für Eintracht Frankfurt und Bayer Leverkusen, schoß 89 Tore und gewann mit beiden Teams den UEFA-Cup.

DAS VORLÄUFIGE AUFGEBOT

	Name	Verein	Alter*	Länderspiele*
TOR	Byung Ji KIM	Ulsan Hyundai	27	28
	Bong Soo KIM	Anyang LG	27	14
	Dong-Myung SEO	Ulsan Hyundai	23	12
ABWEHR	Young Il CHOI	Pusan Daewoo	31	45
	Myung Bo HONG	Bellmare Hiratsuka	28	93
	Dae Il JANG	Yonsei University	22	6
	Tae Young KIM	Chunnam Dragons	24	24
	Min Sung LEE	Pusan Daewoo	24	17
	Hyung Seok JANG	Ulsan Hyundai	25	4
MITTELFELD	Sang Chul YOO	Ulsan Hyundai	26	42
	Tae Ha PARK	Pohang Steelers	29	10
	Seok Ju HA	Pusan Daewoo	29	80
	Ki Hyung LEE	Suwon Samsung	23	27
	Sang Rae ROH	Chunnam Dragons	26	25
	Sang Yoon LEE	Chunan Ilhwa	28	17
	Sung Yong CHOI	Sangmoo (Army)	21	14
STURM	Kun Ha PARK	Suwon Samsung	26	18
	Yong Su CHOI	Sangmoo (Army)	24	18
	Do Hoon KIM	Chunbuk Dinos	27	33
	Jung Won SEO	Anyang LG	26	72
	Jung Woon KO	Cerezo Osaka	31	76
	Sun-Hong HWANG	Pohang Steelers	29	73

*Stichtag 4. Dezember 1997

Qualifikation geschafft, Trainer geschaßt

Der 31jährige Jorge Campos reiht sich nahtlos in die Riege der bunten Vögel unter den lateinamerikanischen Torhütern ein. Anders als Higuita aus Kolumbien oder Chilavert aus Paraguay beeindruckt Campos vor allem durch seine außergewöhnlichen Trikots und wirkt oft wie eine Leuchtreklame. Es ist kein Zufall, daß sein Nationaltrikot stets die Nummer neun trägt, schaltet sich Campos doch gelegentlich auch gerne mal in den Angriff seiner Mannschaft ein.
Bereits fünfmal erhielt der nur 1,78 Meter große Gelegenheitsstürmer die Auszeichnung als bester Torhüter Mexikos, in den Jahren 1990 bis 1995. Im vergangenen Jahr erhielt er im Nationalteam allerdings erstmals ernsthafte Konkurrenz von dem nahezu gleichaltrigen Adolfo Rios. Dennoch dürfte Campos auch in Frankreich wieder Mexikos Nummer eins sein, nicht zuletzt wegen seiner Persönlichkeit.

- **Fläche: 1,96 Mio. km²**
- **Einwohnerzahl: 95,5 Mio.**
- **Einwohner/km²: 49**
- **Hauptstadt: Mexiko-Stadt**
- **Weitere wichtige Städte: Guadalajara, Monterrey, Tijuana**
- **Staatsform: Präsidiale Bundesrepublik**
- **Regierungschef: E. Zedillo P. de León**
- **Staatsoberhaupt: E. Zedillo P. de León**

Für die größte Sensation sorgten die Mexikaner erst nach der WM-Qualifikation. Die Lateinamerikaner hatten sich zwar souverän ihre elfte WM-Teilnahme gesichert, Trainer Bora Milutinovic aber mußte trotz guter Arbeit sein Amt abgeben. Selbst zehn Spiele ohne Niederlage und der erste Platz in der Qualifikationsgruppe Karibik, Nord- und Mittelamerika konnten seine Entlassung nicht verhindern. Den Funktionären des mexikanischen Fußballverbandes widerstrebte nicht nur die leidenschaftslose Spielweise der Mannschaft, sondern auch Milutinovics Sicherheitsfußball. Dabei hatte der Serbe erst im Sommer 1997 mit seiner Fußballphilosophie den dritten Platz bei der Copa America, der Südamerika-Meisterschaft in Bolivien, erreicht. Für die Mexikaner ein riesiger Erfolg.
Der neue Nationalcoach heißt Manuel Lapuente. Der 53jährige Trainer gilt zwar als Fachmann des mexikanischen Fußballs, hat aber nicht die internationale Erfahrung seines Vorgängers, der die Mexikaner bereits 1986 bei der WM im eigenen Lande erfolgreich betreut hatte. Dennoch wollen die Fußballfunktionäre des Landes mit ihrem neuen Nationalcoach endlich einmal ein großes Ziel erreichen und außerhalb des amerikanischen Kontinents die WM-Vorrunde überstehen. Erfolge bei Weltmeisterschaften gab es bisher nur im eigenen Land, wo Mexiko 1970 und 1986 jeweils im Viertelfinale stand. 1994 in den USA erreichte das Team immerhin noch das Achtelfinale. Bei allen anderen sieben Endrunden-Starts mußten die Mexikaner jeweils bereits nach der ersten Runde die Heimreise antreten.
Der Fußball in Mexiko ist gut strukturiert, doch die Vereine haben ständig finanzielle Probleme. Oft zahlen sie daher ihren Spieler die Gehälter nur unregelmäßig. Die Euphorie unter

den Fans ist oft groß, ihre Phantasie inzwischen weltbekannt. Schließlich waren sie es, die bei der WM 1986 im eigenen Land die »La Ola-Welle« erfanden und damit Fußball-Fans auf der ganzen Welt zur Nachahmung animierten.

Allerdings kämpfen die mexikanischen Fußballanhänger bereits seit Jahrzehnten mit einem Trauma: In Nord- und Mittelamerika ist das Land zwar unangefochten die Nummer eins, international fehlt jedoch immer noch der große Durchbruch. Und auch in Frankreich wird es wieder schwer werden für die »Tri« - wie die Fans ihr Team wegen der drei Nationalfarben Grün-Weiß-Rot nennen. Die Mannschaft hat ein sehr hohes Durchschnittsalter, viele Spieler sind weit über 30 Jahre alt, zehn Nationalspieler aus der Stammelf waren schon 1994 in den USA dabei – ein weiterer Kritikpunkt am alten Trainer, der es versäumt hat, seit seinem Amtsantritt 1995 die Mannschaft kontinuierlich zu verjüngen.
Die Mexikaner bevorzugen ein variables 4-4-2-System. Dabei stützen sie sich vor allem auf ihre beiden exzellenten Sturmspitzen. Luis Hernandez, in Argentinien bei Boca Juniors unter Vertrag, war die Entdeckung bei der jüngsten Copa America, wo er sich den Titel des Torschützenkönigs sicherte. Der 28jährige ist schnell, dribbelstark und besitzt einen guten Torriecher. Carlos Hermosillo vom Traditionsverein Cruz Azul war bereits 1986 bei der WM dabei. Der mittlerweile 33jährige ist der erfolgreichste Stürmer in der Geschichte Mexikos.
Nur einer, Torwart Jorge Campos, der Spieler mit der Nummer neun, ist noch populärer. Der Mann in auffällig leuchtenden Trikots wurde nicht durch Glanzparaden auf der Linie, sondern durch Ausflüge in die gegnerische Hälfte und gelegentliche Besuche im Strafraum des Gegners bekannt. Der Drang nach vorne kommt nicht von ungefähr. 1988, am Anfang seiner Karriere, spielte Campos in der mexikanischen Liga noch im Angriff.
Der große Traum des nur 1,78 m großen Schlußmannes: Ein Tor bei der WM.

UNSER TIP: Mexikos Torhüter Jorge Campos wird auch diesmal kein WM-Tor erzielen und das Vorrunden-Aus seines Teams nicht verhindern.

Manuel Lapuente

Der 53jährige Nationalcoach hat Ende des vergangenen Jahres ein schweres Erbe übernommen. Von der Öffentlichkeit wird er immer wieder an dem Charisma und der internationalen Erfahrung seines Vorgängers Bora Milutinovic gemessen. Viele Kritiker zweifeln daher an seinen Fähigkeiten. Und das, obwohl Lapuente bereits 1992 ein Jahr lang Nationaltrainer war und zuletzt mit Necaxa und Puebla je zweimal mexikanischer Meister wurde.

DAS VORLÄUFIGE AUFGEBOT

	Name	Verein	Alter*	Länderspiele*
TOR	Jorge CAMPOS	Cruz Azul	31	97
	Osvaldo SANCHEZ	América	24	8
	Adolfo RIOS	Necaxa	30	24
ABWEHR	Claudio SUAREZ	Guadalajara	28	104
	Pavel PARDO	Atlas	21	29
	Francisco GABRIEL	Santos Laguna	26	3
	Duilio DAVINO	América	21	32
	Joel SANCHEZ	Guadalajara	23	11
	Camilo ROMERO	Guadalajara	28	13
MITTELFELD	Marcelino BERNAL	Monterrey	35	63
	Ramon RAMIREZ	Guadalajara	27	79
	Joaquín DEL OLMO	Necaxa	28	49
	Enrique ALFARO	Toluca	23	15
	Alberto COYOTE	Guadalajara	30	50
	Benjamín GALINDO	Cruz Azul	37	76
	Alberto GARCIA ASPE	América	30	72
STURM	Luis GARCIA	Atlante	28	71
	Carlos HERMOSILLO	Cruz Azul	33	98
	Luis Roberto ALVES »ZAGUE«	América	30	84
	Cuauhtemoc BLANCO	Necaxa	24	23
	Ricardo PELAEZ	América	33	36
	Luis HERNANDEZ	Boca Juniors	28	29

*Stichtag 19. November 1997

Vom Wackelkandidaten zum Mitfavoriten

Es war eine Qualifikation ohne Glanz – und für das Team dennoch kein Grund zur Beunruhigung. Immer dann, wenn die deutsche Mannschaft sich ihrer Pflichtaufgabe in der Qualifikation eher enttäuschend entledigte, verlief die spätere Kür um so besser. Noch nie ist ein DFB-Team auf dem Weg zur WM gescheitert. Und nur ein einziges Mal ging die deutsche Mannschaft nach einem WM-Qualifikationsspiel bisher geschlagen in die Kabine – 1985 vor der Weltmeisterschaft in Mexiko hieß es in Stuttgart 0:1 gegen Portugal. Bereits unter dem damaligen Team-Chef Franz Beckenbauer hat die DFB-Elf die Qualifikationsrunden oft nur mühsam überstanden und in den Turnieren später groß aufgetrumpft. Unter Bundestrainer Berti Vogts fand dieses Phänomen wie selbstverständlich seine Fortsetzung.

- **Fläche: 357.022 km²**
- **Einwohnerzahl: 81,8 Mio.**
- **Einwohner/km²: 229**
- **Hauptstadt: Berlin**
- **Weitere wichtige Städte: Hamburg, München, Köln**
- **Staatsform: Parlamentarische Bundesrepublik**
- **Regierungschef: Helmut Kohl**
- **Staatsoberhaupt: Roman Herzog**

Die deutsche Mannschaft konnte sich im Verlaufe eines wichtigen Turnieres bisher meistens steigern. Ausnahmen bilden da lediglich die WM 1938 in Frankreich mit dem Erstrunden-Aus gegen die Schweiz und die WM 1978 in Argentinien mit der Zweitrundenmatch gegen Österreich. Auch die Viertelfinalniederlagen gegen Jugoslawien 1962 in Chile und gegen Bulgarien 1994 in den USA entsprachen nicht ganz den hochgesteckten Erwartungen der Anhänger.

Deutschland ist eine Turniermannschaft

Dennoch hat die deutsche Mannschaft noch immer die beste Endrunden-Bilanz aller großen Fußballnationen: dreimal Weltmeister, dreimal Vizeweltmeister und zweimal WM-Dritter. Gary Lineker, einstiger Topstürmer in England, hatte für dieses Phänomen seine eigene Philosophie: »Fußball ist ein Spiel, bei dem 22 Mann dem Ball hinterherrennen. Es dauert 90 Minuten, wird von drei Schiedsrichtern behindert und am Ende gewinnen immer die Deutschen.«
Auf diese Philosophie will sich Bundestrainer Berti Vogts allerdings nicht verlassen. Zu groß waren die Probleme in den Pflicht- und Testspielen auf dem Weg nach Frankreich. Was stimmt, ist lediglich die Statistik. Die letzten 19 Spiele bis Ende 1997 hat die DFB-Elf zwar nicht verloren, aber oft bis zur letzten Minute gezittert, und das sogar gegen die sogenannten »Kleinen« im Weltfußball. Nur selten gelang es dem deutschen Team, dem Gegner seinen Stil aufzuzwingen. In acht Begegnungen erzielte der Angriff in der ersten Halbzeit kein Tor. In wichtigen Spielen wie gegen Nordirland und Albanien lief die Mannschaft einem Rückstand hinterher.

Nur mit Glück, Geschick und mit Gespür für die richtigen Einwechslungen verhinderte der Bundestrainer ein frühes Scheitern. In Nordirland schafften die eingewechselten Thomas Häßler und Oliver Bierhoff als Vorbereiter und Vollstrecker den schnellsten Hattrick in der deutschen Länderspielgeschichte und verwandelten einen 0:1-Rückstand noch in einen 3:1-Erfolg. Beim 4:3 gegen Albanien rettete Ulf Kirsten mit einem weiteren Hattrick die Auswahl vor dem WM-Aus.

Vogts setzt seine Stars unter Druck

Kapitän Jürgen Klinsmann dagegen blieb lange erfolglos. Der vom Bundestrainer an Nummer eins gesetzte Stürmer traf erst nach 854 Minuten beim Spiel gegen Armenien wieder ins gegnerische Netz. Die DFB-Spiele waren am Ende zwar erfolgreich, aber doch wenig attraktiv.

In keinem einzigen Qualifikationsspiel war der Bundestrainer mit allen Spielern seines Starensembles über die gesamten 90 Minuten zufrieden. Nie konnte Berti Vogts seine Mannschaft unverändert in die nächste Begegnung schicken. Die Gründe für die schlechten Leistungen lagen auf der Hand: ein dichtgedrängter Spielplan, zu wenig Regeneration, mit fast 30 Jahren ein sehr hohes Durchschnittsalter des Teams, viele Verletzungen und Formschwankungen.

Berti Vogts reagierte rechtzeitig. Der Gewinn der Europameisterschaft vor zwei Jahren hat den 50jährigen souveräner gemacht. Endlich ist er aus dem Schatten seines Vorgängers Franz Beckenbauer herausgetreten. Vogts traf nun auch unpopuläre Entscheidungen. Spieler wie der Dortmunder Stefan Reuter wurden für einige Länderspiele aus dem Kader gestrichen. In einem Brief ließ Vogts alle WM-Kandidaten wissen, daß er aus schwachen Leistungen nun auch Konsequenzen ziehen werde. Mit Didi Hamann, Jens Jeremies, Sven Kmetsch, Thomas Linke, Jens Nowotny, Lars Ricken und Dariusz Wosz testete Vogts in der Folge gleich sieben Debütanten. Die etablierten Nationalspieler verspürten den Druck der neuen Konkurrenz, und im letzten Länderspiel des Jahres 1997 zeigte die Formkurve beim 3:0 gegen Südafrika wieder nach oben. Die wichtigsten Spieler für die WM in Frankreich stehen bereits fest.

Jürgen Kohler ist der dienstälteste Spieler im WM-Kader und gilt als »Mister zuverlässig«. Sein erstes von 95 A-Länderspielen absolvierte er im September 1986 gegen Dänemark, seine Profikarriere begann 1983 bei Waldhof Mannheim. Nach den Lehrjahren bei den »Waldhofbuben« hat der 32jährige Abwehrrecke in 14 Profijahren immer wieder gegen die ganz Großen des Weltfußballs gespielt und mit seiner Zweikampfstärke viele Stürmer zur Verzweiflung gebracht.

Kohler wurde bereits Welt- und Europameister sowie mit Bayern München, Juventus Turin und Borussia Dortmund jeweils nationaler Meister. Außerdem hat er die Champions-League und den UEFA-Cup gewonnen. Nach einer schweren Knieverletzung bei der EM 96 war seine internationale Karriere fast beendet. Berti Vogts überredete ihn jedoch zu einem Neubeginn.

Die WM in Frankreich ist für Deutschlands Fußballer des Jahres 1997 der krönende Abschluß einer Bilderbuchkarriere.

Torwart Andreas Köpke und sein Vertreter Oliver Kahn sowie Jürgen Kohler, Thomas Helmer, Andreas Möller, Thomas Häßler, Jörg Heinrich, Christian Ziege, Kapitän Jürgen Klinsmann, Oliver Bierhoff und Ulf Kirsten haben das WM-Ticket sicher.

Die Spieler stehen fest, die Taktik noch nicht

Um seinen Leistungsträger Matthias Sammer macht sich Vogts allerdings große Sorgen. Sammer, Europas Fußballer des Jahres 1996, wurde bereits zum fünften Mal am linken Knie operiert. Seine WM-Teilnahme ist äußerst ungewiß. Mit Olaf Thon hat der Bundestrainer eine gute Alternative gefunden. Nach vier Jahren kehrte der Schalker ins Nationalteam zurück.
Damit steht das Gerippe für die WM 98, nur wenige Fragen sind noch offen. Wer fährt als dritter Torwart mit zur WM, der Schalker Jens Lehmann oder der Dortmunder Stefan Klos? Wer ergänzt die drei gesetzten Sturmspitzen? Mögliche Kandidaten sind Fredi Bobic, Carsten Jancker, Olaf Marschall, Stefan Kuntz oder doch noch Oliver Neuville.
Auch bei der Idealbesetzung im Mittelfeld kommt der DFB-Coach immer wieder ins Grübeln: »Die Grundordnung in unserem 3-5-2 System darf nicht zu offensiv ausgerichtet sein.« Das deutsche Team hat sich immer wieder Vogts' Fußballphilosophie unterzuordnen: »Der Star ist die Mannschaft.« Dabei ist der Defensiv-Allrounder vor der Abwehr, der erst noch gefunden werden muß, genau so wichtig wie die Kreativspieler Thomas Häßler und Andreas Möller hinter den beiden Spitzen. Vogts spielt sogar mit dem Gedanken, mit nur einem offensiven Mittelfeldspieler in der Anfangsformation zu beginnen. Wenn die Nationalmannschaft das hält, was die deutschen Klubs Bayern München, Schalke 04 und Borussia Dortmund mit vier internationalen Titeln bereits versprochen haben, können die Fans der deutschen Mannschaft der WM beruhigt entgegensehen. Denn die Vergangenheit hat gezeigt: Die Deutschen hören erst dann auf zu kämpfen, wenn sie im Mannschaftsbus sitzen.

Unser Tip: Berti Vogts benötigt in dieser Gruppe nicht einmal Einwechselglück, um mit seinem Team die nächste Runde zu erreichen.

Berti Vogts

Der 96fache Nationalspieler gewann als Spieler 1974 mit Deutschland den WM-Titel. In seinen 14 Profijahren bei Borussia Mönchengladbach verurteilte der kleine Abwehrspieler viele Weltklassestürmer zu Statisten und gewann 1975 mit seinem Team den UEFA-Cup. Nach seiner Profizeit wechselte Vogts als Jugendtrainer zum DFB. 1990 war er Assistent von Franz Beckenbauer. Nach der WM in Italien übernahm der heute 50jährige Coach die A-Nationalmannschaft, mit der er 1996 die Europameisterschaft gewann.

DAS VORLÄUFIGE AUFGEBOT

	Name	Verein	Alter*	Länderspiele*
TOR	Andreas Köpke	Olympique Marseille	35	48
	Oliver Kahn	Bayern München	28	8
	Jens Lehmann	Schalke 04	28	0
ABWEHR	Markus Babbel	Bayern München	25	26
	Thomas Helmer	Bayern München	32	63
	Jürgen Kohler	Borussia Dortmund	32	95
	Olaf Thon	Schalke 04	31	42
	Stefan Reuter	Borussia Dortmund	31	64
	Matthias Sammer	Borussia Dortmund	30	51
MITTELFELD	Christian Ziege	AC Mailand	25	34
	Mario Basler	Bayern München	28	26
	Jens Jeremies	1860 München	23	1
	Sven Kmetsch	Hamburger SV	27	1
	Michael Tarnat	Bayern München	28	7
	Thomas Häßler	Karlsruher SC	31	88
	Jörg Heinrich	Borussia Dortmund	27	11
STURM	Andreas Möller	Borussia Dortmund	30	73
	Oliver Bierhoff	Udinese Calcio	29	19
	Fredi Bobic	VfB Stuttgart	26	18
	Ulf Kirsten	Bayer Leverkusen	31	25
	Jürgen Klinsmann	Sampdoria Genua	33	100
	Olaf Marschall	1. FC Kaiserslautern	31	3

*Stichtag 10. Dezember 1997

Die Rückkehr der Ballkünstler vom Balkan

Als die jugoslawischen Spieler vor acht Jahren zum vorerst letzten Mal zu einer Weltmeisterschaft aufbrachen, strotzten sie noch vor Zuversicht und Tatendrang. Es war das Jahr 1990 – der Fußball auf dem Balkan hatte einen neuen Höhepunkt erreicht. Die Nationalelf qualifizierte sich souverän für die Endrunde in Italien und schaffte anschließend den Einzug ins Viertelfinale, und der heimische Vorzeige-Klub Roter Stern Belgrad legte den Grundstein zum Gewinn des Europapokals der Landesmeister in der Folgesaison.

Niemand konnte zu diesem Zeitpunkt ahnen, daß die Spiele in Italien für lange Zeit der letzte große Auftritt der Nationalelf sein sollten. Doch am Horizont braute sich das Unheil bereits zusammen. Ein explosives Gemisch aus Haß und Fanatismus stürzte das Land schon kurze Zeit später in einen grausamen Bürgerkrieg, der auch den Sport schwer traf. Der europäische Fußball-Verband untersagte dem bereits qualifizierten Nationalteam die Teilnahme an der Europameisterschaft 1992 in Schweden und schloß es gemeinsam mit den Liga-Klubs auch gleich von allen anderen internationalen Großveranstaltungen aus.

Über Freunschaftsspiele zurück zur WM

Vier lange Jahre wurde das Team geächtet und gemieden, waren die Spieler zum Zuschauen verdammt. Erst in Frankreich kehren sie nun ins Rampenlicht zurück – ehrgeiziger als je zuvor. »Wir wollen der Welt beweisen, daß wir wieder jemand sind«, sagt Trainer Slobodan Santrac voller Selbstbewußtsein. Er habe immer an die Rückkehr geglaubt und sich mit seiner Mannschaft gewissenhaft auf diesen Zeitpunkt vorbereitet.
Dabei war der Neuanfang in dem geteilten Balkanstaat alles andere als leicht. Der ehrgeizige Coach mußte gleich mehrere Weltreisen antreten, um seine verstreuten Spieler zu beobachten und wieder zusammenzuführen. Er jettete nicht nur quer durch Europa, sondern saß auch in Japan auf den Tribünen, machte sich Notizen und lud seine Stars zu Freundschaftsspielen ein. Diese bedeutungslosen Partien waren jedoch lange Zeit alles, was er ihnen bieten konnte.
Erst die Aufhebung der UNO-Sanktionen im Jahr 1996 eröffnete Spielern und Trainer neue Perspektiven. Plötzlich war die Teilnahme an der Weltmeisterschaft in Frankreich wieder greifbar nahe, und das neuformierte Team setzte sofort alles daran, seine Fans nicht zu enttäuschen. Gleich in den ersten drei Qualifikationsspielen nach der Verbannung schossen die Spieler 17 Tore und untermauerten eindrucksvoll ihren Anspruch auf eine Führungsrolle in Europa. Selbst Vize-Europameister Tschechien hatte gegen die genialen Ballkünstler vom Balkan zweimal das Nachsehen. Allein gegen die cleveren Spanier fanden die Spieler von Coach Santrac in der Qualifikation einfach kein Mittel. Nur ein Punkt aus zwei Begegnungen – zu wenig, wie sich am Ende herausstellte. Der Gruppensieg war verspielt, Jugoslawien blieb auf dem Weg zur WM nach Frankreich nur der Umweg über Ungarn.
Doch auch dieses »Nachsitzen« konnte die junge Mannschaft nicht entmutigen, im Gegenteil: Die Spieler profitierten von der Unerfahrenheit des ungarischen Teams und boten eine eindrucksvolle Demonstration ihrer Torgefährlichkeit und Spielstärke. Allein Stürmerstar Pedrag Mijatovic erzielte in beiden Begegnungen sieben Treffer, und mit insgesamt 12:1 Toren sicherten sich die Jugoslawen in den Play-off-Spielen eine der letzten WM-Fahrkarten.
Als »Tormaschine« bezeichneten die europäischen Zeitungen Mijatovic später voller Hochachtung, dabei wollte sein spanischer Klub Real Madrid ihn zum Rückspiel eigentlich gar nicht mehr anreisen lassen. Nach dem 7:1-Hinspielsieg hielten die mächtigen spanischen Vereinsfunktionäre seine Teilnahme für überflüssig, doch Trainer Slobodan Santrac blieb hartnäckig – sah er doch in der Begegnung schon eine Art Vorbereitungsspiel auf die WM: »Für uns ist es enorm wichtig«, erklärte er, »soviel internationale Matchpraxis wie möglich zu erlangen.«

- **Fläche: 102.173 km²**
- **Einwohnerzahl: 10,8 Mio.**
- **Einwohner/km²: 106**
- **Hauptstadt: Belgrad**
- **Weitere wichtige Städte: Novi Sad, Nis, Kraagujevac**
- **Staatsform: Bundesrepublik**
- **Regierungschef: Radoje Kontic**
- **Staatsoberhaupt: Slobodan Milosevic**

Nur noch Serben und Montenegriner im Team

Schließlich hat der Ausschluß von Europa- und Weltmeisterschaften nicht nur seine Spieler zu einer langen Länderspielpause gezwungen, sondern auch das Gesicht der gesamten Mannschaft verändert. Heute besteht das Team nur noch aus Serben und Montenegrinern, da Kroatien, Mazedonien, Bosnien-Herzegowina,

Der 28jährige Predrag Mijatovic (links) gilt als einer der torgefährlichsten und technisch stärksten Stürmer der Welt. Nach dem Ausbruch des Bürgerkriegs in seiner Heimat wechselte er von Partizan Belgrad zum spanischen Erstligisten Valencia, schaffte den endgültigen Durchbruch jedoch erst vier Jahre später bei Real Madrid. Im Trikot des spanischen Traditionsvereins harmoniert der Montenegriner bestens mit seinem kroatischen Sturmpartner Davor Suker und wurde in der Saison 95/96 zu Spaniens Fußballer des Jahres gewählt. Auch in der WM-Qualifikation hat er seine Extraklasse unter Beweis gestellt. Mit 14 Treffern erzielte er mehr Tore als jeder andere europäische Stürmer. Seinen zweifelhaften Ruf als »slawischer Hugo Sanchez« konnte Mijatovic jedoch bis heute nicht abschütteln. Diesen Titel verpaßten ihm Spaniens Medien wegen angeblicher Fallsucht im Strafraum.

Moldawien und Slowenien nach der Teilung des früheren Vielvölkerstaates inzwischen eigene Nationalmannschaften besitzen. Der Trainer zeigt sich von diesem Umstand jedoch wenig beeindruckt. »Montenegriner und Serben«, erklärt er, »haben die Mannschaft ohnehin immer beherrscht.« Von Tragik könne daher keine Rede sein. »Auch jetzt würden höchstens vier oder fünf kroatische Spieler den Sprung in meinen WM-Kader schaffen.« Derartige Gedankenspiele sind bei einem Teil der jugoslawischen Fans jedoch auch zwei Jahre nach Kriegsende noch absolut tabu. Voller Haß akzeptieren sie nicht einmal zurückliegende Gastspiele der Nationalspieler in den früheren Teilrepubliken. Das mußte vor allem Zeljko Petrovic beim Play-off-Rückspiel gegen Ungarn erfahren. Der Mittelfeldspieler vom japanischen Erstligisten Urawa Red Diamonds erhielt im Vorfeld der Begegnung anonyme Morddrohungen, da er bei Kriegsausbruch 1991 beim kroatischen Klub Dinamo Zagreb unter Vertrag stand. Der Verräter Petrovic, so forderten fanatische Fans, dürfe nicht im Nationaltrikot Jugoslawiens auflaufen.

Der Ausschluß traf die Liga-Klubs hart

Derartige Probleme machten den Liga-Klubs nach Ausbruch des Bürgerkriegs schwer zu schaffen. Ein typisches Beispiel: der einst ruhmreiche Verein Roter Stern Belgrad. Die internationale Sperre bedeutete nicht nur den Verlust von Einnahmen, sondern zugleich auch den Verzicht auf wichtige slowenische und kroatische Spieler. »Dabei waren wir als Mannschaft zuvor immer typisch jugoslawisch«, erinnert sich Manager Djajic, »die Frage nach der Nationalität stellte bei uns niemand.« Muslime, Serben, Kroaten – sie zusammen machten Belgrad stark. Mit ihnen gewann der Klub 20 nationale Meistertitel und den Europapokal der Landesmeister. »Wir hatten die Möglichkeit, einer der reichsten Klubs Europas zu werden«, sagt der Manager, »doch durch die Kriegswirren gingen uns selbst die Einnahmen aus Spielerverkäufen verloren.« Entwicklungen, von denen sich der jugoslawische Liga-Fußball bis heute nicht erholt hat. Nach und nach wanderten die Stars ab, kaum jemand kehrte zurück. Gegen Ungarn standen neben Torwart Ivica Kjalj und Verteidiger Goran Djorovic gerade noch zwei weitere Spieler aus einheimischen Vereinen im 22-köpfigen Aufgebot der Nationalmannschaft.

Um so erstaunlicher, daß es Nationaltrainer Slobodan Santrac dennoch schaffte, aus den verstreuten Einzelspielern wieder eine spielstarke Ein-

DAS VORLÄUFIGE AUFGEBOT

	Name	Verein	Alter*	Länderspiele*
TOR	Ivaca KRALJ	Partizan Belgrad	24	12
	Aleksandar KOCIC	FC Empoli	28	15
	Dragoje LEKOVIC	Crvena Zvezda Belgrad	30	9
ABWEHR	Zoran MIRKOVIC	Atalanta Bergamo	26	24
	Albert NADJ	Real Betis Sevilla	23	22
	Sinisa MIHAJLOWIC	Sampdoria Genua	28	26
	Miroslav DJUKIC	FC Valencia	31	21
	Goran DJOROVIC	Celta Vigo	26	24
	Branko BRNOVIC	Espanol Barcelona	30	18
MITTELFELD	Slavisa JOKANOVIC	CD Teneriffa	29	28
	Vladimir JUGOVIC	Lazio Rom	28	20
	Dragan STOJKOVIC	Nagoya Grampus Eight	33	61
	Zeljko PETROVIC	Urawa Red Diamonds	32	11
	Ljubinko DRULOVIC	Porto	29	12
	Dejan GOVEDARICA	US Lecce	28	17
	Nilinko PANTIC	Atletico Madrid	31	2
STURM	Dejan SAVICEVIC	AC Mailand	31	48
	Predrag MIJATOVIC	Real Madrid	28	26
	Savo MILOSEVIC	Aston Villa	26	24
	Darko KOVACEVIC	Real Sociedad San Sebastian	24	15
	Sasa CURCIC	Aston Villa	27	13
	Dragan CIRIC	FC Barcelona	23	4

*Stichtag 1. Dezember 97

heit zu formen. Vor allem Dragan Stojkovic, Predrag Mijatovic und Dejan Savicevic gelten für die WM in Frankreich als Hoffnungsträger. Sie prägten schon bei den letzten gemeinsamen Auftritten im Jahr 1992 das Gesicht der Mannschaft. Mit ihrer Torgefährlichkeit und exzellenten Technik haben sie dem lange isolierten Team in nur einem Jahr wieder Respekt und Anerkennung verschafft.

Die Hoffnungen ruhen auf Predag Mijatovic

Das gilt vor allem für Predrag Mijatovic. Er hat die bisherigen Auftritte der Jugoslawen zur Sympathiewerbung genutzt. Der unumstrittene Star der Mannschaft schoß in der Qualifikation 14 Treffer – mehr als jeder andere europäische Spieler. Allein die Vereinsspitze seines Klubs zeigte sich davon wenig überrascht. Beim spanischen Erstligisten Real Madrid ist man von der Extraklasse des 28jährigen längst überzeugt und will ihn vor dem Jahr 2002 am liebsten überhaupt nicht mehr ziehen lassen. Zur Absicherung setzte der Klub seine Ablösesumme auf schwindelerregende 246 Millionen Mark fest.

Kaum verwunderlich, daß Mijatovic bei seiner ersten WM-Endrunde bereits im Vorfeld als einer der ganz großen Stars gehandelt wird. Doch nicht nur ihm, sondern auch seiner Mannschaft wird beim neunten WM-Auftritt Großes zugetraut. Kaum war die Qualifikation abgeschlossen, wurde der WM-Vierte von 1930 und 1962 bereits wieder als Geheimtip gehandelt. Auch Vujadin Boskov, Trainer des italienischen Erstligisten Sampdoria Genua und Mitglied des jugoslawischen Fußballverbandes, hat seine Zurückhaltung längst aufgegeben. »Jugoslawien«, so erklärte er jüngst, »wird auf jeden Fall das Halbfinale erreichen.«

Unser Tip: **Die achtjährige Zwangspause hat den Ehrgeiz der Mannschaft entfacht, das Achtelfinale sollte daher kein Problem sein.**

Slobodan Santrac

Der 51jährige Coach übernahm die jugoslawische Nationalmannschaft im Dezember 1994 und bereitete sie gewissenhaft auf die Rückkehr ins internationale Fußballgeschäft vor. Obwohl er nur noch auf Serben und Montenegriner zurückgreifen konnte, schaffte er es, erneut eine technisch hochklassige Mannschaft zu formen. Er selbst ist mit 238 Erstligatoren immer noch erfolgreichster Torjäger in der Geschichte Jugoslawiens.

Vom Tellerwäscher zum Profitum

Auf die Frage, wem die USA ihre dritte WM-Teilnahme in Folge zu verdanken haben, könnte eine Antwort lauten: dem Fußball-Weltverband FIFA. Schließlich war es die FIFA, die dem Fußball-Schwellenland mit der Vergabe der WM 1994 wichtige Entwicklungshilfe leistete. Vor allem durch die Auflage, den Footballfanatischen US-Amerikanern auch wieder eine Profiliga für Soccer zu schenken, der bis dato wenig beachteten europäischen Fußball-Variante.

Und so konnte Nationaltrainer Steve Sampson die WM-Qualifikation diesmal ganz professionell angehen – mit Spielern, die jeweils erst kurz vor den Begegnungen von ihren Klubs die Freigabe erhielten. Manchmal wünscht sich der US-Coach bereits die Zeiten zurück, als sich sein Nationalteam noch vorwiegend aus College-Spielern und Verbands-Angestellten rekrutierte. Damals, 1994, gelang den US-Boys nach einem anderthalbjährigen Trainingscamp immerhin der erste WM-Sieg seit 44 Jahren – seit eine Mannschaft aus Postboten, Fabrikarbeitern und Lehrern durch das Tor des Tellerwäschers Joe Gaetjens überraschend England schlug und dennoch in der Vorrunde ausschied. Der 2:1-Sieg über Kolumbien vor vier Jahren bedeutete den Einzug ins Achtelfinale und damit den größten Erfolg des US-Teams seit dem Halbfinale von 1930 und der Achtelfinal-Teilnahme 1934.
Der Fußball boomte vorübergehend: Die 1996 gegründete Major League Soccer verpflichtete einen Großteil der US-Nationalspieler. Die Profiklubs verzichteten weitgehend auf Show-Stars im Altherrenalter wie einst Pelé oder Cruyff, die das Ende der Vorgängerliga in den 80er Jahren nicht verhindern konnten. Ein erzwungener Verzicht, denn der Verband beschränkte die Gehälter auf umgerechnet gut zwei Millionen Mark pro Jahr und Mannschaft. Eine Summe, die den Soccer nicht nur finanziell weit hinter Zuschauermagneten wie Football, Baseball, Basketball oder Eishockey

- **Fläche: 9,36 Mio. km²**
- **Einwohnerzahl: 265,8 Mio.**
- **Einwohner/km²: 28**
- **Hauptstadt: Washington D.C.**
- **Weitere wichtige Städte: New York, Los Angeles, Chicago**
- **Staatsform: Präsidiale Bundesrepublik**
- **Regierungschef: Bill Clinton**
- **Staatsoberhaupt: Bill Clinton**

Der 27jährige Alexi Lalas ist der Paradiesvogel im US-Team. Der Verteidiger mit der roten Mähne und dem charakteristischen Spitzbart liebt Rockmusik und Eishockey ebenso sehr wie Soccer. Und eigentlich hatte er sich bereits entschieden, den Fußball zugunsten seiner Rockband »The Gypsies« aufzugeben, ehe er sich bei der WM 1994 ins All-Star-Team spielte. Nach seinen großartigen Auftritten im Nationaltrikot erhielt der gebürtige Grieche als erster Amerikaner einen Vertrag in der italienischen Seria A, beim Provinzklub AC Padua, wo er zum großen Star aufstieg. Und das, obwohl er zwei Jahre zuvor bei einem Probetraining für Arsenal London noch glatt durchgefallen war. Inzwischen spielt Lalas in der US-amerikanischen Major League Soccer für die New England Revolution. Ein Klub mit einem Namen, der ausgezeichnet zu dem außergewöhnlichen Verteidiger paßt, als dessen Stärken sein Kopfballspiel und sein leidenschaftlicher Einsatzwille gelten.

zurückfallen läßt. Fußball ist in den USA immer noch vor allem ein Sport der Einwanderer aus Europa und Südamerika. Mehr und mehr aber auch das Hobby der weißen Vorstadtkinder, die sich damit gegen den »Ghetto-Sport« der farbigen Bevölkerung, den Basketball, absetzen wollen. An den Highschools und Colleges ist der Soccer inzwischen schon beliebter als die US-Sportart Nummer zwei, der Baseball – vor allem bei den Mädchen, die den Fußball in den Vereinigten Staaten zur Frauensportart Nummer eins gemacht haben. Und so ist es kein Zufall, daß die US-Fußballerinnen im Gegensatz zu ihren männlichen Kollegen längst zur Weltspitze gehören. Immerhin schafften die US-Boys in der Endrunde der Mittelamerika-Gruppe hinter Mexiko ungefährdet ihre insgesamt sechste WM-Qualifikation - ohne dabei allerdings zu überzeugen. Zwei Siegen gegen die international zweitklassigen Kanadier stehen ein Sieg und eine Niederlage gegen Costa Rica sowie fünf Unentschieden gegenüber. Die Mannschaft verließ sich immer wieder auf ihre starke Defensive und ihren Teamgeist, spielte meist unattraktiv und einfallslos in der Offensive, wo sie die Außen wieder zu reinen Läufern degradierte. Taktische Veränderungen des umstrittenen Nationalcoaches Sampson scheiterten. Statt seiner 3-5-2-Formation vertrauten die Spieler lieber der bewährten Vierer-Abwehrkette seines erfolgreichen Vorgängers Bora Milutinovic.

Auch der Kader der Nationalmannschaft hat sich gegenüber der WM 1994 nur wenig verändert. Leistungsträger sind noch immer Abwehrspieler Alexi Lalas, Mittelfeldarbeiter Tom Dooley, Spielmacher Claudio Reyna, Torjäger Eric Wynalda. Neu hinzu kommt Starverteidiger Eddie Pope, der mit 23 Jahren seine fußballerische Zukunft erst noch vor sich hat. Die meisten seiner Mannschaftskameraden hingegen sind über das US-Boy-Alter bereits hinaus und erleben in Frankreich ihre dritte und letzte Weltmeisterschaft - auch wenn sie als Helden der WM '94 dank der FIFA sicher noch ein wenig Profi-Fußball spielen werden: daheim, in der wesentlich jüngeren Major League Soccer.

UNSER TIP: Trotz gestiegener Professionalität bleiben die US-Boys in ihrer Vorrundengruppe ohne Chance auf das Achtelfinale.

Steve Sampson

Der 40jährige Jungtrainer gilt als gewiefter Taktiker und intimer Kenner der US-Soccer-Szene. Bereits seit 1991 trainiert er die amerikanischen Nachwuchsteams, während der WM 1994 war er Assistent des Serben Bora Milutinovic. Auch vor den Titelkämpfen in Frankreich war lange unklar, ob Sampson seinen Chefposten nicht an den brasilianischen Weltmeistertrainer Carlos Alberto Pereira abtreten müßte. Schließlich entschied sich der mächtige Verbandspräsident Alan Rothenberg aber für den seit Ende 1994 amtierenden Nationalcoach.

DAS VORLÄUFIGE AUFGEBOT

	Name	Verein	Alter*	Länderspiele*
TOR	Kasey KELLER	Leicester City	27	25
	Brad FRIEDEL	Columbus Crew	26	52
	Jürgen SOMMER	Queen's Park Rangers	28	6
ABWEHR	Eddie POPE	Washington D.C. United	23	14
	Alexi LALAS	New England Revolution	27	91
	Marcelo BALBOA	Colorado Rapids	30	123
	Jeff AGOOS	Washington D.C. United	29	74
	Mike BURNS	New England Revolution	27	61
	Paul CALIGIURI	Los Angeles Galaxy	33	113
MITTELFELD	Thomas DOOLEY	Columbus Crew	36	71
	John HARKES	Washington D.C. United	30	81
	Tab RAMOS	New York / NJ MetroStars	31	77
	Claudio REYNA	VfL Wolfsburg	24	53
	Ernie STEWART	NAC Breda	28	42
	Cobi JONES	Los Angeles Galaxy	27	95
	Mike SORBER	New York / NJ MetroStars	26	65
STURM	Eric WYNALDA	San Jose Clash	28	90
	Joe-Max MOORE	New England Revolution	26	58
	Preki RADOSAVLJEVIC	Kansas City Wizards	34	11
	Roy LASSITER	Tampa Bay Mutiny	28	21
	Brian MCBRIDE	Columbus Crew	25	14
	David WAGNER	FC Gütersloh	26	6

*Stichtag 15. November 1997

Das glorreiche Ende einer Odyssee

Es war eine Tour um die halbe Welt. 182 Tage lang zogen die iranischen Spieler von Land zu Land, sahen den Nahen Osten, China, Malaysia und Australien. Oft hatten sie ihr Ziel ganz nah vor Augen und mußten ihr Glück dann doch wieder anderweitig suchen. Erst im fernen Melbourne fanden die Strapazen schließlich ein Ende. Es war der Abend des 29. November 1997. Aus fast aussichtsloser Position holte das iranische Nationalteam innerhalb von nur vier Minuten einen 0:2-Rückstand auf und sicherte sich gegen Australien das allerletzte Ticket für die Weltmeisterschaft in Frankreich.
Im heimischen Teheran kannte der Jubel keine Grenzen. Zu Tausenden stürmten die Fans auf die Straßen und versetzten das Land in den größten Freudentaumel seit dem Sieg der islamischen Revolution. »Ein Tor läßt 60 Millionen lächeln«, schrieben die iranischen Tageszeitungen, und selbst Staatspräsident Muhammad Chatami telegrafierte freudetrunken nach Melbourne: »Euer niemals endender Kampfgeist symbolisiert den Geist der großen islamischen Nation.« Wie weggeblasen war die Enttäuschung über die verpaßte direkte Qualifikation, vergessen auch die Play-off-Spiele, die so viele Strapazen mit sich brachten. Als zweiter der Asiengruppe A mußte die iranische Nationalmannschaft zunächst ins ferne Malaysia reisen, verlor das Entscheidungsspiel gegen den anderen asiatischen Gruppenzweiten Japan jedoch mit 2:3. Erst gegen Australien gelang schließlich der große Coup. Nach einem 1:1 vor 120.000 Zuschauern im Teheraner Nationalstadion reichte dem Team von Trainer Valdeir Vieira ein glückliches 2:2 im Rückspiel.
Zum zweiten Mal nach 1978 reist der Iran damit zu einer WM-Endrunde, allein sein brasilianischer Coach hätte benahe das Flugzeug verpaßt. Gerade einmal einen Monat im Amt, schien ihn der iranische Fußballverband auch schon wieder fallenzulassen. »Zu unbekannt«, hieß es aus den Führungsetagen lapidar – der Iran plante seine Rückkehr auf die Weltbühne des Fußballs eigentlich mit glanzvolleren Namen. Dennoch war Vieira nach seinem triumphalen Empfang in Teheran stets voller

- Fläche: 1,63 Mio. km²
- Einwohnerzahl: 66,7 Mio.
- Einwohner/km²: 42
- Hauptstadt: Teheran
- Weitere wichtige Städte: Mashad, Esfahan, Shiraz
- Staatsform: Islamische präsidiale Republik
- Regierungschef: S. Muhammad Chatami
- Staatsoberhaupt: S. Muhammad Chatami

Der 28jährige Stürmer Ali Daei (rechts) machte erstmals 1996 auf sich aufmerksam, als die FIFA ihn zum Welttorjäger des Jahres kürte. 22 Treffer hatte Ali Daei in den Länderspielen jenes Jahres erzielt, mehr als jeder andere Nationalspieler der Welt. Zusammen mit dem Kapitän des iranischen Nationalteams, Karim Bagheri, wechselte er zu Beginn der Saison 97/98 zum deutschen Bundesligisten Arminia Bielefeld. Ihm zuliebe haben die Fans dort sogar einen Hit von Boney M. umgetextet und singen seitdem: »Hooray, hooray, it's Ali, Ali Daei«.

Zuversicht. »Sie werden mir sicherlich einen Vertrag anbieten«, erklärte er Reportern, und sollte damit am Ende auch recht behalten.
Um so beruhigender, daß sich die Mannschaft von derart taktischen Spielchen nicht beeindrucken läßt. Sie hat nicht nur den vorherigen Rauswurf ihres einheimischen Trainergespanns nach dem verpaßten Gruppensieg locker weggesteckt, sondern bescherte zuvor auch schon den WM-Statistikern Überstunden. Mit 17:0 besiegte das Team im ersten Qualifikationsspiel die Mannschaft der Malediven und brach damit in 90 Minuten nicht weniger als zwei Weltrekorde: Siebenmal traf Karim Bagheri vom deutschen Bundesligisten Arminia Bielefeld in diesem Match, häufiger als jeder andere zuvor, und sicherte seiner Mannschaft damit zugleich den höchsten Sieg in der Geschichte des Fußball-Weltverbandes. Insgesamt 57 Treffer in 17 Spielen hatte der Iran am Ende der Qualifikation erzielt – mehr als jedes andere Team der Welt.
Verantwortlich für den Aufschwung des iranischen Fußballs sind vor allem Bagheri, Ali Daei und Khodadad Azizi, die allesamt in der Bundesliga spielen. Sie sind die unbestrittenen Führungsspieler des Teams. Nach der Saison 96/97 hatten sie die Weltöffentlichkeit erstmals auf sich aufmerksam gemacht. Der beim 1. FC Köln spielende Azizi wurde zu Asiens Fußballer des Jahres gewählt, Ali Daei gar zum Welttorjäger. Shahriar nennen sie den schüchternen Stürmer von Arminia Bielefeld seitdem ehrfurchtsvoll in der Heimat, den König. Gemeinsam haben sie dem Fußball im Iran nach Revolution und Krieg wieder zu Ansehen verholfen und ihm im Land der Ringer wieder zum Volkssport Nummer eins gemacht.
Allein der iranische Verband kann von dieser Entwicklung kaum profitieren. Das staatliche Fernsehen läßt sich die Übertragungen der Länderspiele immer noch teuer bezahlen und kassiert auch die Hälfte der Einnahmen durch Bandenwerbung.
Doch trotz aller Widrigkeiten strotzt der Gewinner der Asienspiele von 1990 vor Selbstbewußtsein. Verbandspräsident Mostafavi: »Von Deutschland wollen wir lernen – die anderen schlagen.«

Unser Tip: Auch ein Welttorjäger wird letztendlich nicht reichen, um die Mannschaft ins Achtelfinale zu schießen.

Valdeir Vieira

Der Brasilianer wurde erst nach dem verpaßten Gruppensieg der Iraner zum Nationalcoach befördert und führte das Team anschließend doch noch zur WM. Erst nach den Absagen anderer Kandidaten verlängerte der Verband schließlich den Vertrag von Vieira. Der Brasilianer kam zunächst als Trainer der Olympia-Mannschaft in den Iran, nachdem er im Januar 1997 seinen Job als Nationaltrainer von Costa Rica verloren hatte.

DAS VORLÄUFIGE AUFGEBOT

	Name	Verein	Alter*	Länderspiele*
TOR	Ahmadreza ABEDZADEH	FC Pirouzi Teheran	31	
	Gholamreza HAJESBOUEI	Esteghal Teheran		
	Nima NAKISA	Payam-e Moqavemat		
ABWEHR	Yaha GOLMOHAMMADI	FC Pirouzi Teheran		
	Mohammad KHAKPOUR	Bahman	29	
	Ali Akbar OSTAD ASADI	Zob-e Ahan	32	
	Mehdi PASHAZADEH	Esteghal Teheran	23	
	Afshin PEYRAVANI	FC Pirouzi Teheran	27	
	Hamid ESTILI	Geylang United	30	
MITTELFELD	Karim BAGHERI	Arminia Bielefeld	24	
	Mehdi MAHDAVIKIA	FC Pirouzi Teheran	20	
	Farhad MAJIDI	Esteghal Teheran		
	Mehrdad MINAVAND	FC Pirouzi Teheran		
	Naim SAADAVI	FC Pirouzi Teheran	28	
	Alireza MANSOURIAN	FC Pirouzi Teheran	26	
	Reza SHAHROUDI	FC Pirouzi Teheran	24	
	Hamidreza ESTILI	Geylang United	30	
STURM	Alireza AKBARPOUR	Esteghal Teheran		
	Khodadad AZIZI	1. FC Köln	26	
	Ali DAEI	Arminia Bielefeld	28	
	Ali Asghar MODIR-ROUSTA	Bahman		
	Ali MOUSAVI	Pas		
	Ebrahim TAHAMI	Esteghal Teheran		

* Stand: 29. November 97; ausführlichere Angaben waren beim iranischen Fußballverband nicht erhältlich.

Die Angst vor dem Elfmeterschießen

Vermutlich sind es die Nationalspieler aus Rumänien, die dem »Golden Goal« vor der WM in Frankreich am meisten nachtrauern. Noch bei der Europameisterschaft vor zwei Jahren ließen sich Spiele in der Verlängerung mit einem solchen Entscheidungstreffer vorzeitig beenden, nun aber steigt die Wahrscheinlichkeit eines Elfmeterschießens – und daran haben die Rumänen nun wirklich keine guten Erinnerungen.

1994 stürmte die Mannschaft mit exzellentem Konterfußball bis ins WM-Viertelfinale – zum bisher größten Erfolg des Karpaten-Landes. Und erst als auf dem Weg in den Kreis der besten vier Teams der Welt nur noch die Strecke zwischen Elfmeterpunkt und Tor zurückzulegen war, scheiterten die Rumänen an Schweden – ganz ähnlich wie bereits vier Jahre zuvor in Genua, wo das Team im WM-Achtelfinale gegen Irland ebenfalls erst im Elfmeterschießen ausschied. Immer wieder fehlten den Rumänen in den vergangenen Jahren die entscheidenden elf Meter zum Erfolg. Selbst dem erfahrenen Superstar Gheorghe Hagi versagten am Elfmeterpunkt zwischenzeitlich die Nerven: Der rumänische Kapitän verschoß 1991 einen Strafstoß im EM-Qualifikationsspiel gegen Bulgarien und verspielte damit in letzter Sekunde die Teilnahme seines Teams an der Europameisterschaft.

Ein Kollektiv mit dem Solisten Hagi

Da ist es vermutlich kaum ein Trost für die tragischen Helden des Jahres 1994, daß sie mit ihrem unfreiwilligen Heimweh in bedauernswerter Tradition stehen. Bereits 1938 zwang die rumänischen Fußballer ein 3:3 im Achtelfinale gegen Kuba bald darauf zur Heimreise – damals allerdings noch nicht wegen glückloser Elfmeterschützen, sondern wegen einer Niederlage im damals üblichen Wiederholungsspiel. Und vielleicht ist es für das Heimatland der Dracula-Sage ja ein böses Omen, daß die Weltmeisterschaft auch damals in Frankreich stattfand und daß es auch damals die dritte WM-Teilnahme in Folge für die Rumänen war.

1998 werden es nun die siebten Welt-Titelkämpfe für den Balkanstaat sein. Und über die Hälfte der heutigen WM-Kandidaten hatte bereits vor vier Jahren den Sommerurlaub über den rumänischen Fußballverband gebucht. Die alten Leistungsträger genießen weiter das Vertrauen von Nationaltrainer Anghel Iordanescu. Der autoritäre Coach scheute in wichtigen Begegnungen immer wieder Experimente mit neuen Spielern, glaubt er doch ohnehin eher an Werte wie Beständigkeit und mannschaftliche Geschlossenheit. In seinem 4-4-2-System herrscht strenge Arbeitsteilung, und Iordanescus bewährtes Fachpersonal produzierte in jüngster Vergangenheit einige beachtliche Ergebnisse – zu verdanken ist das vor allem der Eingespieltheit und dem launischen Vorarbeiter Gheorghe Hagi, den sein Chefcoach als einzigen aus dem Kollektiv freistellt, um seinen Kollegen den Arbeitsrhythmus vorzugeben.

Zwei weitere Stars der Rumänen hatten gegenüber Iordanescu dagegen eine weitaus schwächere Position. Die beiden Bundesligaprofis Ioan Lupescu und Florin Raducioiu überwarfen sich im vergangenen Jahr mit dem Nationaltrainer und sahen sich wegen dessen Unnachgiebigkeit wenig später

- **Fläche: 238.391 km²**
- **Einwohnerzahl: 22,8 Mio.**
- **Einwohner/km²: 96**
- **Hauptstadt: Bukarest**
- **Weitere wichtige Städte: Constanta, Temesvar, Craiova**
- **Staatsform: Präsidiale Republik**
- **Regierungschef: Victor Ciorbea**
- **Staatsoberhaupt: Emil Constantinescu**

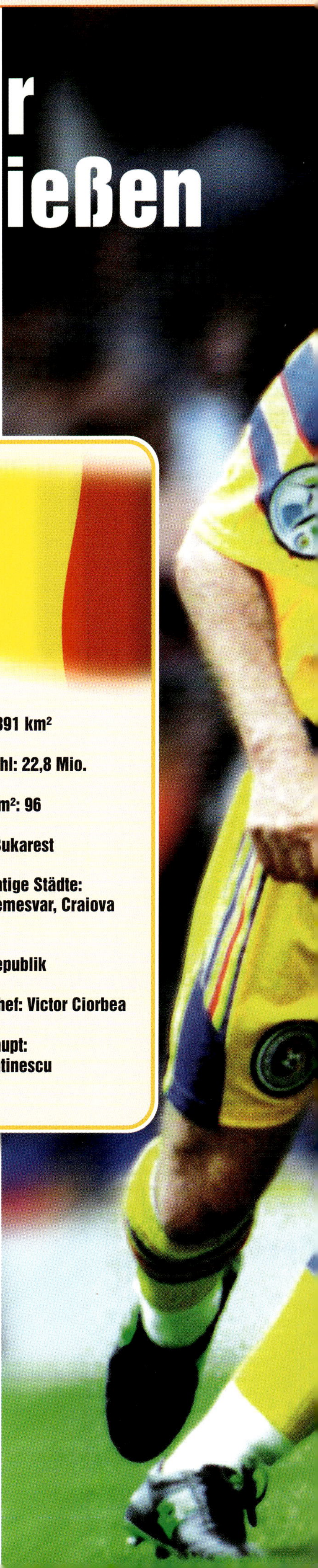

zum Rücktritt gezwungen. Längst ist Iordanescu in Rumänien wieder eine unumstrittene Autoritätsperson, die Kritik am enttäuschenden Abschneiden bei der Europameisterschaft vor zwei Jahren ist mittlerweile verstummt. Unter Fachleuten gilt der Held der WM 1994 sogar als einer der mächtigsten Männer des rumänischen Fußballs. Bester Beleg dafür ist vielleicht der Ausgang seines Vertragspokers mit Verbandspräsident Mircea Sandu: Die rumänischen Fußball-Funktionäre hatten ursprünglich auf eine Vertragsverlängerung bis zur nächsten Europameisterschaft bestanden – also auf eine Laufzeit von drei Jahren. Und erst nach einer Krisensitzung gestand Verbandspräsident Sandu seinem Nationaltrainer, dem einige lukrative Angebote aus dem Ausland vorliegen, eine befristete Verlängerung des auslaufenden Kontraktes zu – bis zum Ende der Weltmeisterschaft in Frankreich.

Iordanescu als Kämpfer gegen die Korruption

Bereits zwei Jahre zuvor hatte der prinzipientreue Coach auf ungewöhnliche Weise Zugeständnisse der Funktionäre erzwungen: Wegen offensichtlicher Schiedsrichter- und Spielerbestechungen in der rumänischen Liga ließ sich Iordanescu vorübergehend von seinem Posten als Nationalcoach beurlauben, selbst während eines Länderspiels mußten ihn seine Assistenten vertreten. Erst als der Fußball-Verband einen Anti-Korruptions-Ausschuß einsetzte, kehrte Iordanescu auf die Trainerbank des Nationalteams zurück.

Für die rumänischen Profiklubs blieb dieser ungewöhnliche Sonderurlaub nicht ohne Folgen: So entpuppten sich finanzielle Zuwendungen des Erstligisten Politehnica Iasi an Gegner und Schiedsrichter als glatte Fehlinvestitionen, dem erkauften Aufstieg und der anschließenden Korruptionsaffäre folgte wenig später der Zwangsabstieg. Der Verband ging ebenso großzügig mit Strafen und Sperren um wie mancher Verein zuvor mit Bestechungsgeld.

Nur die Nationalelf verleiht noch Glanz

Immer wieder gab es im rumänischen Fußball in jüngster Zeit kleine Skandale, und meistens spielte Geld dabei eine wichtige Rolle. Kein Wunder, droht die Wirtschaftskrise des Landes doch längst auch manchen Fußballklub zu ruinieren: Konnte die rumänische Industrie die Vereine zu Zeiten des Diktators Ceausescu noch großzügig unterstützen, sind inzwischen selbst Erstligisten mit den Gehaltszahlungen bisweilen in Rückstand. Die rumänischen Stars eifern daher den Wertvorstellungen ihres Nationaltrainers nach und suchen mittlerweile vor allem nach Beständigkeit auf ihrem Bankkonto. Kaum einen begabten Fußballer hält es noch in der Heimat – eine Entwicklung, die viele Vereine sogar noch fördern. Schließlich sind die Spieler längst zu Handelsobjekten geworden, die ihren Klubs dank zu erwartender Transfereinnahmen die Existenz sichern sollen. Und da paßt es nur zu gut ins Bild der neuen Verhältnisse im rumänischen Fußball, daß es ausgerechnet Emerich Jenei war, der im vergangenen Jahr ankündigte, die alten kommunistischen Vereinsstrukturen endgültig aufzulösen und jede staatliche Unterstützung für Fußballklubs zu streichen. Jener Staatssekretär im Sportministerium also, der früher die Nationalmannschaft trainierte und seinen Europapokal-Triumph mit Steaua Bukarest im Jahre 1986 vor allem den alten Strukturen im Lande verdankt. Die großen Zeiten des rumänischen

Der 32jährige Gheorghe Hagi ist der unumstrittene Topstar im rumänischen Team. Mit seiner exzellenten Spielübersicht und seinen überraschenden Pässen bestimmt er meistens den Rhythmus seiner Mannschaft. Der Mittelfeldspieler gilt als bester rumänischer Fußballer aller Zeiten und erhielt vor einigen Jahren wegen seiner technischen Fertigkeiten den Spitznamen »Karpaten-Maradona«.

Allerdings ist Hagi häufig auch launisch und ein wenig lauffaul. Dennoch war der Spielmacher von Galatasaray Istanbul nach dem Ende der WM-Qualifikation mit 32 Treffern der Rekordtorschütze des rumänischen Nationalteams und hatte mit 107 Einsätzen nur noch ein Länderspiel weniger als Rekordnationalspieler Ladislau Bölöni.

Vereinsfußballs sind jedoch längst Vergangenheit. Das Achtelfinale im Europapokal findet bereits seit Jahren ohne die Mannschaften aus Bukarest oder Craiova statt – mit Ausnahme des Traditionsklubs Steaua Bukarest, der nach wie vor vielen Talenten als Gewähr für eine baldige Karriere im Ausland erscheint. Eine traurige Bilanz, die Nationalcoach Iordanescu unlängst so kommentierte: »Es ist inakzeptabel, daß die meisten unserer Vereine schon froh sind, wenn sie die Qualifikation überstehen.« Der Ärger des Auswahltrainers ist verständlich: Fehlt doch den meisten Spielern rumänischer Klubs die internationale Erfahrung, und nicht zuletzt deshalb hat Iordanescu immer noch keinen geeigneten Ersatz für seinen zurückgetretenen Abwehrchef Miodrag Belodedici gefunden.
Die Defensive und vor allem Torwart Stelea gelten weiter als die großen Schwächen der Rumänen. Darüber können auch lediglich vier Gegentreffer in der WM-Qualifikation nicht hinwegtäuschen. Mit Irland, Litauen, Mazedonien, Island und Liechtenstein hatte das Team schließlich eine eher leichte Gruppe erwischt. Als Beleg mag da gelten, daß sich die Mannschaft nach neun Siegen in Folge erst im letzten Spiel in Irland mit einem Unentschieden begnügen mußte, wobei der irische Ausgleichstreffer erst sechs Minuten vor Schluß fiel.
37 Tore schossen die Rumänen in den zehn Begegnungen auf dem Weg zu ihrer siebten WM-Teilnahme – ein deutlicher Hinweis auf die Offensivstärke des Teams. Das System von Nationaltrainer Iordanescu beruht weiter auf schnellen und treffsicheren Stürmern wie Moldovan oder Craioveanu sowie umsichtigen und zugleich torgefährlichen Vorbereitern wie Hagi oder Popescu. Und spätestens seit der WM-Qualifikation ist der Coach mit seinem Konterfußball auch wieder sehr erfolgreich. Insgesamt also ähnliche Voraussetzungen wie vor der WM in den USA – nur, daß viele Leistungsträger inzwischen vier Jahre älter sind. Da mag es für die Rumänen ein Trost sein, daß sich ihre alten Angstgegner Schweden und Irland erst gar nicht qualifiziert haben – eine Gewähr gegen ein Elfmeterschießen ist das freilich nicht.

Unser Tip: Die Rumänen werden es schwerer haben als 1994 und als in der Qualifikation – das Achtelfinale erreichen sie dennoch.

Anghel Iordanescu

Der 48jährige Nationaltrainer gilt als geradlinig und absolut erfolgsorientiert. Ein Jahr nach seiner Amtsübernahme führte er die Nationalmannschaft bei der WM 1994 erstmals in ein Viertelfinale. Zuvor war Anghel Iordanescu als Vereinstrainer von Steaua Bukarest im Jahre 1989 bereits bis ins Endspiel des Europapokals der Landesmeister vorgestoßen – Erfolge, die das Interesse des griechischen Spitzenklubs AEK Athen an einer Verpflichtung des früheren Nationalspielers begründen.

DAS VORLÄUFIGE AUFGEBOT

	Name	Verein	Alter*	Länderspiele*
TOR	Bogdan STELEA	UD Salamanca	30	43
	Dumitru STINGACIU	Kocaelispor	33	3
	Florin PRUNEA	Dinamo Bukarest	30	34
ABWEHR	Dan PETRESCU	FC Chelsea	30	64
	Daniel PRODAN	Atletico Madrid	28	43
	Anton DOBOS	AEK Athen	32	18
	Tibor SELYMESS	RSC Anderlecht	27	42
	Iulian FILIPESCU	Galatasaray Istanbul	23	12
	Corneliu PAPURA	Stade Rennes	23	12
MITTELFELD	Gheorghe HAGI	Galatasaray Istanbul	32	107
	Gheorghe POPESCU	Galatasaray Istanbul	30	74
	Constantin GALCA	Espanol Barcelona	25	28
	Dorinel MUNTEANU	1. FC Köln	28	58
	Ovidiu STINGA	PSV Eindhoven	26	16
	Denis SERBAN	Steaua Bukarest	21	3
	Gabi POPESCU	Universitatea Craiova	23	6
STURM	Viorel MOLDOVAN	Grasshoppers Zürich	24	20
	Adrian ILIE	Galatasaray Istanbul	23	16
	Marius LACATUS	Steaua Bukarest	33	79
	Ion VLADOIU	1. FC Köln	28	24
	Gheorghe CRAIOVEANU	Real Sociedad San Sebastian	29	16
	Ilie DUMITRESCU	Atalanta Bergamo	28	60

*Stichtag 18. November 1997

Das Nationalteam steht hoch im Kurs

Wer sich über die Erfolge der englischen Vereinsmannschaften informieren möchte, kann seit einigen Jahren wählen: zwischen der aktuellen Tabelle und den aktuellen Börsennotierungen. Insgesamt acht der 20 Premier-League-Klubs haben sich zwischen 1983 und 1997 bereits in Aktiengesellschaften umgewandelt, die meisten anderen werden nach Schätzung von Börsenanalysten bald folgen. Der Traditionsklub Manchester United gilt dank seines Aktienkapitals von geschätzten 1,2 Milliarden Mark mittlerweile als reichster Fußballklub der Welt.
Börsengang, Fanartikelverkauf und ständig steigende Fernsehhonorare verschafften den Teams der Premier League neues Kapital. Einnahmen, die sie häufig sofort wieder in Spieler aus dem Ausland investierten. Die Zahl der Norweger, Franzosen und Italiener bei den 20 Klubs der Premier League stieg in den vergangenen zehn Jahren von 14 auf über 130. Die Insel, früher vor allem ein geschütztes Reservat für den typisch britischen Kraftfußball, entwickelte sich dank hoher Gehälter und gestiegenen Ansehens der Vereine zu einem attraktiven Ziel für ausländische Profis mit hoher Spielkultur. Sehr zum Gefallen von Nationaltrainer Glenn Hoddle.

Glenn Hoddle plant eine kleine Revolution

Der jüngste englische Team-Manager aller Zeiten verfolgt im Mutterland des Fußballs ehrgeizige Ziele. Innerhalb von zehn Jahren soll das traditionelle »Kick-and-Rush« auf der ganzen Insel der Vergangenheit angehören, eine neue, talentierte Spielergeneration seine moderne Spielauffassung durchsetzen gegen den alten Kraftfußball, der sich vor allem auf hohe und weite Flankenbälle stützt. Der Coach plant einen grundlegenden Wandel, der im Nationalteam bereits nahezu abgeschlossen ist. Seit Hoddles Amtsübernahme vor zwei Jahren überraschen die Engländer immer wieder mit gekonntem Kurzpaßspiel und ungewohnter taktischer Cleverness. Und weil keiner seiner Nationalmannschaftskandidaten jenseits der britischen Insel spielt, profitiert der detailversessene Trainer dabei vor allem vom Einfluß der Festland-Europäer in der englischen Premier League.

England auf dem Weg zurück in die Weltspitze

Ausgerechnet einer dieser ausländischen Stars hätte Hoddles hehre Absichten allerdings beinahe zum Scheitern verurteilt. Durch ein Tor des Italieners Gianfranco Zola verlor die Nationalmannschaft im vergangenen Jahr erstmals ein WM-Qualifikationsspiel im Wembley-Stadion. Die Weltmeisterschaft schien wieder einmal in Gefahr – wie bereits vier Jahre zuvor, als sich die Engländer nach einer Niederlage in den Niederlanden bei den Titelkämpfen mit der Zuschauerrolle begnügen mußten. Diesmal aber stemmten sich die englischen Stars gemeinschaftlich gegen die erneute Schmach: Das eingeschworene Team gewann in der Folge alle restlichen Qualifikationsspiele und sicherte sich nach Patzern der Italiener und einem 0:0 im entscheidenden Gruppenspiel in Rom seine zehnte WM-Teilnahme. Die englische Nationalmannschaft gilt damit als heißer Anwärter auf das Viertelfinale – zumindest, wenn man der WM-Statistik glaubt. Traditionell ziehen die Briten nämlich schmerzliche Niederlagen in der Qualifikation einem frühen Ausscheiden in der Endrunde vor. Abgesehen von 1950 und 1958 traten sie nie vor dem Viertelfinale die Heimreise an, wenn sie sich erst einmal auf den Weg zu einer Weltmeisterschaft machen durften. Und ganz ohne Qualifikationszwang gelang ihnen 1966 vor heimischem Publikum sogar der Titelgewinn. Ein Erfolg, der den Engländern im EM-Halbfinale vor zwei Jahren an gleicher Stelle versagt blieb. Spätestens seit dem Gewinn des WM-Vorbereitungsturniers »Tournoi de France« im vergangenen Jahr setzen die wettbegeisterten britischen Fußballfans jedoch wieder auf ihr Team, genießt der neue Nationaltrainer Glenn Hoddle den Respekt der Massen und der Massenpresse. In Frankreich will sich der 40jährige Coach mit seiner Mannschaft nun endgültig in der Weltspitze zurückmelden – mit einer personell nur leicht veränderten Mannschaft, aber einem völlig neuen Stil gegenüber der EM im eigenen Land.

Der englische WM-Kader ist eine gelungene Mischung aus aufstrebenden Talenten und erfahrenenen Spielern, wie Weltklassetorwart David Seaman, Mittelfeldmotor Paul

- **Fläche: 130.439 km²**
- **Einwohnerzahl: 48,4 Mio.**
- **Einwohner/km²: 371**
- **Hauptstadt: London**
- **Weitere wichtige Städte: Manchester, Liverpool, Birmingham**
- **Staatsform: Parlamentarische Monarchie**
- **Regierungschef: Tony Blair**
- **Staatsoberhaupt: Königin Elizabeth II**

Ince, Spielgestalter Paul Gascoigne und Torjäger Alan Shearer. Kaum ein anderer Nationaltrainer verfügt über eine solche Auswahl an vielversprechenden Nachwuchskräften, und nur wenige setzen so stark auf ihre neue Spielergeneration wie Glenn Hoddle. Allein für das entscheidende Qualifikationsspiel gegen Italien berief er sieben Youngster unter 24 Jahren in sein Aufgebot. Darunter auch seinen jüngsten Lieblingsschüler, den 23jährigen Paul Scholes, und den 22jährigen Jungstar David Beckham, den die auflagenstarke englische Boulevard-Presse wegen seiner herausragenden technischen Fertigkeiten, seiner Spielübersicht und der urbritischen Einsatzbereitschaft gerne zur Symbolfigur des neuen englischen Fußballs hochjubelt.

Glenn Hoddles Traum von einem modernen Libero

Unter Glenn Hoddle spielt die Nationalmannschaft taktisch inzwischen sehr variabel, je nach Gegner mal mit einem und mal mit zwei echten Angreifern. Vor allem aber hat der aufgeschlossene Trainer den traditionellen Vierer-Abwehrriegel der Engländer ein für alle Mal geknackt: Hoddle läßt mit einem defensiv eingestellten Libero und zwei Manndeckern verteidigen, und das bisher sehr erfolgreich. In der WM-Qualifikation jedenfalls ließ die englische Abwehr lediglich zwei Gegentreffer zu.

Und dennoch bereitete gerade die Defensivformation dem Trainer immer wieder schlaflose Nächte. Hoddles Traum ist das Spiel mit einem modernen, offensiv- wie defensivstarken Libero, und in dem 19jährigen Talent Rio Ferdinand scheint er auch endlich einen Spieler gefunden zu haben, der diese Rolle ausfüllen könnte. Unglücklicherweise gilt der Jungstar aber als ein wenig undiszipliniert und nahm sich kurz vor seinem geplanten Länderspieldebüt ausgerechnet das frühere »enfant terrible« des Nationalteams Paul Gascoigne zum Vorbild, indem er sich betrunken am Steuer seines Autos erwischen ließ. Der Alkohol liegt den Verantwortlichen des englischen

Der 27jährige Alan Shearer ist der Kapitän und absolute Star der englischen Nationalmannschaft. Der Stürmer belegte 1996 bei der Wahl zum Weltfußballer des Jahres den dritten Platz und gewann im gleichen Jahr die Torjägerkrone der Europameisterschaft mit fünf Treffern in fünf Spielen. Er gilt als einer der besten, wenn nicht gar als der absolut überragende Angreifer in Europa.
Als Stärken des Mannes von Newcastle United gelten sein Kopfballspiel, seine Antrittsschnelligkeit und sein Spielverständnis. Nicht zu vergessen natürlich sein Torinstinkt, der ihn mit fünf Treffern zum besten englischen Torschützen der WM-Qualifikation werden ließ. Und das, obwohl Shearer wegen einer komplizierten Knöchelverletzung über ein halbes Jahr pausieren mußte und nur an fünf der acht Begegnungen teilnehmen konnte. Insgesamt wies die Länderspielbilanz zum Ende der WM-Qualifikation für ihn 18 Tore in 35 Spielen aus. Eine Trefferquote, die seinen Aufstieg zum teuersten und bestbezahlten Fußballer Englands begründet. Sein momentaner Marktwert wird auf etwa 45 Millionen Mark geschätzt, sein Verdienst auf ungefähr 10,5 Millionen Mark pro Jahr.

DAS VORLÄUFIGE AUFGEBOT

	Name	Verein	Alter*	Länderspiele*
TOR	David SEAMAN	Arsenal London	34	38
	Ian WALKER	Tottenham Hotspur	26	3
	Nigel MARTYN	Leeds United	31	5
ABWEHR	Tony ADAMS	Arsenal London	31	48
	Gareth SOUTHGATE	Aston Villa	27	22
	Sol CAMPBELL	Tottenham Hotspur	23	12
	Gary NEVILLE	Manchester United	22	23
	Rio FERDINAND	West Ham United	19	1
	Graeme LE SAUX	Blackburn Rovers	29	21
MITTELFELD	Paul GASCOIGNE	Glasgow Rangers	30	54
	David BECKHAM	Manchester United	22	12
	Paul INCE	FC Liverpool	30	35
	David BATTY	Newcastle United	28	27
	Steve MCMANAMAN	FC Liverpool	25	19
	Robert LEE	Newcastle United	31	14
	Nicky BUTT	Manchester United	22	4
STURM	Alan SHEARER	Newcastle United	27	35
	Paul SCHOLES	Manchester United	23	5
	Teddy SHERINGHAM	Manchester United	31	29
	Robbie FOWLER	FC Liverpool	22	7
	Ian WRIGHT	Arsenal London	34	14
	Les FERDINAND	Tottenham Hotspur	30	16

*Stichtag 17. November 1997

Fußballverbandes schon seit langem schwer im Magen. Als vermutlich erster Verband weltweit kündigten die Engländer vor etwa anderthalb Jahren an, künftig nach Training und ausgewählten Partien zu kontrollieren, ob außer am Eckpunkt und in den Händen der Linienrichter noch weitere »Fahnen« im Spiel waren. Seinerzeit hatte ausgerechnet der damalige Kapitän des Nationalteams, der Verteidiger Tony Adams, öffentlich seine Alkoholsucht eingestanden und damit Kritiker bestätigt, die in den Saufgelagen einiger Auswahlspieler während der Vorbereitung auf die EM '96 ein Bierfaß ohne Boden sahen.

Angst vor Randalen der Fußball-Touristen

Die Trinkfestigkeit vieler britischer Profis stammt noch aus den Zeiten der internationalen Isolation des englischen Fußballs. Sie ist eine Spätfolge der Tragödie im Brüsseler Heysel-Stadion, bei der 1985 während Ausschreitungen zwischen Fans des FC Liverpool und von Juventus Turin 39 Fußballanhänger starben. Selbst der fünfjährige Ausschluß englischer Klubmannschaften von europäischen Fußballwettbewerben hat an der Gewaltbereitschaft der weltweit gefürchteten englischen »Hooligans« nichts geändert. Das entscheidende WM-Qualifikationsspiel in Rom gegen Italien war im vergangenen Jahr überschattet von Auseinandersetzungen randalierender Fußball-Touristen.

Und schon sehen Fachleute neue Probleme auf den englischen Fußball zukommen: Treibt der bisher ach so bejubelte Kauf stets neuer ausländischer Stars die Ablösesummen doch in immer schwindelerregendere Höhen und hindert so manches Talent an seinem Fortkommen. Ein Ärgernis, das sich auf das englische Nationalteam bisher noch nicht ausgewirkt hat. Im Gegenteil: Gäbe es auch für die Nationalmannschaft eine Börsennotierung, befänden sich ihre Aktien vermutlich seit einiger Zeit gewaltig im Aufwind. Bei den englischen Buchmachern jedenfalls stehen Glenn Hoddle und sein Team seit einigen Monaten immer höher im Kurs.

UNSER TIP: Die spielerisch und taktisch verbesserten Engländer erreichen vergleichsweise problemlos das Achtelfinale.

Glenn Hoddle

Der 40jährige Jungnationaltrainer hat eine kleine Revolution im englischen Fußball eingeleitet. Sein Name steht für den Abschied der Nationalelf vom typisch britischen Kraftfußball. Nach der EM 1996 galt der damalige Coach des FC Chelsea nur als dritte Wahl für den Posten des Nationaltrainers, inzwischen respektiert ihn aber selbst die kritische englische Presse. Als Spieler sammelte Glenn Hoddle als einer von wenigen britischen Profis beim AS Monaco auch Auslandserfahrung.

Fußball unter Drogen-Einfluß

Selbst die Drogenmafia feierte, als die kolumbianische Nationalmannschaft im vergangenen Jahr ihre dritte WM-Teilnahme in Folge erspielt hatte: Nach dem entscheidenden 1:0-Sieg über Venezuela stürmten die Entführer des Unternehmers Carlos Eduardo Ruiz jubelnd auf die Straße – und Polizisten anschließend nahezu mühelos und daher nicht minder erfreut das plötzlich verwaiste Versteck des Gefangenen.

Der Fußball ist eine der wenigen Fluchtmöglichkeiten in einem zerrütteten Land, in dem Marihuana und die Kokain-Mafia oft genug das Leben in den Elendsvierteln diktieren. Und es ist kein Zufall, daß drei der vier Spitzenklubs ihre Finanzspritzen ausgerechnet in Medellin und Cali erhalten, den beiden unbestrittenen Drogenhauptstädten des südamerikanischen Staates. Die Zeiten ohne den Einfluß der mächtigen Kokain-Mafia gelten im kolumbianischen Fußball längst als Schnee von gestern. Erst im vergangenen Jahr widmete Nationalstürmer Antony de Avila ein Siegtor in der WM-Qualifikation wieder einem Brüderpaar, das sich wegen erwiesener Verstrickung in den Drogenhandel mit einem Zuschauerplatz vor dem Gefängnisfernseher begnügen mußte.

Der Verband schien derweil geflissentlich wegzuhören, die öffentliche Danksagung jedenfalls blieb ohne Konsequenzen. Kein Wunder, profitiert doch auch die Nachwuchsarbeit in Kolumbien von großzügigen Sponsoren aus Medellín und Cali. Und so gilt der Anschluß der Nationalmannschaft an die führenden Fußballnationen des Kontinents nicht zuletzt auch als Verdienst der Drogenkartelle. Der Aufstieg begann in den 80er Jahren und fand bei der WM vor vier Jahren mit dem enttäuschenden Scheitern in der Vorrunde ein jähes Ende.

Durch ein Eigentor ihres Verteidigers Andres Escobar verspielten die Kolumbianer damals ihre letzte Chance, die Achtelfinalteilnahme von 1990 zu übertreffen und ein erneutes Vorrunden-Aus nach 1962 zu vermeiden.

In den Augen der fanatischen Anhänger verwandelte sich der hoch gewettete Geheimfavorit in eine Mannschaft

Der 36jährige Carlos Valderrama ist die spielbestimmende Persönlichkeit in der kolumbianischen Nationalelf. Mit seinen präzisen Pässen und seiner brillanten Übersicht diktiert er immer noch den Rhythmus seines Teams. Immer häufiger machen sich bei Südamerikas Fußballer des Jahres 1993 allerdings auch konditionellen Mängel bemerkbar.

In Europa galt der Supertechniker ohnehin stets als laufschwache Diva. Im kolumbianischen Nationalteam dagegen war er bis vor wenigen Monaten immer der unumstrittene Star, erhielt wegen seiner technischen Fertigkeiten sogar den Titel »weißer Gullit«. Inzwischen macht ihm sein Mannschaftskollege Freddy Rincon die Führungsrolle im Team aber mehr und mehr streitig, und so wird die WM in Frankreich für den Mann von der Karibik-Insel Santa-Marta nach 1990 und 1994 wohl die letzte werden.

- Fläche: 1,14 Mio. km²
- Einwohnerzahl: 35,7 Mio.
- Einwohner/km²: 31
- Hauptstadt: Bogotá
- Weitere wichtige Städte: Medellin, Cali, Barranquilla
- Staatsform: Präsidiale Republik
- Regierungschef: Ernesto Samper
- Staatsoberhaupt: Ernesto Samper

von Versagern. Wut und Enttäuschung entluden sich in zwölf Pistolenschüssen gegen den unglücklichen Andres Escobar. Und auch der langjährige Nationaltorwart Rene Higuita wäre einige Zeit später beinahe ein Opfer von zwei Sprengstoffanschlägen geworden, ein Opfer der gewaltigen Fußballbegeisterung im Lande. Dabei galt er lange Zeit als Publikumsliebling – dieser Torhüter, der die Ausflüge aus dem Strafraum so sehr liebt; sich aber vor der WM 1994 doch zu weit vorwagte, als er nach einem Abstecher zu den Drogenbossen im Gefängnis landete.
Inzwischen gilt ausgerechnet dieser Higuita als Hoffnungsträger für die WM in Frankreich. Der Test von weiteren 40 Spielern blieb während der Qualifikation weitgehend ergebnislos – abgesehen vielleicht von der Tatsache, daß der neue Nationaltrainer Hernan Dario Gomez auf diese Weise beinahe die vierte WM-Teilnahme seines Teams und seinen eigenen Posten verspielt hätte. Erst im vorletzten Spiel der Südamerikagruppe sicherten sich die Kolumbianer den dritten Platz hinter Argentinien und Paraguay.
Nach glanzvollem Start hatten die alten Schwächen in der Abwehr und in der Chancenauswertung die Mannschaft im vergangenen Jahr in eine Krise gestürzt. Und erst als sich die Altstars um Spielmacher Valderrama, Mittelfeldmotor Rincon und Torjäger Asprilla wieder auf ihr früher so gefürchtetes Kurzpaßspiel besannen, funktionierte das offensive 4-4-2-System der Kolumbianer wieder. Gegenüber der enttäuschenden WM in den USA hat sich kaum etwas geändert, weder taktisch noch personell – lediglich der Abwehrchef heißt inzwischen Bermudez statt Escobar. Für Kritiker ist der kolumbianische Fußball daher genauso stehengeblieben, wie es einige der alternden Stars ihrer Meinung nach in absehbarer Zeit auf dem Platz tun werden. Eines allerdings haben die Spieler seit 1994 gelernt: Diesmal lautet ihr Ziel ganz bescheiden »Achtelfinale« und nicht mehr »Titelgewinn«. Schließlich wollen die Hoffnungsträger der fußballverrückten Nation auf keinen Fall wieder unter Polizeischutz auf dem Boden der kolumbianischen Alltagsrealität landen.

Unser Tip: Den kolumbianischen Altstars bleibt die Wiedergutmachung für 1994 versagt, selbst das Achtelfinale ist diesmal ein zu hohes Ziel.

Hernan Dario Gomez

Der 41jährige Nationaltrainer trat nach der enttäuschenden WM in den USA ein schweres Erbe an. Bei einigen Spielern stieß der frühere Olympia-Auswahlcoach und Co-Trainer des Nationalteams zunächst auf Widerstand. Erst mit unpopulären Entscheidungen wie dem Nationalmannschaftsausschluß des undisziplinierten Stürmerstars Adolfo Valencia konnte sich Gomez schließlich Respekt verschaffen.

DAS VORLÄUFIGE AUFGEBOT

	Name	Verein	Alter*	Länderspiele*
TOR	Oscar CORDOBA	Boca Juniors	27	44
	Rene HIGUITA	Veracruz	31	66
	Farid MONDRAGON	Independiente Buenos Aires	26	21
ABWEHR	Antonio MORENO	Deportes Tolima	26	18
	Wilmer CABRERA	Independiente Buenos Aires	30	37
	Jorge BERMUDEZ	Boca Juniors	26	39
	Alexis MENDOZA	Veracruz	25	67
	Wilson PEREZ	Unicosta	30	37
	Ivan CORDOBA	Atletico Nacional de Medellín	21	9
MITTELFELD	Mauricio SERNA	Atletico Nacional de Medellín	29	35
	Harold LOZANO	Real Valladolid	25	30
	Hernan GAVIRIA	Atletico Nacional de Medellín	28	22
	Andres ESTRADA	Deportivo Cali	30	14
	Freddy RINCON	Corinthians Sao Paulo	31	72
	Carlos VALDERRAMA	Tampa Bay Mutiny	36	103
	Leonel ALVAREZ	Veracruz	32	102
STURM	Faustino ASPRILLA	Newcastle United	28	37
	Antony DE AVILA	New York / NJ MetroStars	33	59
	Victor ARISTLZABAL	FC Sao Paulo	26	39
	Hamilton RICARD	Deportivo Cali	23	17
	Ivan VALENCIANO	Veracruz	25	25
	Victor PACHECO	Atletico Junior	24	13

*Stichtag 10. Dezember 1997

Das Ende einer Durststrecke

Der 26jährige Adel Sellimi ist einer der wenigen Spieler, die Trainer Henry Kasperczak vom alten Kader übernahm. Mit über 50 Länderspielen gehört er zu den erfahrensten Akteuren des Teams. Mit vier Toren war er maßgeblich an der WM-Qualifikation seines Landes beteiligt. Bevor der Stürmer im Juni '96 zum französischen Erstliga-Klub Nantes wechselte, spielte er 14 Jahre lang für seinen Heimatverein »Club Africaine« in der tunesischen Hauptstadt Tunis.

So faszinierend der nordafrikanische Wüstenstaat auch sein mag, fußballerisch hatte Tunesien eingangs der 90er Jahre jeglichen Reiz eingebüßt. Skandale und Mißerfolge wechselten einander ab, selbst das einst ruhmreiche Nationalteam hatte es geschafft, alle Sympathien zu verspielen. Was die Mannschaft auch versuchte, der Erfolg wollte sich einfach nicht einstellen.

Erst die souveräne Qualifikation für die Endrunde der Weltmeisterschaft 1998 in Frankreich gab den verunsicherten Spielern ihren Stolz zurück. Erhobenen Hauptes ließen sie sich feiern, selbst die großen Zeitungen schlossen sie plötzlich wieder in ihr Herz. Vergessen waren Eifersüchteleien, vergessen auch die schmachvollen Niederlagen der Vergangenheit. Nach 20 Jahren reist das Team wieder zu einer WM-Endrunde, und schon sieht sich der mächtige Verbandspräsident Younes Chetali gezwungen, die Euphorie zu bremsen. »Das Erreichen des Achtelfinales«, sagt er, »ist unser vorrangiges Ziel.« Zunächst zumindest.

Die Hoffnungen ruhen dabei vor allem auf Henry Kasperczak. Der einstige polnische Nationalspieler hatte das Team 1994 auf dem absoluten Tiefpunkt übernommen. Tunesien war damals als Gastgeber des Afrika-Cups nicht nur in der Vorrunde ausgeschieden, sondern nach dem peinlichen Debakel auch tief zerstritten. Die Spieler pflegten ganz besondere Beziehungen zum Auswahlteam. »Wer damals in die Nationalmannschaft wollte«, erinnert sich Torhüter

- **Fläche: 163.610 km²**
- **Einwohnerzahl: 9,1 Mio.**
- **Einwohner/km²: 55**
- **Hauptstadt: Tunis**
- **Weitere wichtige Städte: Sfax, Sus, Monastir**
- **Staatsform: Präsidiale Republik**
- **Regierungschef: Hamed Karoui**
- **Staatsoberhaupt: Zain al-Abidin Ben Ali**

Chokri El-Ouaer, »schaltete einfach Freunde oder den Klubpräsidenten ein.« Die Aufstellung ergab sich meist von allein.
Henry Kasperczak ließ sich davon jedoch nicht abschrecken. Er drängte die mächtigen Vereinsbosse in die Defensive und scheute auch keine Konflikte mit der Presse. »Die Nationalmannschaft«, erklärte er allen Beteiligten, »hat absolute Priorität.« Schließlich komme ihr Erfolg auch den Klubs zugute. Das wirkte.
Von nun an hatte der zielstrebige Coach freie Hand, und tatsächlich ließ der Erfolg nicht lange auf sich warten. Ein stark verjüngtes Team gewann bereits zwei Jahre später die Vizemeisterschaft im Afrika-Cup und sicherte sich anschließend ohne Niederlage das WM-Ticket. Selbst der Erzrivale aus Ägypten hatte gegen die selbstbewußt aufspielende Mannschaft keine Chance.
Das technisch und taktisch gut ausgebildete Team kann sich vor allem auf Torhüter El-Ouaer und Spielmacher Zoubeir Beya vom deutschen Zweitligisten SC Freiburg verlassen. Selbst die Probleme im Sturm scheinen inzwischen behoben zu sein. Der beim französischen Erstliga-Klub FC Nantes spielende Adel Sellimi erzielte allein in der Qualifikation vier Treffer.
Dank des modernen, europäischen Kurzpaßspiels reist das Team ohne Niederlage und mit nur einem einzigen Gegentreffer nach Frankreich – und schon träumen die Fans wieder von großen Erfolgen. Von Siegen wie einst 1978, als die Mannschaft als erstes afrikanisches Team überhaupt ein WM-Endrundenspiel gewann. 3:1 wurde Mexiko geschlagen, anschließend selbst Deutschland ein Unentschieden abgerungen – zum Einzug in die zweite Runde reichte es dennoch nicht.
Es war das glorreichste Jahr der tunesischen Nationalmannschaft, die damals selbst im Afrika-Cup vor Stolz und Arroganz nicht zu übertreffen war. Im Spiel um Platz drei legte sie sich nach einem umstrittenen Gegentreffer bereits nach 30 Minuten mit dem Schiedsrichter an und verließ geschlossen den Platz. Der Eklat folgte auf dem Fuß: Tunesien wurde vom folgenden Afrika-Cup ausgeschlossen und verschwand für fast 20 Jahre aus den internationalen Schlagzeilen.

Unser Tip: Das taktisch stark verbesserte Team wird es schwer haben und die Vorrunde auch bei seinem zweiten WM-Auftritt nicht überstehen.

Henry Kasperczak

Seit seinem Amtsantritt 1994 hat sich der 52jährige in Tunesien Respekt und Anerkennung verschafft. Der einstige polnische Nationalspieler verjüngte das Team und führte es zur zweiten WM-Teilnahme. Auf sein Betreiben wurde in den beiden höchsten tunesischen Ligen der Profifußball eingeführt. Internationale Erfahrung sammelte Henry Kasperczak, mittlerweile französischer Staatsbürger, zuvor bereits als Nationaltrainer der Elfenbeinküste.

DAS VORLÄUFIGE AUFGEBOT

	Name	Verein	Alter*	Länderspiele*
TOR	Chokri EL-OUAER	Esperance Tunis	33	58
	Boubaker ZITOUNI	Club Africain Tunis	33	21
	Ali BOUMNIJEL	SC Bastia	31	4
ABWEHR	Taoufik HICHRI	Esperance Tunis	34	51
	Tarek THABET	Esperance Tunis	26	33
	Sami TRABELSI	CS Sfaxien	29	30
	Mounir BOUKADIDA	ES Sahel	30	25
	Sabri JABALLAH	Club Africain Tunis	24	14
	Khaled BADRA	Esperance Tunis	24	12
MITTELFELD	Zoubeir BEYA	SC Freiburg	27	32
	Sirajeddine CHIHI	Esperance Tunis	25	33
	Soufiane FEKIH	CS Sfaxien	28	32
	Ayadi HAMROUNI	Esperance Tunis	26	28
	Kais GHODBANE	ES Sahel	22	16
	Riadh BOUAZIZI	ES Sahel	24	14
	Skander SOUAYAH	CS Sfaxien	25	20
STURM	Mehdi BEN-SLIMANE	SC Freiburg	23	19
	Adel SELLIMI	FC Nantes	26	52
	Jameleddine LIMAM	Club Africain Tunis	32	50
	Riadh JELASSI	ES Sahel	26	9
	Faouzi ROUISSI	Club Africain Tunis	26	34
	Imed BEN-YOUNES	ES Sahel	23	5

*Stichtag 10. Dezember 1997

Die Ära nach Diego Maradona

Die WM in Frankreich ist der Beginn einer neuen Zeitrechnung. Vier Weltmeisterschaften lang beherrschte vor allem Diego Maradona die Geschichte des argentinischen Fußballs und die Geschichten rund um das Nationalteam. Vor der WM 1998 ist dieses Kapitel nun endgültig zugeschlagen.
Zum ersten Mal seit den Titelkämpfen 1982 in Spanien fehlt der exzentrische Star im argentinischen Team – und Nationalcoach Daniel Passarella hat diesen Verlust bis heute nicht ganz verwunden. »Ich träume oft von ihm«, vertraute er Journalisten jüngst an, »denn mir fehlt eindeutig ein Führungsspieler.«

Doch mit zahlreichen Doping-Affären hat sich Diego Armando Maradona auch in der Nationalelf längst sein letztes Ansehen verspielt. So wurde er sogar bei der Weltmeisterschaft in den USA der Einnahme verbotener Aufputschmittel überführt und sorgte trotz eines beeindruckenden Auftritts in der Vorrunde vor allem für Negativschlagzeilen. 37 Jahre alt ist der Hauptdarsteller der letzten Weltmeisterschaften inzwischen, mit seiner Lebenserfahrung jedoch scheint er immer noch im Rückstand zu sein.
Zuletzt jedenfalls machte er nur noch durch peinliche Auftritte als Fernsehmoderator auf sich aufmerksam. Und so hat sich Passarella trotz Maradonas Spielkunst endgültig mit dem einstigen Weltklassespieler überworfen. In aller Öffentlichkeit trug er einen Kleinkrieg gegen Maradona aus, der sich bei der WM 1986 in Mexiko dafür eingesetzt hatte, daß er, Passarella, keine Berücksichtigung im WM-Kader fand.

- Fläche: 2,78 Mio. km²
- Einwohnerzahl: 34,9 Mio.
- Einwohner/km²: 13
- Hauptstadt: Buenos Aires
- Weitere wichtige Städte: Cordoba, Rosario, La Plata
- Staatsform: Bundesrepublik
- Regierungschef: Carlos Saúl Menem
- Staatsoberhaupt: Carlos Saúl Menem

Verlust der großen Ballkünstler

Nach dem endgültigen Abschied des exzellenten Spielgestalters verfügt Argentinien zwar erneut über eine kämpferisch starke Mannschaft, jedoch nur noch über wenig brillante Einzelkönner – eine Entwicklung, die vor allem den Fans mißfällt. Denn auch wenn Argentinien die Qualifikation relativ problemlos überstanden hat und in der Südamerikagruppe am Ende sogar Platz eins vor Paraguay, Kolumbien und Chile belegte, war das Spiel der »Gauchos« oft phantasie- und ideenlos. Immer lauter wurde der Ruf nach schönerem Fußball, doch aus den Ballzauberern von einst sind inzwischen eher kraftvolle Handwerker geworden.

Als die Nationalmannschaft in der WM-Qualifikation zwischenzeitlich in der Tabelle abrutschte, wußte selbst Daniel Passarella nicht mehr weiter und stellte kurzerhand sein Traineramt zur Disposition. Nichts, aber auch gar nichts schien mehr zu funktionieren. Schon bei den Südamerikameisterschaften 1995 und 1997 mußte sein Team nach enttäuschenden Auftritten jeweils nach dem Viertelfinale die Heimreise antreten, jetzt schien sogar die WM-Teilnahme in Frankreich in Gefahr. Doch der argentinische Fußballverband unterstützte den eigenwilligen Trainer.

Dank der Rückendeckung der Fußball-Funktionäre demonstrierte Passarella in der Folge Härte und verlangte von seinen Spielern nicht nur Kurzhaarschnitte, sondern auch hundertprozentige Professionalität. Er setzte mehr und mehr auf die in Europa spielenden Stars und versöhnte sich nach langem Streit selbst mit Gabriel Batistuta vom italienischen Erstligisten AC Florenz.

Passarella setzt auf Stars aus Europa

Inzwischen zählen vier seiner Stars aus Europa zu den unumstrittenen Führungsspielern im neuformierten Team der Argentinier. Der neue Spielmacher ist Ariel Ortega vom spanischen Erstliga-Klub FC Valencia. Allerdings leidet der hervorragende Techniker noch immer unter dem Schatten Maradonas. Die eigentlichen WM-Hoffnungen ruhen daher auf den Italien-Legionären der Nationalmannschaft. Den defensiven Mittelfeldpart im argentinischen 4-4-2-System übernimmt Diego Simeone, der bei Inter Mailand unter Vertrag ist. Im Sturm sollen Hernan Crespo vom AC Parma und Gabriel Batistuta vom AC Florenz die Tore schießen.

Um seine Spieler während der WM-Endrunde bei Laune zu halten, brach Nationaltrainer Passarella darüber hinaus gleich auch noch ein uraltes

Der 28jährige Stürmer Gabriel Batistuta gehört zu den unumstrittenen Führungsspielern im argentinischen Team. Trotz seiner eher schmächtigen Figur ist er einer der gefährlichsten Torjäger seines Landes und wird von seinen Fans nur »Batigol« gerufen – eine Mischung seines Namens mit dem spanischen Wort für Tor: »gol«.
Dabei war Batistuta vor seiner Fußballerkarriere eigentlich leidenschaftlicher Basketballspieler und wollte lieber Medizin studieren. Doch sein Entdecker Bernardo Griffa, einst Profi beim spanischen Erstligisten Atletico Madrid, durchkreuzte die Pläne des Jungstars. Im Jahr 1989 begann Gabriel Batistuta seine Profikarriere beim argentinischen Klub River Plate und gewann seine erste Meisterschaft. Nach seinem Wechsel zu den Boca Juniors wurde Batistuta 1991 zum zweiten Mal Landesmeister, wurde zu Argentiniens Fußballer des Jahres gewählt und gewann mit der Nationalmannschaft die Südamerikameisterschaft. Seit 1991 spielt der Torjäger mit großem Erfolg beim italienischen Erstligisten AC Florenz.

Tabu: Zum ersten Mal überhaupt dürfen die Frauen der argentinischen Nationalspieler in Frankreich in der Nähe des Mannschaftshotels Quartier beziehen.

Schließlich wollen Trainer, Spieler und Funktionäre den Ruf des argentinischen Fußballs bei der Weltmeisterschaft endlich wieder aufpolieren und die unsägliche Reihe von Skandalen vergessen machen. Denn auch wenn der Fußball im Heimatland professionell organisiert ist, fielen in den vergangenen Jahren tiefe Schatten auf den Verband. Der Profifußball ist außer Kontrolle geraten und kämpft mit mehreren Problemen zugleich. Nicht weniger als 50 Spielern wurde Kokain-Mißbrauch nachgewiesen, in elf besonders schweren Fällen sprach der Verband gegen die Drogensünder Sperren aus.

Da er die Spieler jedoch nicht für immer verlieren wollte, wurde gleich auch das Doping-Gesetz geändert. Die Ligafußballer müssen zwar inzwischen regelmäßig Kontrollen über sich ergehen lassen und erhalten Angebote für Therapiehilfen, werden beim nachgewiesenen Konsum von Stimulanzien jedoch nur noch drei Monate gesperrt.

Doch damit nicht genug: In den Stadien der 20 Erstligisten nimmt die Gewalt ständig zu, immer wieder kommt es zu Ausschreitungen und Krawallen. Der nationale Fußballverband steht diesen Problemen mehr oder minder hilflos gegenüber, nicht einmal einen zweiwöchigen Streik der Spielergewerkschaft im Jahr 1997 konnte er verhindern.

Fußballtalente zieht es nach Argentinien

Um so erstaunlicher, daß Argentinien immer noch eine große Sogwirkung auf Fußballtalente der Nachbarstaaten ausübt. Der Grund ist die solide finanzielle Basis vieler Vereine, die vor allem auf den hohen Fernsehgeldern beruht. Sie sind in Argentinien höher als in allen anderen südamerikanischen Ländern. Die Spieler binden sich daher meistens langfristig an die Vereine, die Laufzeiten ihrer Verträge übertreffen sogar die der Fußballer im Weltmeisterland Brasilien.

Es gibt also auch gute Voraussetzungen, um international wieder an die Erfolge der Vergangenheit anzuknüpfen. Denn auch wenn im WM-Kader von Trainer Passarella nur noch sechs Spieler ihr Geld im eigenen Land verdienen, plant der Nationalcoach in Frankreich eine neue Demonstration argentinischer Spielstärke.

Schließlich gehört der Weltmeister von 1978 und 1986 nach wie vor zu den Dauergästen bei Fußballweltmeisterschaften. Argentinien nimmt bereits zum zwölften Mal an einer WM-Endrunde teil – eine Bilanz, die allein Brasilien, Deutschland und Italien übertreffen. Und auch in der Rangliste sämtlicher Weltmeisterschaften liegt das Land auf Platz vier – traditionell ein undankbarer Platz, den die Argentinier in Frankreich nun verbessern wollen.

Unser Tip: Auch ohne Diego Armando Maradona wird die argentinische Mannschaft spielend das Achtelfinale erreichen.

Daniel Passarella

Der 44jährige Nationalcoach übernahm die Mannschaft 1994 und führte sie nach internen Querelen erfolgreich durch die WM-Qualifikation. Bereits 1978 schrieb der 70fache Nationalspieler Fußballgeschichte, als er als Kapitän der argentinischen Nationalmannschaft erstmals für sein Land den WM-Pokal in Empfang nehmen durfte. Nach Gastspielen in Italien wechselte Passarella am Ende seiner aktiven Laufbahn auf die Trainerbank des argentinischen Profiklubs River Plate Buenos Aires.

DAS VORLÄUFIGE AUFGEBOT

	Name	Verein	Alter*	Länderspiele*
TOR	Carlos ROA	Real CD Mallorca	27	9
	Ignacio GONZALES	Racing Club	26	4
	Pablo CAVALLERO	Velez Sarsfield	23	2
ABWEHR	Roberto AYALA	SSC Neapel	24	29
	Nestor SENSINI	AC Parma	31	38
	Fernando CACERES	FC Valencia	28	25
	Jose CHAMOT	Lazio Rom	28	31
	Pablo PAZ	CD Teneriffa	24	9
	Javier ZANETTI	Inter Mailand	24	27
MITTELFELD	Diego SIMEONE	Inter Mailand	27	63
	Matias ALMEYDA	Lazio Rom	23	12
	Leonardo ASTRADA	River Plate	27	26
	Juan Sebastian VERON	Sampdoria Genua	22	9
	Marcelo GALLARDO	River Plate	21	20
	Sergio BERTI	River Plate	28	18
	Christian BASSEDAS	Velez Sarsfield	24	19
STURM	Ariel ORTEGA	FC Valencia	23	42
	Gabriel BATISTUTA	AC Florenz	28	54
	Hernan CRESPO	AC Parma	22	11
	Claudio LOPEZ	FC Valencia	23	12
	Abel BALBO	AS Rom	31	34
	Juan Eduardo ESNAIDER	Espanol Barcelona	24	3

*Stichtag 10. Dezember 1997

Aufbruch zu einer nationalen Mission

Als sich der Bürgerkrieg auf dem Balkan dem Ende zuneigte, gehörten die kroatischen Nationalspieler zu den ersten, die sich in den Dienst ihres neuen Landes stellten. Fußballer wie Robert Prosinecki, Davor Suker und Zvonimir Boban räumten ihre einst so geliebten jugoslawischen Nationaltrikots und Erinnerungsfotos beiseite – jetzt galt ihr Stolz einem anderem Team. »Wir spielen für die Ehre Kroatiens«, erklärt Superstar Suker voller Überzeugung – als wäre für ihn nie etwas anderes in Frage gekommen. Dabei wurde Kroatien erst 1992 von der Europäischen Union als selbständiger Staat anerkannt, und es ist nicht einmal ganz elf Jahre her, daß der selbstbewußte Stürmer des spanischen Erstligisten Real Madrid mit dem jugoslawischen U-20-Juniorenteam den Weltmeistertitel gewann. Doch der vierjährige Bürgerkrieg hat nicht nur tiefe Wunden im eigenen Land hinterlassen, sondern auch in den Köpfen der Nationalspieler zum Verdrängen geführt. Friedens-Missionare nennen sie sich jetzt – auferstanden, um die Wunden ihrer geschundenen Heimat zu heilen. Die WM-Teilnahme kommt Spielern und Trainer da gerade recht. »Wir wollen unser Land würdig vertreten«, sagt Nationalcoach Miroslav Blazevic, »und es als friedliches Land präsentieren.«

Dabei stammt der ehrgeizige Trainer selbst gar nicht aus Kroatien, sondern wurde in der einstigen jugoslawischen Teilrepublik Bosnien geboren. »Ciro« rufen ihn Fans und Spieler daher liebevoll in Anspielung auf eine kleine Eisenbahn, die Kroatien vor Kriegsbeginn mit seiner eigenen Heimat verband.

Längst identifiziert sich Miroslav Blazevic ganz mit der kroatischen Nationalmannschaft. Nach der geglückten WM-Qualifikation ließ er alle Zurückhaltung fallen. »Wir sind die Brasilianer Europas«, tönte er vollmundig und versprach Staatspräsident Franjo Tudjmann voller Übermut, das Team bis zur Jubelfeier unter den Pariser Triumphbogen zu führen.

Die letzte große Chance der Stars

Dazu benötigt er allerdings wohl noch etwas mehr Unterstützung seiner Hintermannschaft. Zwölf Gegentreffer mußte sein Team in der Qualifikation hinnehmen, nur in einer von acht Begegnungen spielte es zu Null. Ein klarer Fall von Überalterung, merken Kritiker vorsichtig an und meinen damit nicht nur die drei Torhüter Ladic, Mrmic und Gabric, die zusammen auf das stolze Alter von 102 Jahren kommen. Auch die Abwehrspieler sind im Durchschnitt mittlerweile fast 30 Jahre alt.

Selbst für die kroatischen Superstars Zvonimir Boban, Davor Suker und Robert Jarni könnte Frankreich die letzte Chance sein, noch einmal groß aufzutrumpfen. Die Zeiten sicherer Stammplätze in ihren Vereinsmannschaften sind für sie längst vorbei, immer häufiger finden sie sich auf der ungeliebten Auswechselbank wieder. »Ein großes Handicap«, gibt Nationaltrainer Blazevic zu, er ist jedoch überzeugt, daß seine Führungsspieler fehlende Spielpraxis durch Erfahrung ausgleichen können. Schließlich ist es gerade einmal zwei Jahre her, daß die Mannschaft die Weltöffentlichkeit durch sicheres Kombinationsspiel in Erstaunen versetzte. Bei der Europameisterschaft 1996 in England, dem ersten großen Auftritt des jungen Landes, wurde das kroatische Nationalteam erst im Viertelfinale von Deutschland gestoppt. Die Konkurrenz war überrascht. »Wenn du gegen sie den Ball verlierst«, sagte der damalige italienische Nationaltrainer Arrigo Sacchi voller Respekt, »geben sie ihn dir nie zurück.«

- **Fläche: 56.538 km²**
- **Einwohnerzahl: 4,5 Mio.**
- **Einwohner/km²: 79**
- **Hauptstadt: Zagreb**
- **Weitere wichtige Städte: Split, Rijeka, Osijek**
- **Staatsform: Republik**
- **Regierungschef: Zlatko Matesa**
- **Staatsoberhaupt: Franjo Tudjman**

Entscheidung gegen die Ukraine

Ganz so einfach war es auf dem Weg nach Frankreich allerdings dann doch nicht. Zwar besiegte das kroatische Team die Mannschaft aus Bosnien-Herzegowina gleich im ersten Gruppenspiel mit 4:1 sehr deutlich, kam jedoch in den drei folgenden Heimspielen über Unentschieden nicht hinaus. Erst auswärts fand die mit internationalen Stars gespickte Mannschaft zu ihrer alten Stärke zurück. Allein Dänemark war eine Nummer zu groß: nur ein Punkt aus zwei Begegnungen – Gruppensieg und direkte Qualifikation waren verspielt.

Kroatien mußte auf dem Weg nach Frankreich den Umweg über die Ukraine nehmen, legte jedoch bereits im ersten Spiel mit einem 2:0-Heimsieg den Grundstein zur ersten WM-Teilnahme. Um so

überraschender, daß die Spieler ihre Nervosität beim folgenden 1:1-Unentschieden im fernen Kiew bis zum Abpfiff nicht ablegen konnten. Die Erwartungshaltung der Fans war so groß, daß der 62jährige Nationalcoach Blazevic in den Tagen zuvor jeglichen Appetit verlor und noch vor dem Anpfiff starke Beruhigungsmittel zu sich nehmen mußte. »Hätten wir uns nicht qualifiziert«, sagte er später erschöpft, »hätte mich die Bevölkerung sicherlich auffressen wollen.« Statt dessen kehrte er erhobenen Hauptes nach Kroatien zurück – mit den besten Spielern Europas, wie er so gerne behauptet.

Stars sind voller Nationalstolz

Ein Großteil der Stars spielt in europäischen Spitzenklubs, heute sind gerade noch sechs Spieler aus dem aktuellen WM-Kader in Kroatien unter Vertrag. Die unumstrittene Führungsposition innerhalb der Mannschaft nimmt dabei Zvonimir Boban vom italienischen Erstligisten AC Mailand ein. Er gilt nicht nur als genialer Techniker und torgefährlicher Spielmacher, sondern auch als Symbolfigur des kroatischen Nationalstolzes.

Diese Ehre geht auf das Jahr 1990 zurück und ist eher zweifelhaften Ursprungs. Als 21jähriger Kapitän des kroatischen Klubs Dynamo Zagreb hatte Boban nach dem Ligaspiel gegen Roter Stern Belgrad bei einer Auseinandersetzung einen serbischen Polizisten geschlagen. Boban wurde vom jugoslawischen Fußballverband gesperrt und verpaßte die WM in Italien. Allein in seiner kroatischen Heimat machten die Fans ihn später zum Nationalhelden. Auch vier Jahre nach »offiziellem« Ende sind die Nachwehen des grausamen Bürgerkriegs noch zu spüren. Die Nationalspieler bemühen sich zwar um Versöhnung, interpretieren jedoch immer noch ein bißchen viel übersteigerten Nationalismus in die sportlichen Auseinandersetzungen hinein. »Mit jedem Tor können wir ein paar Wunden heilen, die die Toten im Bürgerkrieg in die Seele des kroatischen Volkes gerissen haben«, erklärt beispielsweise Nico Kovac vom deutschen Bundesligisten Bayer Leverkusen. Geradezu beruhigend, daß sich das kroatische Nationalteam auf dem Platz dann doch eher seiner filigranen Technik und Fairneß besinnt. Eindrucksvoll hat sie in den wenigen Jahren ihres Bestehens ein neues Kapitel in der

Der kroatische Stürmerstar Davor Suker gewann bereits 1987 in Chile seine erste Weltmeisterschaft. Beim Finalsieg des U-20-Juniorenteams über Deutschland vor elf Jahren spielte der heute 29jährige allerdings noch im Nationaltrikot Jugoslawiens. Sein erstes Match für Kroatien bestritt der Angreifer im Dezember 1990, zwei Jahre vor der offiziellen Anerkennung des jungen Staates durch die Europäische Union. Über 30 Mal trug er seitdem das Nationaltrikot und entwickelte sich zum Toptorjäger seines Landes.
Auch beim spanischen Traditionsverein Real Madrid stellt Suker seine Extraklasse immer wieder unter Beweis. Zusammen mit seinem jugoslawischen Mannschaftskollegen Predrag Mijatovic bildet der Linksfuß eines der torgefährlichsten Sturmduos Europas und belegte bei der Wahl zum Weltfußballer des Jahres 1996 den achten Rang.

Fußballgeschichte des Landes geschrieben – das erste würden wohl auch die Spieler dagegen lieber für immer zuschlagen.

Die Nationalelf will für Sympathie werben

Denn schon einmal gab es ein kroatisches Nationalteam, das zwischen 1940 und 1944 immerhin 19 Länderspiele absolvierte. Als Kollaborateure des faschistischen Deutschlands trat die Mannschaft damals jedoch nur gegen kooperierende oder neutrale Staaten an; Länder wie Ungarn, Italien, die Schweiz oder Rumänien. Nach der Rückkehr der kroatischen Nationalmannschaft in den 90er Jahren sind dagegen auch Funktionäre und Politiker allein auf Versöhnung aus. Sie wollen die Weltmeisterschaft in Frankreich zur Sympathiewerbung für ihr 4,5 Millionen Einwohner zählendes Land nutzen, dessen Küsten einst Urlauber aus ganz Europa anzogen.

Die Nationalspieler jedenfalls wollen alles daransetzen, ihre Fans nicht zu enttäuschen. »Das Viertelfinale muß es auf jeden Fall werden«, erklärt Stürmerstar Davor Suker, »alles weitere wäre das i-Tüpfelchen auf unserer Mission.«

Unser Tip: Die spielstarke Mannschaft wird bei ihrem ersten WM-Auftritt neue Fans gewinnen und die Vorrunde locker überstehen.

Miroslav Blazevic

Der 62jährige Nationaltrainer übernahm den WM-Neuling Anfang 1994 und feierte mit einem 2:0-Sieg im Freundschaftsspiel gegen Spanien gleich einen gelungenen Einstand. Bereits bei der Europameisterschaft 1996 führte er sein Team bis ins Viertelfinale. Die WM-Teilnahme schaffte er allerdings erst nach zwei Entscheidungsspielen gegen die Ukraine. Erfahrung als Vereinstrainer sammelte Miroslav Blazevic zuvor in der Schweiz, Jugoslawien und Kroatien.

DAS VORLÄUFIGE AUFGEBOT

	Name	Verein	Alter*	Länderspiele*
TOR	Drazen LADIC	Croatia Zagreb	34	37
	Marijan MRMIC	Besiktas Istanbul	32	9
	Tonci GABRIC	Hajduk Split	36	9
ABWEHR	Slaven BILIC	FC Everton	29	34
	Robert JARNI	Real Betis Sevilla	29	34
	Igor STIMAC	Derby County	28	25
	Nikola JERKAN	Rapid Wien	33	31
	Dario SIMIC	Croatia Zagreb	22	13
	Zvonimir SOLDO	VfB Stuttgart	30	23
MITTELFELD	Nico KOVAC	Bayer Leverkusen	26	5
	Aljosa ASANOVIC	Derby County	32	35
	Zvonimir BOBAN	AC Mailand	29	31
	Robert PROSINECKI	Croatia Zagreb	28	26
	Nikola JURCEVIC	Casino Salzburg	31	19
	Mario STANIC	AC Parma	25	13
	Goran JURIC	Croatia Zagreb	34	7
STURM	Davor SUKER	Real Madrid	29	32
	Alen BOKSIC	Lazio Rom	27	22
	Goran VLAOVIC	FC Valencia	25	24
	Igor CVITANOVIC	Real Sociedad San Sebastian	27	21
	Tomislav ERCEG	Hajduk Split	26	4
	Krunoslav JURCIC	Croatia Zagreb	28	6

*Stichtag 10. Dezember 1997

Betriebssportler auf Werbefeldzug

Die Profiklubs des Landes heißen Shimitsu Impulse oder Verdy Kawasaki. Vereinsnamen, die auf den Charakter der japanischen J-League hinweisen: »Soccer« ist im Land der aufgehenden Sonne nichts anderes als Betriebssport auf höchstem Niveau, selbst über den Fußball herrschen in Japan die großen Konzerne – in einer Wirtschaftsnation, die so gerne auch andere Völker beglückt mit den Produkten ihrer Hände Arbeit, vom Kleinwagen bis hin zu unbeholfenen Strichzeichnungen, die elektronisch animiert auf den schönen Namen »Tamagotchi« hören. Nur der Fußball will in diese Reihe nicht so recht passen: Bis zum vergangenen Jahr bemühte sich Japans Nationalteam zwischen 1954 und 1994 neunmal vergebens um eine WM-Qualifikation, und die fünf Jahre alte J-League entwickelt sich mehr und mehr zu einem Abschreibungsobjekt. Nein, der japanische »Soccer« ist wirklich kein Exportschlager, im Gegenteil. Die aufstrebenden »Sportkonzerne« haben in der Vergangenheit gleich dutzendweise Spieler, Trainer und taktische Konzepte der führenden Fußballnationen importiert. Gut bezahlte Weltstars im fußballerischen Vorruhestand sollten Zuschauer in die Stadien locken – ein Konzept, das nur im Gründungsjahr der J-League aufging. Längst beklagt das Land der verblassenden Stars einen enormen Publikumsschwund, knapp 50 Prozent in den vergangenen fünf Jahren. Die J-League leidet unter Japans fehlender Fußballtradition. Die Soccer-Spieler führen einen ungleichen Kampf mit den Sumo-Ringern, die gemeinsam mit den Baseballern bereits seit Jahren in der Publikumsgunst ganz oben stehen. Fußball spielen die Jugendlichen allenfalls an der Schule oder am College. Und ohne gezielte Nachwuchsarbeit haben es junge Talente schwer, die Versetzung in die J-League zu

- **Fläche: 377.801 km²**
- **Einwohnerzahl: 125,9 Mio.**
- **Einwohner/km²: 332**
- **Hauptstadt: Tokio**
- **Weitere wichtige Städte: Osaka, Yokohama, Nagoya**
- **Staatsform: Parlamentarische Monarchie**
- **Regierungschef: Rytaro Hashimoto**
- **Staatsoberhaupt: Kaiser Akihito Tsuyu No Mija**

Der 20jährige Hidetoshi Nakata gilt als der künftige Topstar des japanischen Fußballs. Trotz seiner geringen internationalen Erfahrung ist er im Nationalteam bereits der unumstrittene Spielgestalter. Der Mittelfeldspieler beeindruckt immer wieder mit seiner exzellenten Spielübersicht und seinen überraschenden Pässen. Sein übersteigertes Selbstbewußtsein und sein Hang zum Eigensinn gelten jedoch als Schwächen des Jungstars, der für Bellmare Hiratsuka in der japanischen J-League spielt.

schaffen – wo ihnen wegen der vielen Ausländer häufig genug nur erneutes Bankdrücken bleibt. So erscheint es geradezu paradox, daß die kriselnde J-League ihre Hoffnungen nun ausgerechnet auf die japanische Nationalmannschaft und auf deren erste WM-Teilnahme setzt, die einen neuen Soccer-Boom auslösen könnte.

Das entscheidende Relegationsspiel gegen den Iran verfolgte immerhin knapp die Hälfte aller Japaner im Fernsehen. Eine Partie, die exemplarisch steht für die Stärken und Schwächen des Nationalteams. Trotz einer 1:0-Führung und trotz überlegenen Spiels lag die Mannschaft bis eine Viertelstunde vor Schluß 1:2 zurück. Wieder einmal hatten ausgelassene Chancen und Unordnung in der Abwehr den Erfolg der Japaner gefährdet. Und wieder einmal schaffte das Team dank seines Einsatzwillens und seiner hervorragenden Kondition den Ausgleich. Eine Minute vor Schluß der Verlängerung schoß Masayuki Okano mit seinem stürmisch gefeierten »Golden Goal« den Asienmeister des Jahres 1992 doch noch zur WM. Dabei hatte Frankreich für die Japaner nach der Hinrunde ihrer Qualifikationsgruppe bereits in weiter Ferne gelegen. Und erst nach einem verzweifelten Trainerwechsel und überraschenden Punktverlusten der Vereinigten Arabischen Emirate glückte dem Team der zweite Gruppenplatz hinter dem alten Erzrivalen Südkorea. Zumindest der Einzug in das Relegationsspiel war damit noch geschafft – nicht zuletzt dank der taktischen Umstellungen des neuen Nationalcoaches Takeshi Okada, der den modernen Libero seines Vorgängers zugunsten einer Raumdeckung in der altbewährten 4-4-2-Formation abgeschafft hat.

Personell vertraut der ehemalige Co-Trainer des Nationalteams weiter einer Mischung aus jungen Talenten wie Spielmacher Nakata und erfahrenen Spielern, zu denen vor allem Abwehrorganisator Ihara und der alternde Top-Stürmer Miura zählen. Seine Mannschaft soll in Frankreich werben für das Fußball-Land Japan, damit wenigstens das WM-Endspiel 2002 in Tokio endlich einmal ein richtiger Exportschlager für den »Soccer« wird.

Unser Tip: Die konditionsstarken und ehrgeizigen Japaner können die Gruppenfavoriten sicher ärgern, für das Achtelfinale reicht es nicht.

TAKESHI OKADA

Der 41jährige Nationalcoach hat die japanischen Fußballer erstmals zu einer Weltmeisterschaft geführt. Mitten in der WM-Qualifikation übernahm der langjährige Co-Trainer des Nationalteams den Chefposten, und unter seiner Regie blieb die Nationalelf in den restlichen Spielen ungeschlagen. Dennoch war im vergangenen Jahr lange unklar, ob in Frankreich nicht ein international erfahrener Coach sein Amt übernehmen würde.

DAS VORLÄUFIGE AUFGEBOT

	Name	Verein	Alter*	Länderspiele*
TOR	Yoshikatsu KAWAGUCHI	Yokohama Marinos	22	22
	Nobuyuki KOJIMA	Bellmare Hiratsuka	31	5
	Seigo NARASAKI	Yokohama Flugels	21	0
ABWEHR	Masami IHARA	Yokohama Marinos	30	110
	Akira NARAHASHI	Kashima Antlers	25	44
	Naoki SOMA	Kashima Antlers	26	17
	Yutaka AKITA	Kashima Antlers	27	21
	Norio OMURA	Yokohama Marinos	28	28
	Eisuke NAKANISHI	JEF United Ichihara	24	5
MITTELFELD	Hidetoshi NAKATA	Bellmare Hiratsuka	20	16
	Motohiro YAMAGUCHI	Yokohama Flugels	28	50
	Tsuyoshi KITAZAWA	Verdy Kawasaki	29	55
	Hiroshi NANAMI	Jubilo Iwata	24	37
	Yasuto HONDA	Kashima Antlers	28	31
	Hiroaki MORISHIMA	Cerezo Osaka	25	35
	Takashi HIRANO	Nagoya Grampus Eight	23	8
STURM	Kazuyoshi MIURA	Verdy Kawasaki	30	85
	Wagner LOPES	Bellmare Hiratsuka	28	6
	Masayuki OKANO	Urawa Red Diamonds	25	21
	Shoji JO	Yokohama Marinos	22	18
	Akinori NISHIZAWA	Cerezo Osaka	21	5
	Takuya TAKAGI	Sanfrecce Hiroshima	29	45

*Stichtag 10. Dezember 1997

Eine Cricket-Nation im Fußballrausch

Der 21jährige Deon Burton ist der Mann, der die Karibik-Insel mit wichtigen Toren zur WM geschossen hat. In den letzten fünf Qualifikationsspielen erzielte der Stürmer insgesamt vier Treffer, und jedes seiner Tore bedeutete für Jamaikas Nationalmannschaft mindestens einen Punkt. Burton stammt ursprünglich aus dem Londoner Vorort Reading und debütierte nach seiner Einbürgerung erst im September des vergangenen Jahres im Nationalteam der Karibik-Insel. Innerhalb kürzester Zeit erwarb sich der Angreifer des englischen Erstligisten Derby County wegen seiner Treffsicherheit und seines glattrasierten Kopfes den Spitznamen »Ronaldo«.

- **Fläche: 10.990 km²**
- **Einwohnerzahl: 2,5 Mio.**
- **Einwohner/km²: 229**
- **Hauptstadt: Kingston**
- **Weitere wichtige Städte: Montego Bay, Spanish Town, Portmore**
- **Staatsform: Parlamentarische Monarchie im Commonwealth**
- **Regierungschef: Percival James Patterson**
- **Staatsoberhaupt: Königin Elizabeth II**

Nach dem Training greifen Jamaikas Nationalspieler gerne einmal zum Gartenschlauch. Fußball ist eine schweißtreibende Angelegenheit bei tropischer Witterung und mehr als 23 Grad selbst im Winter. Und mit Duschen ist das so eine Sache im Vorbereitungscamp der »Reggae Boyz«. So jedenfalls beschreibt Robbie Earle scherzhaft die Arbeitsbedingungen im jamaikanischen Trainingslager in Kingston – ein Nationalspieler, der vom englischen Premier League-Klub FC Wimbledon Profiverhältnisse gewohnt ist. Fußball ist auf der drittgrößten Insel der Karibik immer noch ein wenig exotisch. Natürlich nicht halb so sehr wie das Bobteam, das das Land ohne Schnee 1992 zu den Olympischen Winterspielen schickte. Aber der Nationalsport in der früheren britischen Kronkolonie ist eindeutig Cricket. Jedenfalls war Cricket lange Zeit die Zuschauersportart Nummer eins, ehe sich Jamaikas »Reggae Boyz« ganz unerwartet anschickten, die Weltmeisterschafts-Qualifikation zu überstehen. Schon der Erfolg in der Zwischenrunde der Mittelamerika-Gruppe gegen das höher eingestufte Honduras galt als große Überraschung. Und selbst kühne Optimisten hatten auf der Insel des Rums und des Reggae nicht zu hoffen gewagt, daß sich ihr Team nach Kuba 1934 und Haiti 1974 als dritte Mannschaft aus der Karibik für eine Weltmeisterschaft qualifizieren würde.

Bereits Stunden vor dem Anpfiff des entscheidenden Qualifikationsspieles gegen Mexiko feierten in Kingston 40.000 Menschen im Stadion und weitere Zehntausende auf den Straßen mit Musik und Tanz ein regelrechtes Volksfest. Jamaika sicherte sich mit einem 0:0 als Gruppendritter hinter den Mexikanern und den USA endgültig die WM-Teilnahme, und Staatspräsident P.J. Patterson rief noch im Stadion den folgen-

den Tag zum Nationalfeiertag aus. Ein ganzes Land lag im Freudentaumel.
Als Helden der Nationalmannschaft feiern die Jamaikaner seitdem den 21jährigen Deon Burton. Jenen treffsicheren jungen Stürmer vom englischen Erstligisten Derby County, der sich erst mitten in der letzten Phase der Mittelamerika-Qualifikation nach heftigem Werben von Nationaltrainer René Simoes plötzlich seiner jamaikanischen Vorfahren erinnerte – ganz ähnlich wie Mittelfeldspieler Robbie Earle und die beiden englischen Profis Paul Hall und Fitzroy Simpson vom FC Portsmouth. Mit ihren vier importierten »Reggae Boyz« verlor die jamaikanische Nationalmannschaft keine einzige Partie mehr, nachdem sie noch nach vier Spielen mit nur zwei Punkten und 1:9 Toren auf dem letzten Gruppenplatz gelegen hatte. Und so machte sich denn der Baumeister des Erfolges, Nationaltrainer René Simoes, im Anschluß an die erfolgreiche WM-Qualifikation auch geschwind auf in Richtung England, um dort noch weitere jamaikanische Wurzeln auszugraben und sein anspruchsvolles Spielsystem durch neue Import-Jamaikaner weiter zu verbessern.

Der 44jährige Coach aus Rio de Janeiro verlangt von seinen »Reggae Boyz« eine brasilianische Spielweise, eine offensive 3-5-2-Formation mit ständig wechselnden Positionen und einem sehr variablen Stil. Dabei setzt er neben den vier Anglo-Jamaikanern vor allem auf Spielmacher Theodore Whitemore, einen der wenigen Profis bei den 14 Erstliga-Klubs der heimischen Insel-Liga.

Und auch wenn der Tüftler Simoes seine vielen Amateur-Spieler mit den Taktik-Vorlesungen via Computer manchmal noch zu überfordern scheint, ist er für die WM optimistisch: Der Brasilianer setzt vor allem auf die neue Fußballbegeisterung im Lande, statt über widrige Arbeitsbedingungen zu klagen. Schließlich verdanken die »Reggae Boyz« ihre eindrucksvolle Heimbilanz mit zehn Qualifikationsspielen ohne Niederlage nicht zuletzt den miserablen Platzverhältnissen im Nationalstadion von Kingston.

Unser Tip: Mit ihrer Unbekümmertheit sind die »Reggae Boyz« sicher ein Bereicherung der WM, bleiben in ihrer Gruppe aber chancenlos.

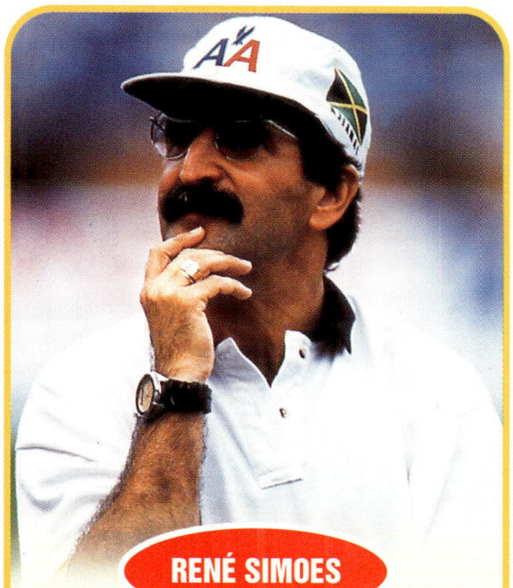

RENÉ SIMOES

Der 44jährige Brasilianer ist der Mann, der erstmals eine jamaikanische Fußballnationalmannschaft zu einer WM geführt hat. In seiner vierjährigen Amtszeit hat der leidenschaftliche und autoritäre Trainer vor allem Ordnung und Disziplin in das Spiel der »Reggae Boyz« gebracht. Sein Spitzname lautet »der Professor« – wegen seiner Vorliebe für Taktik-Vorlesungen am Computer. Vor seinem Engagement auf der Karibik-Insel arbeitete Simoes als Jugendtrainer des brasilianischen Verbandes.

DAS VORLÄUFIGE AUFGEBOT

	Name	Verein	Alter*	Länderspiele*
TOR	Warren BARRET	Violet Kickers	26	115
	Aaron LAWRENCE	Reno	27	25
ABWEHR	Ian GOODISON	Olympic Gardens	25	37
	Durrant BROWN	Wadadah	32	112
	Linval DIXON	Hazard	25	91
	Ricardo GARDNER	Harbour View	18	18
	Gregory MESSAM	Harbour View	23	48
	Dean SEWELL	Constant Spring	25	20
MITTELFELD	Theodore WHITMORE	Seba United	24	65
	Peter CARGILL	Harbour View	33	60
	Fitzroy SIMPSON	FC Portsmouth	27	9
	Robbie EARLE	FC Wimbledon	32	5
	Stephen MALCOLM	Seba United	27	48
	Christopher DAWES	Galaxy	22	25
	Altimont BUTLER	vereinslos	28	49
STURM	Deon BURTON	Derby County	21	7
	Paul HALL	FC Portsmouth	28	9
	Walter BOYD	Arnett Gardens	25	58
	Paul YOUNG	vereinslos	28	79
	Wolde HARRIS	Colorado Rapids	23	6
	Andrew WILLIAMS	Real Mona	19	15

*Stichtag 2. Dezember 1997

Triumphe, Tore & Tränen

Triumph der Götter in Himmelblau

Es begann in Uruguay, in Montevideo, 1930, vor 68 Jahren. Endlich konnte der Franzose Jules Rimet, der damalige FIFA-Präsident, seine Idee einer Fußball-Weltmeisterschaft in die Tat umsetzen. Der sportliche Wert der ersten WM war umstritten.
Die besten Teams Europas fehlten. Lediglich die Mannschaften von Frankreich, Belgien, Jugoslawien und Rumänien nahmen nach einer vierwöchigen Schiffsreise an der ersten WM teil. Die vier europäischen Teams nutzten die lange Zeit auf See, um auf dem Oberdeck miteinander zu trainieren. Das Finale gewann Gastgeber Uruguay vor 100.000 Zuschauern im völlig überfüllten Centenario-Stadion mit 4:2 gegen Argentinien. Eine ganze Nation lag tagelang im himmelblauen Freudentaumel.

Der erste Titel der »Squadra Azzura«

Beim zweiten WM-Turnier 1934 setzte sich ebenfalls der Gastgeber durch. Italien bezwang die Tschechoslowakei glücklich mit 2:1. Bester Spieler des Weltmeisters war der Halbstürmer Guiseppe Meazza von Inter Mailand, nach dem später das Mailänder Stadion benannt wurde. Die deutsche Elf wurde bei ihrem WM-Debüt sensationell Dritter. Das Team von Prof. Dr. Otto Nerz und seinem Assistenten Sepp Herberger schlug im kleinen Finale den großen Favoriten Österreich mit 3:2.

Erfolgreiche Titelverteidigung der »Squadra Azzura«

In Frankreich, 1938, konnte Italien den Titel überzeugend verteidigen. Unter Nationaltrainer Vittorio Pozzo spielte die »Squadra Azzura« eine glänzende WM. Der Sportjournalist, schon Coach der Titelträger von 1934, hatte sein Team optimal vorbereitet und wurde nach einem 4:2-Finalsieg über Ungarn als einziger Trainer zweimal Weltmeister. Die deutsche Mannschaft mit Trainer Sepp Herberger enttäuschte maßlos. Nach einem 1:1 und einer 2:4-Niederlage im Wiederholungsspiel gegen die Schweiz mußte die Elf bereits nach der ersten Runde die Heimreise antreten.

Jules Rimet

Der Begründer des Französischen Fußballverbandes setzte 1928 beim Amsterdamer FIFA-Kongress seine Idee der Weltmeisterschaft durch. Die WM-Endrunde und der WM-Pokal erhielten den Beinamen Coupe Jules Rimet. Der Pariser Rechtsanwalt starb 1956 mit 83 Jahren.

Weltuntergang im Maracana

Der Titelgewinn schien für Brasilien 1950 eigentlich nur noch Formsache. Der Weltmeister wurde damals in Gruppenspielen ermittelt, und Brasilien benötigte in seiner letzten Partie gegen Uruguay lediglich noch ein Unentschieden. Doch dann kam alles ganz anders. Im mit 200.000 Zuschauern völlig überfüllten Maracanastadion von Rio de Janeiro verspielte der Gastgeber eine 1:0-Führung und verlor am Ende mit 1:2. Uruguay war Weltmeister. Ganz Brasilien weinte.

Das Wunder von Bern

In keinem WM-Finale war die Favoritenstellung so klar, wie 1954 in der Schweiz. Deutschland mit Kapitän Fritz Walter hatte nur eine winzige Außenseiterchance gegen die ungarische Jahrhundertelf um Ferenc Puskas. Tatsächlich lag das deutsche Team nach neun Minuten bereits hoffnungslos mit 0:2 im Rückstand. Doch dann geschah das »Wunder von Bern«. Nach Toren von Max Morlock und zweimal Helmut Rahn gewann Deutschland zum ersten Mal den Weltmeister-Titel. Wann immer Hitlisten des deutschen Sports erstellt wurden, dieser erste WM-Sieg eines deutschen Teams steht überall ganz oben.

Fußball vom anderen Stern

Knallgelbe Trikots, hellblaue Hosen, geschmeidige Körper – wer an die WM 1958 in Schweden denkt, der denkt an die Brasilianer. Fußballzauberer wie Didi, Zagallo und Garrincha beeindruckten die Fußballwelt. Ein 17jähriger Wunderknabe namens Pelé machte zum ersten Mal international auf sich aufmerksam. Ein Fußballartist, der in den folgenden Jahren wahre Wunder vollbrachte. Brasilien besiegte Gastgeber Schweden mit 5:2, zugleich der höchste Finalsieg in der WM-Geschichte. Deutschland unterlag im kleinen Finale mit 3:6 gegen Frankreich mit dem WM-Rekordtorschützen Just Fontaine.

Defensivtaktik verhindert attraktive Spiele

Die WM 1962 in Chile wird in der Geschichte gerne übergangen. Alle Teams bis auf Weltmeister Brasilien bevorzugten ein ermüdendes Defensivsystem. Im Finale gewannen die Südamerikaner gegen die überraschend starke Tschechoslowakei mit 3:1. Bundestrainer Sepp Herberger schied bei seiner letzten WM mit dem deutschen Team nach einer 0:1-Niederlage gegen Jugoslawien im Viertelfinale aus.

Ein Weltmeisterschaftstor, das Geschichte machte

89 Tore fielen 1966 in England. Eines davon schrieb WM-Geschichte.

Jenes 3:2, das England in der Verlängerung des Finales gegen Deutschland endgültig auf die Siegerstraße brachte: das Wembley-Tor. Geoffrey Hurst hatte den Ball unter die Latte gehämmert. Von dort sprang das Leder vor, auf oder hinter die Torlinie. Niemand außer Linienrichter Bachramov hatte es genau gesehen. Und auf Befragen des russischen Linienrichters entschied Schiedsrichter Dienst aus der Schweiz auf Tor. Am Ende gewann England mit 4:2. Zwei spätere Weltstars, der Portugiese Eusebio und Franz Beckenbauer, traten 1966 in England erstmals ins Rampenlicht.

Die Wiedergeburt des Angriffsfußballs

Die WM 1970 in Mexiko war geprägt von herausragenden Spielern wie Gerd Müller, Pelé, Riva, Bobby Charlton und Franz Beckenbauer. Erst im Halbfinale scheiterte Deutschland in einem Jahrhundertspiel nach Verlängerung mit 3:4 an Italien. Die Elf von Bundestrainer Helmut Schön gewann anschließend das kleine Finale gegen Uruguay mit 1:0 und wurde Dritter. Brasilien holte sich nach einem 4:1-Sieg über die müden Italiener zum dritten Mal den Titel. Es war die vierte und letzte WM von Edson Arantes do Nascimento, genannt Pelé.

Mario Zagallo

Brasilianische Fußball-Legende: 1958 und 1962 Weltmeister als Spieler zusammen mit Pelé. 1970 dann Titelträger als Trainer von Pelé. Danach Coach der Vereinigten Arabischen Emirate 1990/91 und TV-Reporter bei »O Globo«. 1992 erhielt er den FIFA-Orden in Gold. Seit 1994 wieder Trainer der brasilianischen Nationalmannschaft.

Kaiser besiegt König

Die erste Weltmeisterschaft in Deutschland im Jahre 1974 war ein Duell zwischen »Kaiser« Franz und »König« Johann. Während das holländische Team um Kapitän Johann Cruyff fast ins Endspiel spazierte, wäre die deutsche Mannschaft mit

Kapitän Franz Beckenbauer fast am Erwartungsdruck im eigenen Land gescheitert. Die DFB-Auswahl konnte sich erst nach der blamablen 0:1-Niederlage gegen die ehemalige DDR im Laufe des Turniers steigern. Im Münchner Olympiastadion bezwang Deutschland schließlich Holland im Endspiel mit 2:1 und war nach 1954 zum zweiten Mal Weltmeister.

Blamage in Cordoba

1978 in Argentinien erlebte Titelverteidiger Deutschland eine böse Überraschung. Bei seiner letzten WM schied Helmut Schön mit der DFB-Elf gegen Österreich mit 2:3 aus. Für den Nachbarn Österreich mehr als nur ein Prestige-Erfolg. Argentinien gewann das Endspiel mit Trainer Cesar Luis Menotti 3:1 nach Verlängerung gegen die Niederlande und war damit zum ersten Mal Weltmeister.

Vizeweltmeister ohne Glanz

1982 nahmen in Spanien erstmals 24 Mannschaften an einer WM teil. Das deutsche Team unter Bundestrainer Jupp Derwall spielte eine enttäuschende Vorrunde. Die DFB-Elf, als Turniermannschaft bekannt, steigerte sich. In einem Fußballkrimi kämpfte Deutschland nach einem 1:3 Rückstand in der Verlängerung die Franzosen noch mit 8:7 nach Elfmeterschießen nieder und stand somit im Finale.
Gegen die starken Italiener war die deutsche Mannschaft jedoch chancenlos, verlor gegen den hohen Favoriten mit 1:3. Italien war damit nach 1934 und 1938 zum dritten Mal Weltmeister.

Ein früherer Weltmeister als Teamchef

1986 in Mexiko war Franz Beckenbauer als Trainer für die DFB-Auswahl verantwortlich. Die Deutschen bewiesen wieder einmal, daß sie eine Turniermannschaft sind und

Franz Beckenbauer

Die Lichtgestalt des deutschen Fußballs. Er hat als Spieler wie auch als Trainer so gut wie alles erreicht. Vereinsmeisterschaften und Pokalsiege, Europacupsiege und Europameisterschaft. Als Spieler und als Trainer wurde er Weltmeister. Inzwischen hat er beim FC Bayern München die Trainerbank mit dem Präsidentenstuhl getauscht.

hatten im Viertelfinale beim Elfmeterschießen gegen Mexiko das notwendige Fortune. Im Halbfinale bezwang das deutsche Team Frankreich mit 2:0. Der Gegner im Finale hieß Argentinien. Nach 90 Minuten stand es im Azteken-Stadion von Mexiko-City 3:2 für Argentinien. Die Südamerikaner um Kapitän Diego Maradona waren cleverer gewesen.

Franz Beckenbauer auf dem Gipfel

1990 in Italien wurde Kaiser Franz zum zweiten Mal Weltmeister. Diesmal als Teamchef. Das gelang zuvor nur Mario Zagallo. Der Brasilianer schaffte dies 1958 und 1962 als Spieler und 1970 in Mexiko als Trainer. Erst zum zweiten Mal in der 60-jährigen WM-Geschichte trafen 1990 Deutschland und Argentinien aufeinander – und erneut, wie bereits vier Jahre zuvor, im Finale. Das entscheidende Tor gelang Andreas Brehme fünf Minuten vor Schluß mit einem verwandelten Foulelfmeter. Die Revanche für die WM 1986 war gelungen.

Elfmeterschießen entscheidet die Weltmeisterschaft

1994 in den USA entschieden die Nerven über den Titelgewinn. Zum ersten Mal in der Geschichte der WM stand es nach 120 Minuten in einem Finale 0:0. Vor 95.000 Zuschauern hatte Brasilien schließlich die besseren Elfmeterschützen als der Kontrahent aus Italien. Der beste Spieler der »Squadra Azzura«, Roberto Baggio, versagte, Dunga schoß Brasilien mit seinem verwandelten Elfmeter zum vierten WM-Titel, ein neuer Rekord! Die deutsche Mannschaft unter Bundestrainer Berti Vogts schied nach einer 1:2-Niederlage gegen Bulgarien im Viertelfinale aus.

Die bisherigen Endspiele im Überblick

Jahr	Ort	Finale	Ergebnis
1930	Montevideo - Uruguay	Uruguay - Argentinien	4:2
1934	Rom - Italien	Italien - Tchechoslowakei	2:1 n.V.
1938	Paris - Frankreich	Italien - Ungarn	4:2
1950	Rio de Janeiro - Brasilien	Uruguay - Brasilien	2:1
1954	Bern - Schweiz	Deutschland - Ungarn	3:2
1958	Stockholm - Schweden	Brasilien - Schweden	5:2
1962	Santiago - Chile	Brasilien - Tchechoslowakei	3:1
1966	London - England	England - Deutschland	4:2 n.V.
1970	Mexiko-City - Mexiko	Brasilien - Italien	4:1
1974	München - Deutschland	Deutschland - Holland	2:1
1978	Buenos Aires -Argentinien	Argentinien - Holland	3:1 n.V.
1982	Madrid - Spanien	Italien - Deutschland	3:1
1986	Mexiko-City - Mexiko	Argentinien - Deutschland	3:2
1990	Rom - Italien	Deutschland - Argentinien	1:0
1994	Pasadena - USA	Brasilien - Italien	3:2 n.E.

Coca-Cola
SCHUTZMARKE
koffeinhaltig

»Good Bye Golden Goal«

Qualifikation:

Titelverteidiger Brasilien und Gastgeber Frankreich sind für die WM-Endrunde automatisch qualifiziert. Um die übrigen 30 freien Plätze bewarben sich weltweit über 171 Länder.
Ein neuer Rekord in der Geschichte der Weltmeisterschaften.

Turnier - Modus:

Erstmals wird die WM-Endrunde mit 32 Mannschaften ausgetragen. In der ersten Turnierphase spielen jeweils vier Mannschaften in acht Vorrundengruppen. Die Auslosung fand am 4. Dezember 1997 in Marseille statt. Erstmals haben die gesetzten Teams in der Vorrunde keine festen Spielorte mehr. Jedes Team spielt während der ersten Turnierphase in drei verschiedenen Stadien. Die acht Gruppensieger und acht Gruppenzweiten qualifizieren sich für das Achtelfinale.

Gruppenspiele:

In jeder Gruppe spielt jeder gegen jeden. Dabei werden für einen Sieg drei Punkte vergeben, für ein Unentschieden ein Punkt. Über die Rangfolge entscheidet die höhere Punktzahl. Sind zwei oder mehrere Mannschaften punktgleich, entscheidet:

1) der direkte Vergleich
2) die Tordifferenz
3) die größere Zahl der erzielten Tore im direkten Vergleich (wenn mehr als 2 Teams punktgleich sind)
4) die größere Zahl der erzielten Tore in allen Gruppenspielen
5) der Koeffizient der letzten WM-Qualifikationswettbewerbe
6) das Fairplay-Verhalten
7) das Los

Finalrunde:

Nach den Gruppenspielen geht es im K.-O.-System weiter. Alle Achtel-, Viertel- und Halbfinalspiele sowie Endspiel und Spiel um Platz 3 werden bei Unentschieden nach 90 Minuten um 2 x 15 Minuten verlängert. Sudden death oder golden goal gibt es in Frankreich nicht mehr. Das Spiel ist definitiv erst nach 120 Minuten beendet. Ist auch nach der Verlängerung kein Sieger ermittelt, kommt es wie bisher zu einem Elfmeterschießen. Dazu treten zuerst je fünf Spieler beider Mannschaften an. Bei einem weiteren Gleichstand muß jeweils ein weiterer Spieler bis zur Entscheidung antreten. Teilnehmen dürfen nur die Spieler, die beim Abpfiff der Verlängerung auf dem Platz standen.

Aufgebot und Spieler:

Jeder teilnehmende Verband meldet der FIFA eine Liste mit 22 Spielern. Nur bei schweren Verletzungen kann der Verband Spieler nachmelden. Dies muß allerdings erst der Arzt der Medizinischen Kommission der FIFA gemeinsam mit dem jeweiligen Teamarzt bestätigen.
Jeder Spieler trägt im Verlaufe des Turniers eine feste Rückennummer. Während des Spiels dürfen alle Reservespieler an den Seitenlinien Platz nehmen. Die drei möglichen Spielerwechsel können also aus dem gesamten Kontingent der Reservespieler getätigt werden.

Verwarnungen und Platzverweise:

Gelbe Karten aus der Qualifikation werden gestrichen. Spieler, die im Verlauf des Turniers zweimal verwarnt werden, sind für das nächste Spiel automatisch gesperrt.
Ein Spieler, der während eines WM-Spiels vom Platz gestellt wird, ist automatisch für das nächste Spiel seiner Mannschaft gesperrt. Die Kontroll- und Disziplinarkommission der FIFA kann auch eine Strafverschärfung beschließen.

Joseph S. Blatter, Generalsekretär der FIFA (links), und Franz Beckenbauer bei der Gruppen-Auslosung am 4. Dezember 1997 in Marseille.

Michel Platini: als Organisationschef für die WM 1998 könnte es nach Meinung vieler Fachleute keinen Besseren geben, als den Kapitän der französischen Europameistermannschaft von 1984.

Doping-Kontrolle:

15 Minuten vor Spielende werden zwei Spieler jeder Mannschaft für eine Dopingkontrolle durch einen FIFA-Arzt ausgelost. Sollte eine Probe positiv sein, entscheidet die Kontroll- und Disziplinarkommission über das Strafmaß.

WM - Pokal:

Fast fünf Kilo Gold, ganz genau sind es 4970 Gramm, warten auf den Sieger des Turniers. Erst der zweite Pokal überhaupt in der Geschichte der Weltmeisterschaft. Der erste, gestiftet vom Gründer der Weltmeisterschaft, der Jules-Rimet-Cup, ging 1970 endgültig in brasilianischen Besitz. Gewinnt eine Mannschaft einen Pokal dreimal, so darf sie ihn behalten. Nach Erfolgen 1958, 1962 und 1970 war Brasilien im Besitz des Cups. Auch Deutschland gewann den Cup 1990 zum drittenmal, aber diesen neuen World-Cup nur zweimal. Gewinnt Deutschland 1998 die Weltmeisterschaft, so geht der World-Cup in DFB-Besitz über.

Geschichten und Anekdoten rund um den World-Cup

1930 – Erstes Spiel, erstes Tor

Der Franzose Lucien Laurent schießt am 13. Juli das erste Tor einer Fußball-WM. Frankreich schlägt die USA im Eröffnungsspiel mit 4:1.

1934 – Erfolgreicher Teamwechsel

Luis Monti wird mit der italienischen Nationalmannschaft Weltmeister. Vier Jahre zuvor war er mit seiner Mannschaft im Finale noch an Uruguay gescheitert, damals allerdings noch im Trikot seines Geburtslandes Argentinien. Monti ist der einzige Spieler in der WM-Geschichte, der für zwei unterschiedliche Teams im Finale stand.

1938 – Barfuß zum Erfolg

Im Vorrundenspiel Brasilien gegen Polen steht es bei strömendem Regen nach 90 Minuten 4:4. Nach weiteren 15 feuchten Minuten in der Verlängerung 5:5. Dann wird es Leónidas da Silva zu bunt. Er zieht Strümpfe und Schuhe aus, startet barfuß aus dem eigenen Strafraum und schießt das entscheidende Tor. Der spätere Torschützenkönig der Brasilianer ist der einzige Spieler, der bei einer WM ein Tor barfuß geschossen hat.

1950 – Beginn einer Serie

Antonio Carbojal steht in Brasilien zum ersten Mal für Mexiko zwischen den Pfosten. Bis 1966 nimmt er mit seinem Team an jeder Weltmeisterschaft teil. Der mexikanische Torhüter hat damit als einziger Spieler an fünf WM-Endrunden teilgenommen.

1954 – Bruderduelle

In der Qualifikation gewinnt der kommende Weltmeister Deutschland gegen das Saarland, trainiert vom späteren Bundestrainer Helmut Schön. Während der WM-Endrunde schlägt Österreich die Schweiz in Lausanne mit 7:5. Das bisher torreichste Spiel der WM-Geschichte.

1958 – Jahr der Torjäger

Just Fontaine wird mit 13 Treffern Torschützenkönig, für eine Weltmeisterschaft ein einsamer Rekord.
In Schweden geht der Stern des jungen Pelé auf. Pelé wird mit 17 Jahren und 139 Tagen jüngster Torschütze und mit 17 Jahren und 149 Tagen jüngster Weltmeister aller Zeiten!

Gerd Müller, der WM-Rekord-Torjäger

1962 – Blitztor

Das schnellste Tor bei einer WM schießt der Tschechoslowake Vaclav Masek bereits nach 20 Sekunden beim Vorrundenspiel gegen Mexiko, Endergebnis 1:3.

1966 – Finale des Torjägers

Die meisten Tore in einem Endspiel erzielt der Engländer Geoff Hurst, er trifft beim 4:2 nach Verlängerung gegen Deutschland gleich dreimal.

1970 – Torgarantie

Konstantester Torschütze einer WM ist der Brasilianer Jairzinho, er trifft mindestens einmal pro Spiel, erzielt insgesamt sieben Tore in sechs Begegnungen.

1974 – Rekordtorjäger

Gerd Müller schießt die Deutschen mit vier wichtigen Treffern zum Titel, damit erhöht er sein Trefferkonto auf insgesamt 14 Tore und ist bis heute der beste WM-Torschütze aller Zeiten.

1978 – Jubiläumstor

Der Holländer Rob Rensenbrink schießt bei der 2:3 Niederlage gegen Schottland das 1000. Tor der WM- Geschichte!

1982 – Altersrekorde

Der Nordire Norman Whiteside ist mit 17 Jahren und 41 Tagen jüngster WM-Teilnehmer aller Zeiten! Im gleichen Jahr wird der Italiener Dino Zoff mit 40 Jahren ältester Weltmeister.

1986 – Kurzeinsatz

Batista aus Uruguay erhält im Vorrundenspiel beim 0:0 gegen Schottland die schnellste Rote Karte, genau nach 55 Sekunden.

1990 – Spieler sehen Rot

Die Unparteiischen verteilen im Turnier zwölf Rote Karten, ein trauriger Rekord.

1994 – Einer gegen alle

Der Russe Oleg Salenko besiegt Kamerun fast alleine. Zum 6:1 seiner Mannschaft steuert er fünf Tore bei. Ein einsamer Rekord. Mit 42 Jahren ist Roger Milla aus Kamerun nun ältester WM-Teilnehmer aller Zeiten.

1998 – WM gewinnt an Größe

Rekordbeteiligung in Frankreich. Bei der 16. WM nehmen zum ersten Mal 32 Nationen teil.